수준 높은 책읽기, 논리적인 글쓰기, 교양 있는 말하기를 위한

초등 표현력 사전

초판 1쇄 발행 2016년 3월 15일 **초판 8쇄 발행** 2021년 4월 1일
글쓴이 기획집단 MOIM **그린이** 조양순
펴낸이 이영선
편집 이일규 김선정 김문정 김종훈 이민재 김영아 김연수 이현정 차소영 **디자인** 김회량 이보아
독자본부 김일신 김진규 정혜영 박정래 손미경 김동욱
펴낸곳 파란자전거 **출판등록** 1999년 9월 17일(제406-2005-000048호)
주소 경기도 파주시 광인사길 217(파주출판도시) **전화** (031)955-7470 **팩스** (031)955-7469
홈페이지 www.paja.co.kr **이메일** booksea21@hanmail.net

ⓒ 기획집단 MOIM · 조양순, 2016
ISBN 979-11-86075-59-3 73710

이 도서의 국립중앙도서관 출판예정도서목록(CIP)은 서지정보유통지원시스템 홈페이지(http://seoji.nl.go.kr)와
국가자료공동목록시스템(http://www.nl.go.kr/kolisnet)에서 이용하실 수 있습니다.(CIP제어번호: CIP2016003222)

파란자전거는 도서출판 서해문집의 어린이 책 브랜드입니다. 페달을 밟아야 똑바로 나아가는 자전거처럼
파란자전거는 어린이와 청소년이 혼자 힘으로도 바르게 설 수 있도록 도와줍니다.

어린이제품안전특별법에 의한 제품 표시
제조자명 파란자전거 **제조년월** 2021년 3월 **제조국** 대한민국 **사용연령** 만 7세 이상 어린이 제품

수준 높은 책읽기
논리적인 글쓰기
교양 있는 말하기를 위한

초등 표현력 사전

기획집단 MOIM 지음
조양순 그림

파란자전거

나를 표현하고 너를 이해하며
더불어 살아가는 세상 만들기

여러분은 자기 마음속에 품고 있는 생각을 잘 표현할 수 있나요?

말을 하면서, '이렇게 말하려고 했던 게 아닌데…….' 하며 후회한 적은 없나요? 또 '이럴 때 뭐라고 해야 하지? 아, 답답해.'라는 생각을 품은 적은 없나요?

하지만 걱정하거나 답답해할 필요는 없어요. 자신이 마음먹은 대로 표현할 수 있는 사람은 매우 드무니까요. 그렇지만 가능하면 자신의 뜻에 가깝게 표현하는 것은 중요하지요. 그렇게 해야 상대방에게 내 뜻을 올바르게 전달할 수 있고, 서로의 뜻을 모아 갈 수 있을 테니까요.

상대방의 말이나 글을 제대로 이해하기 위해서도 올바른 표현법을 아는 것은 중요하답니다. 그러나 아무런 노력 없이 올바른 표현법을 알기란 쉽지 않지요. 그래서 많은 사람들이 다양한 표현을 익히기 위해 사전도 사용하고 책도 읽는 거랍니다.

특히 우리나라 사람들은 세상에 둘도 없는 귀한 언어인 한글과 우리말을 사용하고 있지요. 그러니 우리가 우리말을 제대로 사용하지 않거나 한글을 제대로 지키지 않는다면 우리말과 한글은 얼마 가지 않

글쓴이의 말 005

아 사라질 수도 있어요.
그런데 오늘날 우리는 우리말보다 외국어를 더 자주 사용하고 영어를 더 귀하게 여기는 듯해요. 그러다 보면 언젠가는 우리말은 사라지고 외국어만 남을지도 몰라요. 생각만 해도 끔찍하지요? 말도 글도 갖지 못한 나라라니! 아름답고 정확한 우리말을 사용하는 것은 그래서 나를 잘 표현하는 일이기도 하지만 더 크게는 나라를 지키는 일이기도 해요.
《초등 표현력 사전》은 친구나 이웃 사람들에게 여러분이 전달하고자 하는 뜻을 잘 표현하고, 다른 사람의 생각을 제대로 이해할 수 있도록 도와줄 거예요. 그러다 보면 책을 읽고 글을 쓰는 능력도 한층 커질 거고요. 말을 잘하고 글을 잘 쓰다 보면 공부를 잘하는 것도 시간문제겠지요?
여러분 모두 이 재미있는 책을 읽고 나서 친구들에게 자신의 뜻을 정확히 전달하고, 상대방을 잘 이해하는 능력을 갖게 되길 진심으로 바랍니다.

기획집단 MOIM

일러 두기

- 이 사전의 표기법은 국립국어원의 「한글 맞춤법」과 「표준어 규정」을 따랐습니다.
- 띄어쓰기는 현행 규정에 따르되, 원칙 규정과 허용 규정이 있을 경우 될 수 있으면 원칙을 따랐습니다.
- 1800여 개의 올림말은 일상생활에서 가장 자주 쓰는 관용어를 선별해 싣고, 독서 및 글쓰기에 잘 활용할 수 있도록 주제별로 분류했습니다.
- 올림말에서 핵심이 되는 낱말로 묶을 수 있는 관용어는 따로 모아 각 장의 앞쪽에 국립국어원 관용어 표기원칙에 따라 배치하였고, 그 외의 올림말은 ㄱ ㄴ ㄷ 순으로 배치하였습니다.
- 올림말 가운데 '을, 를' 등 조사를 생략하고 사용하기도 하는 말들은 '머리를 쓰다'처럼 조사를 옅게 표기했습니다.
- 올림말과 같은 뜻말은 ㅂ를, 반대말은 ㅂ으로 표시해 기본 뜻풀이 옆에 모아 두었습니다.
- '찾아보기'에서는 1800여 개의 기본 올림말과 유사어, 뜻풀이 속에 포함되어 있는 여줄가리 말을 찾아볼 수 있습니다.

표현 하나
10P

글쓴이의 말 · 4

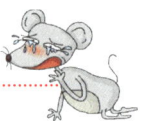

01 신체와 관련한 표현 · 12
02 몸의 상태를 나타내는 표현 · 68

표현 둘

01 말과 관련한 표현 · 76
02 행동과 관련한 표현 · 96
03 부정적 태도와 관련한 표현 · 108
04 정도를 나타내는 표현 · 118

74P

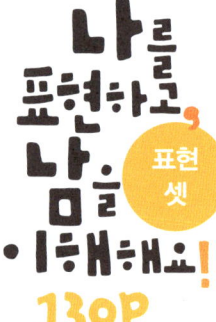

표현 셋
130P

01 감정이나 기분을 나타내는 표현 · 132
02 처지, 상황을 나타내는 표현 · 158
03 마음을 나타내는 표현 · 184

01 사이와 관계를 나타내는 표현 · 202
02 눈치 보기, 속이기와 관련한 표현 · 212
03 칭찬, 아부와 관련한 표현 · 224
04 다양한 성격에 대한 표현 · 232

표현 넷
200P

차례

표현 다섯 함께 사는 사회 **242p**

01 함께 생활하는 데 필요한 표현 · 244
02 죄와 벌에 대한 표현 · 260
03 직업과 경제 활동에 대한 표현 · 266

표현 여섯 정정당당 우리 사회 **280p**

01 시작과 끝, 경쟁과 승부를 나타내는 표현 · 282
02 성과와 성공에 대한 표현 · 300
03 선택과 능력, 노력에 대한 표현 · 314

표현 일곱 하늘, 땅, 물, 바람 **334p**

01 자연을 이용한 표현 · 336
02 동물과 관련한 표현 · 350

찾아보기 · 358

01 신체와 관련한 표현
02 몸의 상태를 나타내는 표현

소중한 맘

둘
셋
넷
다섯
여섯
일곱

01
신체와 관련한 표현

몸

사람이나 동물의 머리에서 발까지 전체.

몸은 뼈와 살로 이루어진 사람이나 동물의 형태를 가리킵니다. '감정이나 몸 상태'를 나타낼 때 몸이라는 말이 흔히 쓰여요.

몸 둘 바를 모르다 어찌할 바를 모르다.
예 한 일이 없는데도 상을 받고 보니 참으로 **몸 둘 바를 모르겠다**.

몸에 배다 익숙해지다.
예 아침 일곱 시가 되면 눈이 뜨이는 것이 이제는 **몸에 배었다**.

몸에 익히다 배워서 능숙해지다.
예 철이는 밧줄 타는 법을 오랫동안 **몸에 익혔지만** 겁이 나는 건 늘 마찬가지였다.

몸으로 때우다 해결해야 할 것들을 육체적인 일로 대신하다.
예 가진 게 하나도 없던 흥부는 모든 일을 **몸으로 때웠다**.

몸을 버리다 건강을 해치다.
예 석 달 동안 쉬지 않고 공부를 해서 결국 그는 **몸을 버리고** 말았다.

몸을 사리다 혹시 피해를 볼까 두려워 행동을 조심하다.
예 신하들은 **몸을 사리느라** 누구 하나 그를 변호하지 않았다.

몸을 풀다 준비 운동을 하다. / 아이를 낳다.
예 자, 슬슬 **몸을 풀자**. 다음에 우리 차례니까.
예 우리 누나는 지난달에 **몸을 풀었기** 때문에 지금 집에서 쉬고 있다.

몸이 가볍다 몸의 상태가 좋다.
예) 한동안 쉬었더니 **몸이** 날아갈 듯 **가벼운데**.

몸이 달다 마음이 매우 초조하다.
예) 그는 기차를 타지 못할까 **몸이 달았다**.

몸이 허락하다 어떤 일을 할 만큼 몸이 튼튼하다.
예) 나는 **몸이 허락하는** 한 끝까지 이 일을 할 것이다.

몸담다 어떤 일에 종사하다.
예) 이곳이 내가 **몸담고** 있는 회사란다.

머리

사람의 목 윗부분.

머리에는 생각하고 판단하는 능력을 담당하는 뇌가 있어요. 그래서 '감각을 느끼고 기억하며 생각과 감정을 일으키는 주체'와 관련한 표현에 자주 쓰입니다.

머리 위에 올라앉다   생각이나 사상의 수준이 높다.
예) 그는 우리 **머리 위에 올라앉아** 있어. 모르는 것이 없다니까.

머리가 굳다   기억력, 사고력 등이 무뎌지다.
예) 이제 **머리가 굳었나** 봐. 좋은 생각이 떠오르질 않아.

머리가 굵다   몸이나 마음이 성장하여 어른이 되다.
예) 너도 이제 **머리가 굵어졌으니** 함부로 행동하면 안 된다.

머리가 크다   어른이 되다.
예) **머리가 커** 감에 따라 우리 생각도 성장하고 있었다.

머리를 굴리다   좋은 생각을 떠올리기 위해 노력하다.
예) 아무리 **머리를 굴려도** 좋은 해결책이 떠오르지 않았다.

머리를 내밀다   어떤 자리에 형식적으로 참석하다.
예) 그는 뒤늦게 회의에 **머리만 내밀고** 이내 사라졌다.

머리를 들다   숨겨 온 생각이나 움직임이 겉으로 드러나다.
예) 일본에서는 최근 침략주의의 움직임이 **머리를 들기** 시작했다.

머리를 맞대다 여럿이 함께 의논하다. **비** 머리를 모으다
- 예) 그곳에 모인 우리는 머리를 맞댄 채 해결책을 찾기 위해 노력했다.
- 예) 자, 모두들 머리를 모아 봅시다. 아무래도 혼자 힘으로 해결하기는 힘들 테니까.

머리를 숙이다 부끄러워하거나 겸손한 태도를 갖다.
- 예) 너그럽게 용서해 주시는 선생님 앞에서 나는 머리를 숙일 수밖에 없었다.

머리를 식히다 복잡한 생각에서 벗어나 휴식을 갖다.
- 예) 나는 잠깐 머리를 식히기 위해 공원을 찾았다.

머리를 싸매다 어떤 일에 집중하다.
- 예) 나는 온종일 머리를 싸매고 그 문제를 풀기 위해 최선을 다했다.

머리를 쓰다 어떤 문제를 해결하기 위해 여러 가지 생각을 하다.
- 예) 아무리 머리를 써도 해결책이 떠오르지 않았다.

머리를 얹다 여자가 결혼하다. **비** 머리를 올리다
- 예) 드디어 우리 선생님께서 머리를 얹으셨다.

머리가 가볍다 기분이나 몸이 상쾌하다.
- 예) 숙제를 끝내고 나니까 한결 머리가 가볍네!

머리가 깨끗하다 정신이나 생각이 맑다.
- 예) 오랜만에 잠을 푹 자고 일어났더니 머리가 한결 깨끗하다.

머리가 띵하다 기분이 멍하다.
- 예) 며칠 동안 잠을 못 잤더니 머리가 띵해서 아무 생각도 할 수가 없다.

머리가 돌아가다 사고력이나 이해력이 뛰어나다.
예 선영이는 **머리가** 잘 **돌아가는** 게 분명해. 늘 남과 다른 생각을 한다니까.

머리가 모자라다 생각하는 힘이 부족하다.
예 몇 번을 설명해도 못 알아들으니 아무래도 나는 **머리가 모자란** 모양이다.

머리가 무겁다 고민이 많아서 머리가 아프거나 기분이 좋지 않다.
예 숙제 생각만 하면 **머리가 무겁다니까**.

머리가 복잡하다 고민이 많아서 마음이 혼란스럽다.
예 지금은 **머리가 복잡해서** 다른 생각할 겨를이 없다.

머리가 비다 지식이 부족하다. / 충격을 받아 아무 생각이 안 나다.
예 난 책도 읽지 않고 **머리가 빈** 사람은 싫어.
예 그 소식을 듣고 큰 충격을 받아서 **머리가 빈** 것처럼 아무 생각도 안 났어.

머리를 내두르다 상대방 의견이나 행동에 반대의 뜻을 표하다.
예 아무리 설득해도 모인 사람들은 **머리를 내두를** 뿐이었다.

머리를 스치다 생각이 얼핏 떠오르다.
예 갑자기 어디서 본 듯한 그의 모습이 **머리를 스치고** 지나갔다.

머리를 조아리다 복종의 뜻을 나타내거나 공손한 태도를 보이다.
예 친일파 일행은 일본 천황을 만나자 **머리를 조아리며** 충성을 맹세했다.

머리를 쥐어짜다 문제를 해결하기 위해 온갖 노력을 하다.
예 반 아이들 모두 문제를 풀기 위해 **머리를 쥐어짰으나** 뾰족한 해결책을 내놓지 못했다.

머리를 흔들다 일이나 행동이 마음에 들지 않아 불만이나 거부감을 나타내다. / 좋지 않은 생각에서 벗어나려 노력하다.
- 예) 그는 모든 사람의 의견에 한결같이 **머리를 흔들었다**.
- 예) "아냐, 아냐!" 정태는 **머리를 흔들며** 그 생각에서 벗어나려 애썼다.

머리에 그리다 어떤 장면을 떠올려 상상하다.
- 예) 나는 한 번도 보지 못한 부모님의 모습을 **머리에 그려** 보곤 했다.

머리에 들어오다 이해가 되다.
- 예) 그렇게 어렵게 느껴지던 것이 이제야 **머리에 들어오기** 시작했다.

머리에 떠오르다 기억이 나다. / 생각을 하다.
- 예) 잊고 지냈던 그의 모습이 갑자기 **머리에 떠올랐다**.
- 예) 네가 본 것을 **머리에 떠올려** 봐. 그걸 본 사람은 너밖에 없으니까.

머리에 서리가 앉다 나이가 들어 머리가 하얘지다.
- 예) 세월이 얼마나 흘렀는지 아버지 **머리에도 서리가 앉았구나**.

머리에 털 나고 세상에 태어나서 처음으로.
- 예) 그렇게 무서운 장면은 내 **머리에 털 나고** 처음 보았다.

입, 코, 눈이 있는 머리 앞쪽 부분.

얼굴은 '사람을 대하는 도리나 체면' 등을 나타내는 표현에 쓰인답니다. 얼굴을 뜻하는 또 다른 말에는 '낯'이 있어요. 얼굴에 비해 '체면'이라는 뜻을 더 많이 담은 말입니다.

얼굴을 내밀다 어떤 모임에 모습을 나타내다. 🔵 머리를 내밀다
예) 그는 모임이 시작되자마자 잠깐 **얼굴을 내밀고는** 금세 사라졌다.

얼굴이 두껍다 부끄럼이나 염치가 없이 뻔뻔하다.
예) 요즘 우리 사회에는 **얼굴이 두꺼운** 사람들이 너무 많아졌다.

얼굴이 팔리다 썩 좋지 않은 일로 세상에 널리 알려지다.
예) 그 사건으로 서현이의 **얼굴이** 온 세상에 **팔리고** 말았다.

얼굴이 피다 얼굴이 좋아지다.
예) 사업이 제자리를 찾아가자 덩달아 아버지 **얼굴도 피기** 시작했다.

얼굴에(가문에) 똥칠하다 체면이나 명예를 훼손하다.
예) 그 녀석이 자꾸 말썽을 부리며 우리 **가문에 똥칠하고** 다니는구나.

얼굴에 쓰여 있다 마음속 상태가 얼굴에 나타나다.
예) 아무리 감추려 해도 네가 겁먹고 있다는 게 **얼굴에 쓰여 있어**.

얼굴에 철판을 깔다 몹시 뻔뻔스럽다.
예) 아무리 **얼굴에 철판을 깔았다** 해도 그렇지. 배신자가 저렇게 당당할 수 있나?

얼굴을 돌리다 상대방을 피하거나 외면하다.
예 길에서 그를 보자마자 나도 모르게 **얼굴을 돌리고** 말았다.

얼굴을 들 수 없다 창피하고 부끄러워 떳떳하지 못하다.
예 어제 내가 저지른 실수가 떠올라 나는 **얼굴을 들 수 없었다**.

낯이 두껍다 뻔뻔스럽고 염치가 없다.
예 너 정말 **낯이 두껍구나**. 그런 행동을 하고도 부끄러운 줄 모르다니!

낯이 뜨겁다 남 보기가 부끄러워 얼굴이 달아오르다.
예 지난번에 싸운 철규를 만나자 갑자기 **낯이 뜨거웠다**.

낯을 들다 얼굴을 떳떳이 드러내고 당당하게 대하다.
예 나는 그의 앞에서 도저히 **낯을 들** 수가 없었다.

낯을 붉히다 화가 나거나 부끄러워 얼굴빛이 붉어지다.
예 두 사람은 위층에서 들리는 소음 문제로 서로 **낯을 붉히며** 싸우고 있었다.

낯이 깎이다 체면이 손상되다.
예 그런 행동은 네 **낯이 깎일** 뿐이야.

볼 낯이 없다 너무 미안하고 부끄러워 떳떳이 대할 수가 없다.
예 **볼 낯이 없습니다**. 다시는 그런 잘못을 저지르지 않겠습니다.

낯가리다 잘 모르는 사람을 대할 때 꺼리고 불편해하다.
예 우리 누나는 **낯가리는** 탓에 사람 만나는 것을 썩 좋아하지 않는다.

낯간지럽다 남을 대하기에 부끄럽고 창피하다.
예 고작 이런 일로 상을 받다니 참으로 **낯간지러운** 일이다.

낯부끄럽다 체면이 서지 않아 남을 대하기 부끄럽다.
예 다시 그에게 돈을 빌려야 하다니 정말 **낯부끄러운** 일이다.

낯설다 눈에 익숙하지 않다. 반 낯익다
예 이곳 풍경은 참 **낯설게** 느껴진다. 한 번도 와 본 적 없는 것 같다.
예 저 친구는 **낯익은** 얼굴이야. 어디서 만난 적이 있는 듯해.

물체를 볼 수 있게 하는 감각 기관.

눈빛에는 사람의 감정이나 상태가 잘 나타납니다. 그래서 눈은 '세상을 바라보고 평가하는 기준'과 관련한 표현으로 자주 쓰인답니다.

눈 깜짝할 사이 매우 짧은 동안.
예 **눈 깜짝할 사이에** 그는 어디론가 사라져 버렸다.

눈 딱 감다 더 이상 다른 것을 고려하지 않다.
예 나는 **눈 딱 감고** 오로지 승리만을 생각했다.

눈 밖에 나다 신임을 잃고 미움을 받다.
예 그는 이미 선생님의 **눈 밖에 났다**.

눈 씻고 보려야 볼 수 없다 귀해서 보기가 매우 어렵다.
예 그 산에서는 봄나물을 **눈 씻고 보려야 볼 수가 없다**.

눈도 깜짝 안 하다 조금도 두려워하거나 놀라지 않다.
예 적이 온갖 방법으로 위협했으나 그는 **눈도 깜짝 안 했다**.

눈에 띄다 특별하게 보이다. 다른 것에 비해 훨씬 나아 보이다.
예 많은 사람 속에 서 있어도 그는 확실히 **눈에 띄었다**.

눈에 어리다 어떤 모습이 잊히지 않고 계속 떠오르다.
예 사랑하는 사람의 모습이 **눈에 어려** 도저히 잊을 수가 없다.

눈을 붙이다 잠깐 잠을 자다.
예 며칠 동안 산속을 헤매던 우리는 집 한 채를 발견하고는 겨우 **눈을 붙일** 수 있었다.

눈이 높다 사물을 평가하는 기준이 다른 사람에 비해 높다.
예 나는 작품 보는 **눈이 높단다**. 그래서 웬만한 작품에는 만족할 수 없지.

눈이 뒤집히다 어떤 일 때문에 몹시 흥분하다.
예 차에서 돈이 쏟아지자 길 가던 사람들은 **눈이 뒤집혀** 돈을 줍느라 난리를 피웠다.

눈이 삐다 제대로 못 보고 잘못 평가하다.
예 너, **눈이 삐었니**? 저것도 못 보다니!

눈에 거슬리다 보기에 불쾌한 느낌이 들다.
예 저들의 행동은 정말 **눈에 거슬리는군**.

눈에 넣어도 아프지 않다   매우 예쁘고 귀엽다.
예) 우리 아기는 **눈에 넣어도 아프지 않을** 만큼 예쁘다.

눈에 들다   마음에 맞다.   비) 눈에 차다
예) 그 사람은 믿음직스럽고 착실해 보여서 내 **눈에 들었다**.
예) 그는 내 **눈에 차지 않는다**. 아무래도 진실해 보이지 않아.

눈에 밟히다   잊으려 해도 자꾸 눈에 떠오르다.
예) 울면서 떠나던 그의 모습이 자꾸 **눈에 밟혀** 잊을 수가 없다.

눈에 불을 켜다   무언가를 찾거나 얻기 위해 아주 욕심을 내다.
예) 동네 사람들 모두 **눈에 불을 켜고** 보물을 찾으러 다녔다.

눈에 선하다   어떤 풍경이나 모습이 잊히지 않고 기억에 생생하다.
예) 헤어질 때 마지막으로 보았던 그의 모습이 지금도 **눈에 선하구나**.

눈에 쌍심지를 켜다   몹시 화가 난 상태로 바라보거나 덤비다.
예) 갑자기 그는 **눈에 쌍심지를 켜고** 우리를 향해 달려들었다.

눈에 이슬이 맺히다　눈물이 나다.
예 가족들이 탄 기차가 떠나자 그의 **눈에 이슬이 맺혔다**.

눈에 흙이 들어가다　죽어서 땅에 묻히다.　비 눈을 감다
예 내 **눈에 흙이 들어가기** 전에는 일본 놈들을 용서할 수 없다.
예 그는 말을 마치자 조용히 **눈을 감았다**.

눈이 맞다　두 사람의 마음이 통하거나 사랑을 하게 되다.
예 두 사람은 만나자마자 **눈이 맞았으니** 천생연분이야.

눈이 빠지게 기다리다　몹시 애태우며 기다리다.
예 우리는 **눈이 빠지게 기다렸지만** 그는 결국 나타나지 않았다.

눈이 시퍼렇게 살아 있다　말짱히 살아 있다.
예 내 **눈이 시퍼렇게 살아 있는데** 어디 감히 거짓말을 하느냐?

눈곱만하다　매우 적거나 작다.
예 그렇게 **눈곱만한** 것을 찾으려고 온 집 안을 뒤지다니!

눈길을 끌다　사람들의 시선을 사로잡다.
예 그 제품은 진열되자마자 사람들의 **눈길을 끌었다**.

눈꼴사납다　태도나 행동이 보기에 불쾌하다.
예 저 사람들 하는 행동이 정말 **눈꼴사납구나**. 배려라고는 모르니 말이다.

눈독을 들이다　욕심을 내다.
예 다른 사람 물건에 **눈독 들이지** 마라.

눈멀다 시력을 잃다. / 상대방에게 마음을 빼앗기다.
- 예 심청이는 **눈먼** 아버지를 정성껏 봉양했다.
- 예 사랑에 **눈먼** 그는 모든 걸 포기한 채 그녀가 있는 곳으로 길을 떠났다.

눈살을 찌푸리다 못마땅하게 여기다.
- 예 식당을 뛰어다니는 아이들을 본 사람들은 모두 **눈살을 찌푸렸다**.

눈앞이 캄캄하다 절망적인 생각에 어쩔 줄 모르다.
- 예 조난 사고 소식이 전해지자 베이스캠프에 머물던 사람들은 **눈앞이 캄캄해졌다**.

눈여겨보다 신경을 써서 자세히 보다.
- 예 그는 오가는 사람들 한 사람 한 사람을 **눈여겨보았다**.

눈치가 빠르다 눈치가 다른 사람에 비해 뛰어나다.
- 예 그는 확실히 **눈치가 빨라**. 벌써 누가 이길지 알아챘다니까.

눈치를 살피다 남의 마음이나 일이 돌아가는 낌새를 알려고 노력하다. 비 눈치를 보다
- 예 내가 집에 들어오자 화분을 깬 강아지는 내 **눈치를 살피며** 이리저리 돌아다녔다.
- 예 다른 사람 **눈치 보지** 말고 네 뜻대로 하렴.

눈치채다 남의 마음이나 돌아가는 일의 낌새를 알아채다.
- 예 암행어사가 등장하기 전에 그는 벌써 **눈치채고** 도망쳤다.

눈코 뜰 사이(새) 없다 몹시 바빠 정신을 차릴 수 없다.
- 예 손님이 얼마나 몰려드는지 지금은 **눈코 뜰 새 없습니다**.

소리를 듣는 기능을 하는 감각 기관.

우리는 귀를 통해 외부 소리를 들을 수 있어요. 귀가 들어가는 말들은 주로 '남의 생각이나 마음에 주의를 기울이거나 사회 여론 또는 충고를 듣는 일'과 관련한 표현들이 많지요.

귀가 따갑다 듣기 괴로울 정도로 시끄럽다. / 여러 번 들어 지겹다.
예) 어딘가에서 경적 소리가 **귀가 따가울** 정도로 들려왔다.
예) 지각하지 말라는 말을 **귀가 따갑도록** 들어서인지 이제 지각 안 해.

귀가 아프도록 듣다 너무 많이 들어서 지겹다.
예) 네 변명은 **귀가 아프도록 들었으니** 이젠 그만해도 돼.

귀를 기울이다 관심을 가지고 적극적으로 듣다.
예) 모두들 그의 이야기에 **귀를 기울이기** 시작했다.

귀에 익다 여러 번 들어서 익숙하다.
예) 어디선가 **귀에 익은** 소리가 들려와 고개를 돌려 보니 삼촌께서 앉아 계셨다.

귀가 가렵다 누군가 내 이야기를 하는 듯하다.
예) 어쩐지 **귀가 가렵다고** 했어. 너희들이 내 이야기를 하고 있었구나.

귀가 닳다 너무 여러 번 들어 지겹다.
예) 공부하라는 말은 **귀가 닳도록** 들었으니 그만하세요.

귀가 뚫리다 말을 알아듣게 되다.
예) 중국어 공부를 한 지 십 년 만에 드디어 **귀가 뚫렸어**.

귀가 밝다 소리를 잘 듣다.
예) 우리 할아버지께서는 **귀가 밝으셔서** 작은 소리도 잘 들으셔.

귀가 번쩍 뜨이다 뜻밖의 소식을 듣고 정신이 번쩍 들다.
예) 동생이 무사하다는 소식을 듣자 **귀가 번쩍 뜨였다**.

귀가 솔깃하다 그럴 듯한 말을 듣고 마음이 쏠리다.
예) 나도 공부를 잘할 수 있다는 말을 듣자 **귀가 솔깃했다**.

귀가 얇다 남의 말을 듣고 쉽게 믿다.
예) 너는 **귀가 얇은** 게 탈이야. 그러니 매번 사기꾼에게 당하지.

귀가 어둡다 소리를 잘 못 듣다.
예) 할머니는 **귀가 어두우시니까** 크게 말하렴.

귀를 의심하다 잘못 들은 것이 아닌가 하여 믿지 못하다.
예) 합격했다는 소식을 듣고 나는 내 **귀를 의심했다**.

귀에 거슬리다 듣기에 마음이 불편하다.
예) 네 말은 이제 **귀에 거슬리는구나**. 남에 대해 더 이상 나쁘게 말하지 말거라.

귀에 들어가다 말이나 소식이 다른 사람에게 알려지다.
예) 현철이가 귀국했다는 소식은 얼마 후 친구들 **귀에 들어갔다**.

귀에 들어오다 말이 솔깃하여 관심을 끌다.
예) 옆자리 사람들이 나누는 이야기가 갑자기 내 **귀에 들어오기** 시작했다.

귀에 딱지가 앉다 어떤 말을 지겨울 정도로 많이 듣다.
예) 공부하라는 말은 **귀에 딱지가 앉을** 만큼 들었으니 이제 그만하세요.

귀에 말뚝을 박다 남의 말을 잘 알아듣지 못하다.
예) 넌 **귀에 말뚝을 박았니**? 벌써 몇 번을 이야기했는데도 못 알아들으니 말이야.

귀에 못이 박이다 너무 자주 들어 듣기 싫게 되다.
예) 엄마, 공부하라는 말은 **귀에 못이 박이도록** 들었거든요. 그러니 제발 그만하세요.

귀담아듣다 주의하여 잘 듣다.
예) 내 말을 **귀담아듣거라**. 그러지 않으면 큰 손해를 볼 수 있으니까.

귀먹다 남의 말을 잘 이해하지 못하거나 잘 듣지 못하다.
예) 너 **귀먹었니**? 왜 이리 못 알아들어?

귀빠지다 태어나다.
예) 오늘이 바로 내가 **귀빠진** 날이야.

귀청 떨어지다 고막이 다칠 만큼 어떤 소리가 너무 크다.
예) 제발 소리 좀 지르지 마라. **귀청 떨어지겠다**.

귓가로 듣다 별 관심 없이 듣는 둥 마는 둥 하다.
비) 귓전으로 듣다
예) 내 말을 **귓가로 듣고** 이제 와서 후회하면 뭘 하겠니!
예) 선생님 말씀을 **귓전으로 듣지** 말아라.

귓등으로 듣다   듣고도 들은 척 만 척하다.
예) 선생님이 말씀하신 주의 사항을 **귓등으로 듣더니** 결국 실수를 하고 말았다.

귓전을 때리다   소리가 아주 크고 강력하게 들리다.
예) 갑자기 포탄 터지는 소리가 내 **귓전을 때렸다**.

귓전을 울리다   소리가 가까이에서 나는 것처럼 들리다.
예) 어디선가 익숙한 음성이 내 **귓전을 울렸다**. 아버지 목소리였다.

음식을 먹거나 소리를 내는 신체 기관.

입은 '맛, 말, 취향, 의견'과 관련한 표현에 많이 쓰여요. 입속에 있는 '이, 침, 혀'를 사용한 표현도 있습니다.

입을 막다 사실을 말하지 못하게 하다.
예) 소대장은 우리를 불러 이 사건에 대해서 아무 말도 하지 말라고 **입을 막았다**.

입을 맞추다 모두 같은 의견을 말하도록 짜맞추다.
예) 경찰 조사에서 그들은 **입을 맞춘** 듯 모두 똑같은 진술만 반복했다.

입을 모으다 모두 같은 주장을 펼치다.
예) 우리는 **입을 모아** '빵 대신 밥을 달라.'고 외쳤다.

입을 씻다 모른 체 외면하다.
예) 매일 밥을 사던 녀석조차 내가 자리에서 물러나니 **입을** 싹 **씻는구나**.

입을 열다 몹시 망설이거나 참다가 생각을 말하거나 진술하다.
예) 며칠 동안 아무 말도 하지 않고 버티던 범인이 오늘 결국 **입을 열었다**.

입만 살다 행동은 하지 않으면서 말만 그럴듯하게 하다.
예) 넌 **입만 살아** 있지 아무 도움도 안 되니 그냥 돌아가거라.

입에 담지 못하다 어떤 말의 내용이 심하게 부정적이다.
예) 그 편지에는 차마 **입에 담지 못할** 만큼 형편없는 내용이 담겨 있다.

입에 오르내리다   다른 사람들의 이야깃거리로 다뤄지다.
예) 행동을 그렇게 하고 다니니 사람들 **입에 오르내리지**.

입에 풀칠하다   겨우 생계를 이어 나가다.
예) 집을 나가 혼자 살면서 **입에 풀칠은** 하고 사느냐?

입을 봉하다   아무 말도 하지 않다. / 의견이나 생각을 말하지 못하게 하다.
예) 그는 마치 **입을 봉한** 듯 아무 말도 하지 않고 버텼다.
예) 사령관은 아무 말도 하지 못하도록 모든 병사들의 **입을 봉했다**.

입이 근질근질하다   비밀스러운 이야기를 하고 싶어 참기 힘들다.
예) 나는 글짓기 상을 받았다고 자랑하고 싶어 **입이 근질근질했다**.

입이 떨어지지 않다   말이 잘 나오지 않다.
예) 콩쥐는 왕자님에게 사랑한다고 말하고 싶었지만 부끄러워 **입이 떨어지지 않았다**.

입이 무겁다   신중해서 말을 함부로 하지 않는다.
예) 선규는 **입이 무거워서** 좀처럼 남에 대한 험담을 하지 않는다.

입이 심심하다 뭔가를 먹고 싶어 하다.
예) 영화를 볼 때는 **입이 심심해서** 음료수라도 가져가야 해.

입이 짧다 입맛이 까다로워 음식을 적게 먹거나 편식하다.
예) 우리 이모는 **입이 짧아서** 아무거나 먹지 않아.

입이 함박만 하다 통나무 바가지인 함지박만큼 입을 크게 벌리고 만족하다.
예) 선물을 열어 본 아버지께서는 **입이 함박만 해지셨다**.

입맛에 맞다 누군가의 취향이나 뜻에 잘 맞다.
예) 소비자 **입맛에 맞지** 않으니 물건이 팔리지 않는 게 당연하다.

이를 갈다(이가 갈리다) 분해서 상대에게 앙갚음을 하고자 하다.
예) 언젠가 기회가 오기만 하면 복수를 하고자 **이를 갈고** 있다.
예) 친일파들이 우리 겨레를 괴롭힌 일만 생각하면 **이가 갈린다**.

이를 악물다 고통과 어려움을 이겨 내기 위해 온 힘을 다하다.
예) 우리는 **이를 악물고** 모든 어려움을 참으며 훈련을 받았다.

침 발라 놓다 자기 소유물로 정해 놓다.
- 예 저 과자는 내가 **침 발라 놓았어**. 아무도 손대지 마.

침을 꿀꺽 삼키다 음식을 먹고 싶어 하다. / 무언가를 탐내다. / 기대감으로 긴장하다.
- 예 잔칫상 위의 음식을 본 나는 **침을 꿀꺽 삼켰다**.
- 예 그는 보물상자를 조심스럽게 열면서 **침을 꿀꺽 삼켰다**.
- 예 드디어 내 점수를 발표할 차례가 오자, 나는 **침을 꿀꺽 삼켰다**.

침을 튀기다 흥분해서 열띠게 말하다.
- 예 현수는 자기주장을 강조하기 위해 **침을 튀기며** 열변을 토했다.

침이 마르도록 칭찬하다 사람이나 물건에 대해 거듭 칭찬하다.
- 예 선생님께서는 유현이의 행동에 대해 **침이 마르도록 칭찬하셨다**.

혀가 굳다 놀라거나 당황하여 말이 제대로 나오지 않다.
- 예 부모님께서 나타나신 순간 나는 **혀가 굳어** 아무 말도 하지 못했다.

혀를 깨물다 어떤 일을 억지로 참다.
- 예 그는 훈련 내내 아무리 힘들어도 **혀를 깨물며** 참아 냈다.

혀를 내두르다 몹시 놀라거나 어이가 없어서 말을 못 하다.
- 예 그의 실력을 본 사람들은 깜짝 놀라 **혀를 내둘렀다**.

혀를 차다 마음에 차지 않거나 언짢다.
- 예 이야기를 다 들으신 어머니께서는 **혀를 차시며** 방 안으로 들어가셨다.

숨을 쉬고 냄새를 맡는 기관.

코는 얼굴 중앙에 있으면서 가장 많이 튀어나와 있지요. 그래서 체면과도 관련이 있는 '자존심이나 자부심'의 뜻이 담긴 표현에 종종 사용됩니다.

코 묻은 돈 어린이가 가진 적은 돈.
예) 얼마나 못났으면 아이들 **코 묻은 돈을** 빼앗느냐?

코가 빠지다 기가 죽고 맥이 빠지다.
예) 받고 싶었던 선물을 못 받은 철수는 **코가 빠진** 채 자기 방으로 들어갔다.

코를 빠뜨리다 다 되어 가는 일을 망치다.
예) 거의 이긴 경기였는데, 왜 다 된 일에 **코를 빠뜨려서** 일을 망치니?

코가 꿰이다 상대방에게 약점을 잡히다.
예) 저렇게 꼼짝도 하지 못하는 걸 보면 **코가 꿰인** 게 분명해.

코가 납작해지다 몹시 창피를 당해 기가 죽다.
예) 기혁이는 잘난 체하다가 **코가 납작해지고** 말았다.

코가 높다 어떤 것을 판단하는 기준이 높다. 비) 콧대가 높다
예) 서연이는 **코가 높아서** 웬만한 남자는 만나지도 않는다니까.

코가 땅에 닿다 용서를 빌거나 존경의 뜻을 보이려고 머리를 깊이 숙이다.
예) 대통령은 피해자들을 직접 찾아가 **코가 땅에 닿도록** 사과했다.

코를 찌르다 고약한 냄새가 코를 심하게 자극하다.
예) 병을 열자마자 시큼한 냄새가 **코를 찔렀다**.

코를 훌쩍거리다 흐느껴 울다.
예) 책 내용이 너무 슬픈 나머지 그는 계속 **코를 훌쩍거리며** 눈물을 참지 못했다.

콧대를 꺾다 자부심이나 자만심이 있는 사람의 기를 죽이다.
비) 콧대를 누르다
예) 나는 그런 잘난 체하는 녀석을 보면 **콧대를 꺾어** 놓아야만 속이 시원하단 말이야.

콧등이 시큰하다 눈물이 날 만큼 슬픔이나 안타까움, 또는 감동을 느끼다.
예) 그 아이들의 사정을 듣고 보니 **콧등이 시큰했다**.

큰코다치다 크게 망신을 당하거나 손해를 보다.
예) 자칫하다가는 **큰코다치니까** 조심해라.

사람의 목을 포함한 머리 부분.

고개 역시 얼굴과 관련이 있기 때문에 체면이나 자존심의 의미가 담겨 있어요. '고개를 끄덕이거나 젓는 등 가벼운 인사나 의사 표시'와 관련한 표현에도 흔히 쓰이지요.

고개 하나 까딱하지 않다 마음이 전혀 흔들리지 않다.
예) 내가 그렇게 빌었건만 엄마는 **고개 하나 까딱하지 않으셨다**.

고개를 숙이다 항복하거나 굴복하다. / 존경하는 마음을 갖다.
예) 인조 임금은 청나라 황제 앞에서 **고개를 숙일** 수밖에 없었다.
예) 독립 기념관에 들어서면 나도 모르게 **고개를 숙이게** 된다니까.

고개를 갸웃하다 무엇인가에 의문을 품다.
예) 아무리 설명해도 수현이는 **고개를 갸웃할** 뿐 이해하지 못하는 표정이었다.

고개를 끄덕이다 찬성하거나 승인하다.
예) 그의 말이 끝나자 모두들 **고개를 끄덕였다**.

고개를 들다 어떤 일의 조짐이 일어나거나 머리에 떠오르다.
예) 영희에 대한 질투의 감정이 **고개를 들기** 시작했다.

고개를 젓다 부정이나 거절의 뜻을 나타내다. 비) 고개를 흔들다
예) 그의 의견을 받아들일 수 없었던 나는 끝까지 **고개를 저을** 수밖에 없었다.
예) 아무리 설득해도 그는 **고개를 흔들며** 동의하지 않았다.

고개를 쳐들다 자신감이 넘쳐 당당하게 행동하다.
예) 뭘 잘했다고 **고개를** 빳빳이 **쳐들고** 쳐다보는 게냐?

머리와 몸통을 잇는 잘록한 부분.

목은 머리와 몸을 잇는 중요한 신체 부분입니다. 그래서 '생명을 잇는 목숨'과 관련한 표현을 할 때 자주 빗대어 사용합니다.

목을 놓다   마음껏 소리 내어 울거나 부르짖다.
예) 아기는 엄마를 보자마자 길바닥에 주저앉아 **목 놓아** 울기 시작했다.

목을 빼다(목이 빠지다)   몹시 애태우며 초조하게 기다리다.
예) 심청이는 **목을 빼고** 아버지가 돌아오시기만을 기다렸다.
예) 우리는 엄마를 기다리다 **목이 빠질** 지경이었다.

목이 타다   목이 몹시 마르다.
예) 사막 한가운데를 벌써 몇 시간째 걸었는지 **목이 타서** 더는 나아갈 수 없었다.

목에 핏대를 세우다   몹시 흥분하거나 화를 내며 말하다.
예) 사고 현장에서 두 운전자는 **목에 핏대를 세워** 가며 싸우고 있었다.

목에 힘을 주다   잘난 체하거나 뻐기다.   비) 목에 힘이 들어가다
예) 윤정이는 세뱃돈을 많이 받았다며 **목에 힘을 주었다**.
예) 유빈이는 반장이 되고 나서부터 **목에 힘이 들어간** 듯하다.

목을 조이다   상대를 고통스럽게 해 망하거나 못살게 하다.
예) 우리는 적의 식량 보급로를 점령하고 적군의 **목을** 서서히 **조여** 갔다.

목을 축이다   목이 말라 물 따위를 마시다.
예) 오후가 되어서야 우물 하나를 발견한 일행은 그제야 **목을 축일** 수 있었다.

목을 풀다 목소리가 잘 나오게 연습하다.
예) 자, 모두들 **목을 풀어라**. 다음이 우리 합창단 차례니까.

목이 날아가다 직위에서 쫓겨나다. 반 목이 붙어 있다
예) 사장이 바뀌고 나자 우리 회사 직원들은 하루아침에 **목이 날아가고** 말았다.
예) 회사가 어려운 상황에서도 너는 **목이 붙어 있으니** 더욱 열심히 일해야 한다.

목이 메다 감정이 북받쳐 목소리가 잘 나오지 않다.
예) 대통령께서 돌아가셨다는 소식을 듣자 우리는 **목이 메어** 아무 말도 하지 못했다.

목이 잠기다 목이 붓거나 쉬어 목소리가 제대로 나오지 않다.
예) 얼마나 소리를 질렀는지 **목이 잠겨** 더 이상은 말도 할 수 없었다.

목이 칼칼하다 목이 말라서 물이나 음료 등을 마시고 싶다.
예) 연설을 끝내고 나니 **목이 칼칼하구나**. 물 한 잔만 주시구려.

목과 배 사이에 있는 몸의 앞부분. 마음.

어떤 감정 변화가 있을 때 심장이 빨리 뛰거나 호흡이 가빠지곤 하지요. 그래서 가슴은 '사람의 마음'을 뜻하는 표현으로 자주 빗대어 쓰입니다.

가슴을 치다　원통하거나 후회하는 마음으로 안타까워하다.
예) 아이를 잃은 부모는 **가슴을 치며** 통곡했다.

가슴을 태우다　몹시 걱정이 되어 초조하고 안타깝다.
비) 애태우다
예) 나는 그가 돌아오기만을 기다리며 **가슴을 태워야** 했다.

가슴에 맺히다　마음을 쉽게 떨쳐 버리지 못하다.
예) 할아버지께서는 늘 북녘에 두고 온 가족 모습이 **가슴에 맺힌다고** 말씀하셨다.

가슴에 못을 박다　마음에 큰 상처를 남기다.
예) 남의 **가슴에 못을 박으면** 자신도 언젠가 그런 고통을 당하기 마련이다.

가슴에 묻다　마음속에 잊지 않고 간직하다.
예) 그 비밀은 누구에게도 말하지 않고 내 **가슴에 묻기로** 결심했다.

가슴에 새기다　단단히 기억해 두다.
예) 제게 주신 교훈은 영원히 **가슴에 새기겠습니다**.

가슴에 와 닿다　절실한 감동을 일으키다.
예) 담임 선생님 말씀 한 마디 한 마디가 내 **가슴에 와 닿았다**.

가슴을 도려내다 마음이 아프거나 슬프게 하다.
예) 주희가 결국 떠났다는 소식이 내 가슴을 도려냈다.

가슴을 쓸어내리다 매우 걱정하던 일이 잘 해결되어 안심하다.
예) 그 아이의 부모는 아이를 찾고 나자 가슴을 쓸어내리며 안도했다.

가슴을 울리다 감동시키다.
예) 그의 진심 어린 사과는 우리 모두의 가슴을 울렸다.

가슴이 내려앉다 몹시 큰 충격을 받아 기운이 다 빠지다.
예) 그 배가 실종되었다는 소식을 들은 마을 사람들은 가슴이 내려앉았다.

가슴이 뜨겁다 아주 큰 감동을 받다.
예) 태극기가 게양되는 순간 나는 가슴이 뜨거워져 눈시울이 붉어졌다.

가슴이 미어터지다 슬픔이나 후회로 가슴이 터질 듯 답답하다.
예) 김구 선생께서 암살되었다는 소식을 듣자 내 가슴이 미어터졌다.

가슴이 찔리다 양심의 가책을 크게 받다.
예) 누가 우유를 두 개 먹었느냐는 선생님 말씀에 나는 **가슴이 찔렸다**.

가슴이 찢어지다 고통을 받다.
예) 식사도 제대로 못 하는 아이들을 본 우리는 **가슴이 찢어졌다**.

코, 입으로 공기를 들이쉬고 내쉬는 일.

숨은 사람의 '감정 기복이나 생명'과 관련한 표현에 자주 쓰입니다. 호흡呼吸(내쉴 호, 들이쉴 흡) 또한 숨을 들이쉬고 내쉬는 상호 작용으로 이뤄지며 '사람들과 조화를 이루는 모습'을 나타내는 표현으로 확장해 쓰입니다.

숨을 거두다 죽다. 비) 숨이 멎다
예) 의사가 도착하기도 전에 선생님께서는 **숨을 거두셨다**.

숨이 막히다 숨 쉬기 힘들 정도로 긴장하다.
예) 그날 회의에서는 **숨 막히는** 상황이 계속되었다.

숨이 죽다 채소의 빳빳하고 생생한 기운이 빠져 부드러워지다.
예) 배추가 **숨이 죽었구나**. 이제 김치를 담가도 되겠어.

숨도 쉬지 않다 어떤 일을 아주 다급하게 하다.
예) 그는 도착하자마자 **숨도 쉬지 않고** 자초지종을 설명하기 시작했다.

숨도 크게 못 쉬다 긴장하거나 겁이 나서 기를 펴지 못하다.
예 그는 아무 잘못도 없었지만 경찰이 눈을 부릅뜨고 바라보자 **숨도 크게 못 쉬었다**.

숨을 고르다 가쁜 숨을 진정시키다. / 잠시 여유를 갖다.
예 **숨을 고르고** 말해라. 이제 쫓아오는 사람도 없어.
예 바쁠 때일수록 잠시 **숨을 고르고** 하늘을 보자.

숨이 차다 숨을 쉬기가 어렵다.
예 달리기를 막 끝낸 선수들은 **숨이 차** 인터뷰도 할 수 없었다.

숨이 턱에 닿다 몹시 숨이 차다. 비 숨이 턱까지 차오르다
예 산 정상에 오른 나는 **숨이 턱에 닿아** 아무 생각도 할 수 없었다.

숨넘어가다 너무 서두르거나 놀라서 죽을 듯하다.
예 너무 서두르지 마라. 그러다가 **숨넘어가겠다**.

숨통을 끊다 목숨이 끊어지게 하다.
예 황조롱이는 들쥐를 잡아 **숨통을 끊어** 버렸다.

숨통을 조이다 결정적으로 중요한 부분을 막아 어려움에 빠뜨리다.
예 금융 위기는 우리 경제의 **숨통을 조이기** 시작했다.

숨통이 트이다 답답하거나 급박한 상태에서 잠시 벗어나다.
예 은행이 도와주어 우리 사업은 가까스로 **숨통이 트이게** 되었다.

한숨 돌리다 고비를 넘겨 한층 여유를 되찾다.
예 동굴을 발견한 우리는 그제야 비를 피하며 **한숨 돌릴** 수 있었다.

호흡을 같이하다 서로 뜻이나 행동을 함께하다.
예) 우리 모두가 **호흡을 같이할** 때 좋은 결과가 나타날 거야.

호흡을 맞추다 조화를 이루다.
예) 두 사람은 함께 **호흡을 맞추어** 온 지 벌써 십 년이 넘었어.

호흡이 맞다 함께 일을 할 때 서로의 생각과 뜻이 맞다.
예) 두 사람이 연기하는 걸 보면 정말 **호흡이 맞는** 것을 느낄 수 있지.

팔과 몸통이 이어지는 곳 윗부분에서 목 아래까지를 가리키는 우리 몸의 일부.

어깨는 다른 사람과 옆으로 키를 견주거나 가늠할 수 있는 곳이기도 하지요. 그래서 '마음의 짐이나 부담, 경쟁' 등과 관련한 표현에서 흔히 쓰입니다.

어깨가 가볍다 책임이나 부담이 사라져 마음이 홀가분하다.
반) 어깨가 무겁다
예) 취직을 하고 나니 **어깨가** 한결 **가벼워졌다**.
예) 수백 명의 생계가 달린 문제라 생각하니 **어깨가 무거웠다**.

어깨가 무겁다 부담이 크다. 비) 어깨를 짓누르다
예) 갑자기 회장이 되고 보니 **어깨가 무거워짐을** 느낀다.
예) 이제부터 회사를 책임져야 한다고 생각하자 부담감이 **어깨를 짓누르는** 듯했다.

어깨가 축 처지다   의욕을 잃거나 낙심하다.
예 일자리를 잃은 삼촌은 그 후 **어깨가 축 처진** 채 살고 있다.

어깨를 겨루다(겨누다)   대등한 위치에서 경쟁하다.
비 어깨를 나란히 하다, 어깨를 견주다
예 우리 제품도 이제 선진국 제품과 **어깨를 겨룰** 정도로 발전했다.

어깨를 낮추다   겸손한 마음으로 자기를 낮추다.
예 네가 잘될수록 **어깨를 낮추고** 상대방을 대해야 한다.

어깨를 두드리다   상대방의 걱정이나 고민을 위로하다.
예 선생님께서는 창수의 **어깨를 두드리시며** 위로해 주셨다.

어깨를 들먹이다   서럽거나 슬퍼서 흐느껴 울다.
예 유빈이는 엄마를 잃은 슬픔에 **어깨를 들먹이며** 울고 있었다.

어깨너머로 배우다   남이 하는 것을 옆에서 보며 배우다.
예 나는 전문가들의 실력을 **어깨너머로 배운** 것에 불과하다.

팔을 걷어붙이다   어떤 일에 적극적으로 나서다.
예 모든 시민들이 태풍 피해 복구를 위해 **팔을 걷어붙였다**.

팔이 안으로 굽다   자신과 더 가깝거나 친한 쪽으로 마음이 기울다.
예 **팔이 안으로 굽는다고**, 아무래도 내 동생 편을 들게 되더라고.

무엇을 만지거나 잡을 때 쓰는 몸의 일부분.

도구를 정교하게 사용하는 인간의 손은 '일을 처리하는 데 드는 힘과 노력 또는 다른 사람과의 협력'과 관련한 표현에 많이 쓰입니다.

손에 익다   익숙하다.
예) 이 기계를 만진 지 몇 년이 지났으니 **손에 익을** 만도 하지.

손을 끊다   하던 일이나 행동, 관계를 끝내다.   비) 손을 떼다
예) 아버지께서는 노름에서 완전히 **손을 끊고** 새 출발을 다짐하셨다.
예) 저는 그 일에서 **손을 뗀** 상태입니다. 그러니 더는 묻지 말아 주세요.

손을 내밀다   남의 도움을 청하거나 화해를 청하다.
예) 벌써 몇 번째 **손을 내미는** 거니? 이젠 네 힘으로 살아가도록 해라.
예) 네가 먼저 **손을 내미는** 것이 좋겠어. 그도 자기 잘못을 후회하고 있으니까 말이야.

손을 멈추다   하던 일을 잠시 멈추다.   비) 일손을 멈추다
예) 아들이 들어서자 빨래를 하시던 어머니께서는 **손을 멈추고** 맨발로 뛰쳐나오셨다.

손을 벌리다   남의 도움을 청하다.
예) 며칠 만에 집에 돌아온 그는 다시 부모님께 **손을 벌렸다**.

손을 씻다   좋지 않은 일을 그만두다.   비) 손을 털다
예) 그는 범죄에서 **손을 씻고** 새사람이 되겠다고 우리 앞에서 다짐했다.

손을 잡다　함께 협력하다.
예 두 회사가 **손을 잡는다면** 세계 시장에서 큰 성과를 거둘 수 있을 것입니다.

손이 크다　물건이나 마음을 넉넉히 쓰다. 반 손이 작다
예 그는 정말 **손이 크다니까**. 음식을 차려도 먹고 남을 만큼 차려 내거든.
예 그 여자는 어찌나 **손이 작은지** 사람이 다섯인데 고작 귤 두 개를 내오는 거야.

손에 넣다　차지하다. 비 손에 쥐다
예 조상들이 대대로 살았던 이 집을 다시 **손에 넣기까지** 삼십 년이 걸렸어요.
예 그는 권력을 **손에 쥐자마자** 독재 정치를 펼치기 시작했다.

손에 땀을 쥐다　아슬아슬하게 느끼다.
예 경기는 **손에 땀을 쥐게** 진행되고 있었다.

손에 잡히다　마음이 안정되어 일에 열중하다.
예 친구들이 다 돌아가자 그제야 공부가 **손에 잡히기** 시작했다.

손에 장을 지지다　어떤 일을 아주 많이 확신한다.
예 그가 게임을 그만두었다고? 그게 정말이라면 내 **손에 장을 지지겠다**.

손을 놓다　하던 일을 그만두다.
예 아들이 떠났다는 소식을 듣자 그는 하던 일에서 **손을 놓고** 멍하니 하늘만 바라보았다.

손을 빌리다　도움을 받다.
예 우리 집은 동네 사람들의 **손을 빌려** 가까스로 김장을 끝낼 수 있었다.

손을 젓다　아니라고 부인하거나 거절하다.
예 내 말이 끝나기도 전에 그는 **손을 저으며** 거절의 뜻을 나타냈다.

손을 타다 누군가 만지거나 다룬 흔적이 있다.
예) 잠깐 잠이 든 사이에 내 주머니가 누군가의 **손을 탄** 게 분명했다.

손이 가다 육체적으로 힘을 기울이다.
예) 그 일을 완벽히 해내기 위해서는 **손이** 많이 **가야** 한다.

손쓰다 어떤 일을 마무리하기 위해 행동을 하다.
예) 빨리 **손써야겠어**. 안 그러면 벽이 무너질지 몰라.

손가락으로 꼽다 손가락으로 셀 수 있을 만큼 적다.
예) 다들 도시로 떠나서 이 마을에 남은 사람은 **손가락으로 꼽을** 만큼 적어.

손가락을 빨다 먹고살 방법이 없어 굶다.
예) 벌써 며칠째 우리는 **손가락을 빨면서** 지내야 했다.

손꼽아 기다리다 초조한 마음으로 기다리다.
예) 우리는 그가 돌아올 날만을 **손꼽아 기다렸다**.

손바닥 들여다보듯 알다   자기 손을 들여다보듯 훤히 다 알다.
예) 경찰은 그들의 움직임을 **손바닥 들여다보듯 알고** 있었다.

손바닥을 뒤집듯 하다   태도나 결정을 아주 쉽게 바꾸다.
예) 그는 말을 **손바닥 뒤집듯 하니** 도무지 믿음이 안 간다.

손발을 맞추다   협조가 잘 되도록 노력하다.
예) 두 선수는 **손발을 맞춘** 지 오래되어서 눈빛만 봐도 상대가 원하는 것을 알 수 있다.

손발이 따로 놀다   협조가 잘 되지 않고 어긋나다.
예) 두 선수의 **손발이 따로 노니** 경기에서 이길 수 없는 건 당연하다.

몸속에서 배와 가슴 사이를 분리하는 가로막 아래 있는 기관.

'외부 상황에 대한 감정이나 반응, 감추어진 속마음'을 나타낼 때 간이나 창자에 자주 빗대어 표현하지요. 창자의 옛말인 '애'를 사용해 표현하기도 합니다.

간이 떨어지다   순간적으로 몹시 놀라다.
예) 휴, **간 떨어지는** 줄 알았다. 그러니까 차를 조심하라고 했잖아.

간이 붓다   겁도 없이 무모하게 행동하다.
예) 너 정말 **간이 부었구나**. 사자를 향해 주먹질을 하다니!

간이 작다 겁이 많고 소심하다.
예 그렇게 **간이 작아서** 어떻게 모험을 하겠다는 거냐?

간도 쓸개도 없다 자존심이 없을 정도로 비굴하다.
예 넌 **간도 쓸개도 없니**? 그런 녀석에게 머리를 조아리다니!

간에 기별도 안 가다 먹은 것이 너무 적어 양에 차지 않다.
예 아무리 먹어도 **간에 기별도 안 간다**. 밥 좀 더 가져와라.

간에 붙었다 쓸개에 붙었다 하다 이익이나 상황에 따라 입장을 자꾸 바꾸다.
예 자기 이익을 위해서라면 **간에 붙었다 쓸개에 붙었다 할** 녀석이니 너무 믿지 마.

간이라도 꺼내 주다 모든 것을 아낌없이 주다.
예 지난번에는 **간이라도 꺼내 줄** 듯하더니 오늘은 표정을 확 바꾸네.

간이 서늘하다
뜻밖에 위험하고 두려운 일을 당하여 몹시 놀라거나 섬뜩하다. 🔵 간담肝膽(간 간, 쓸개 담)이 서늘하다
- 귀신이 나온다는 집에서 자려고 누웠더니 **간이 서늘하더라고**. 그래서 금세 도망쳤지.
- 그 장면을 보니 정말 **간담이 서늘하더라**. 다시는 생각하기 싫어.

간이 콩알만 해지다
몹시 두려워하거나 무서워하다.
- 번개가 치기 시작하자 아이들은 **간이 콩알만 해져서** 도망칠 궁리만 했다.

간장을 녹이다
몹시 애를 태우다.
- 정말 얘가 내 **간장을 녹이는구나**. 왜 이리 소식이 없니?

간장을 태우다
몹시 애를 태우다.
- 너 정말 내 **간장을** 이렇게 **태울래**? 빨리 들어와!

애가 타다
마음이 쓰여 초조하다. 🔵 애가 달다
- 그를 기다리고 있으려니 **애가 타** 못 견디겠다.

애가 터지다
마음이 답답하고 아프다.
- 묵묵부답인 채 입을 닫고 있는 그의 답변을 들으려니 **애가 터질** 지경이다.

애를 먹다
어려움을 겪다.
- 몸집이 산처럼 큰 멧돼지 때문에 온 마을 사람들이 **애를 먹고** 있다.

애쓰다
온 힘을 다하다.
- 아무리 **애써도** 상대를 이기기는 힘들 것 같아.

애간장을 끓이다 몹시 초조하다.
예) 벌써 며칠째 아무 소식도 없는 엄마 때문에 온 가족이 **애간장을 끓이고** 있다.

애간장을 녹이다 근심과 걱정으로 고통스럽다.
예) 정말 아슬아슬해서 못 보겠어. 내 **애간장을** 다 **녹이는구나**.

창자가 끊어지다 참을 수 없을 만큼 매우 슬프다.
예) 아이가 아프면 엄마들은 **창자가 끊어지는** 아픔을 느끼게 됩니다.

창자가 뒤틀리다 못마땅하여 기분이 매우 나쁘다.
예) 그 녀석에게 당한 걸 생각하면 지금도 **창자가 뒤틀릴** 지경이다.

가슴 아래에서 다리 위까지 부분.

배는 장, 창자, 콩팥 등 몸속 중요한 장기를 보호합니다. 그래서 '잇속을 챙기거나 무언가 감추는 것이 있을 때' 사용할 수 있는 표현으로 확장되어 쓰입니다.

배가 아프다　배탈이 나다. / 남이 잘되는 것을 보고 심술이 나다.
- 예) 아이구, **배 아파**. 빨리 구급차를 불러 다오.
- 예) 동생 흥부가 잘되었다는 소식을 들은 놀부는 **배가 아파** 견딜 수가 없었다.

배를 불리다　자기 욕심을 채우다.　비) 배를 채우다, 뱃속을 채우다
- 예) 전봉준은 자기 **배만 불리는** 탐관오리들에 맞서 혁명을 일으키기로 결심했다.
- 예) 자기 **뱃속만 채우는** 데 급급한 사람은 절대 정치를 해서는 안 된다.

배가 남산만 하다　임신하다. 살이 쪄서 배가 몹시 나오다.
- 예) 아이를 밴 우리 누나는 지금 **배가 남산만 해**.

배가 다르다　아버지는 같으나 엄마가 다르다.
- 예) 콩쥐와 팥쥐는 **배가 다른** 자매였다.

배꼽을 잡다　몹시 크게 웃다.　비) 배꼽을 쥐다
- 예) 토끼가 간을 두고 왔다고 거짓말을 하자 용왕은 **배꼽을 잡았다**.

배보다 배꼽이 크다　사소한 일에 드는 노력이나 비용이 더 크다.
- 예) 그곳에서 일하고 받은 돈보다 교통비가 더 들었으니 **배보다 배꼽이 큰** 셈이네.

뱃속이 들여다보이다　감추고자 하는 부정적인 속내가 드러나다.
- 예) 아무리 감추려고 해도 자기 이익만 챙기려는 그의 **뱃속이** 훤히 **들여다보인다**.

사람이나 동물의 몸에서 가슴과 배의 반대쪽.

'어떤 관계가 틀어지거나 외면 받는 상황'을 등에 빗대어 종종 표현합니다. 또한 등은 가방이나 짐을 떠받쳐 질 수 있는 신체 부위이므로 '세력이나 힘'을 얻을 때도 사용합니다.

등을 돌리다   서로 반대편에 서다. / 누군가를 외면하다.
- 예) 그는 우리에게 **등을 돌리고** 저쪽 편에 선 게 분명하다.
- 예) 내가 아는 척했지만 그는 **등을 돌려** 버렸다.

등에 업다   누군가의 힘을 이용하다.
- 예) 그는 권력을 가진 집안을 **등에 업고는** 온갖 일에 끼어들어 큰소리를 치고 있다.

등을 보이다   외면하고 도움을 주지 않다.
- 예) 물에 빠진 심 봉사가 구해 달라고 소리쳤지만 모두들 **등을 보일** 뿐이었다.

등을 지다   관계를 끊거나 멀리하다.
- 예) 로미오 집안은 줄리엣 집안과 **등을 진** 지 오래다.

등 한가운데에 길게 골이 진 곳으로, 뇌에 연결되는 신경 중추가 있는 곳.

척추는 우리 몸을 지탱하는 가장 중요한 뼈대랍니다. 그래서 '어떤 일을 지탱해야 하는 상황'을 표현할 때 종종 빗대어 쓰이지요.

등골이 서늘하다 등에 찬물을 끼얹은 것처럼 으스스하고 두렵다.
예) 밤이 깊어 오랫동안 버려진 집에 들어서자 갑자기 **등골이 서늘했다**.

등골이 오싹하다 매우 두려워 온몸에 소름이 끼치다.
예) 귀신이 산다는 집에 들어서는 순간 갑자기 **등골이 오싹했다**.

등골이 빠지다 견딜 수 없을 정도로 힘들다.
예) 부모님께서는 우리들을 교육시키느라 **등골이 빠질** 지경이셨다.

등골을 빨아먹다 재산 따위를 착취하거나 농락하여 빼앗다.
예) 친일파들은 일본인 앞잡이 노릇을 하면서 우리 겨레의 **등골을 빨아먹었다**.

등골이 휘다 어떤 일을 해내느라 몹시 힘들고 고생스럽다.
예) 네 뒷바라지에 우리 모두 **등골이 휠** 지경이다.

사람이나 동물이 걷거나 뛸 때 사용하는 발목 아랫부분.

발은 '다른 사람과의 관계나 이동, 교류, 해결해야 할 일'과 관련한 표현에 자주 쓰입니다.

발 디딜 틈이 없다   워낙 사람이 많아 들어갈 수가 없다.
예 출근 시간에 지하철은 **발 디딜 틈이 없을** 만큼 사람이 많다.

발 벗고 나서다   자기 일처럼 적극적으로 나서 돕다.
예 행인이 깡패에게 당하는 모습을 보자 윤철이는 **발 벗고 나서** 돕기 시작했다.

발 뻗고 자다   근심이나 걱정이 사라져 마음이 편해지다.
비 다리 뻗고 자다
예 전쟁이 끝났으니 이제 **발 뻗고 잘** 수 있겠구나.
예 아버지께서 건강을 되찾으셨으니 이제 **다리 뻗고 잘** 수 있게 되었다.

발을 끊다   서로 왕래하거나 관계를 갖지 않다.
예 놀부는 흥부의 집에 **발을 끊은** 지 오래다.

발을 들여놓다   어떤 일에 참여하다. / 공간에 들어가다.
예 오랜 고민 끝에 나는 그 일에 **발을 들여놓기로** 결정했다.
예 임진왜란 때 코 크게 다친 일본군은 이후 조선 땅에 한참 동안 **발을 들여놓지** 못했다.

발을 붙이다   다른 지역에 들어가 살거나 활동하다.
예 이 고장에 **발을 붙인** 지도 벌써 십여 년이 되어 간다.

발을 빼다 어떤 일을 더 이상 하지 않고 그만두다.
예) 나는 이제 그 일로부터 **발을 뺐으니** 더 이상 묻지 마라.

발이 넓다 아는 사람들이 매우 많다.
예) 그는 정말 **발이 넓어**. 모르는 사람이 없다니까.

발로 뛰다 직접 다니며 열심히 일하다.
예) 그렇게 책상에만 앉아 있지 말고 지금이라도 열심히 **발로 뛰어라**.

발을 동동 구르다 몹시 안타까워 애를 태우다.
예) 기차를 놓친 수연이는 **발만 동동 구르며** 울부짖었다.

발을 맞추다 서로 보조를 맞추다.
예) 자, 그럼 지금까지 연습한 대로 **발을 맞추어** 보자.

발이 떨어지지 않다 마음이 놓이지 않아 떠나지 못하다.
예) 그 아이를 홀로 두고 떠나려니 도저히 **발이 떨어지지 않았다**.

발이 묶이다 움직이지 못하게 되다.
예 태풍이 불어 배가 출항하지 못하자 여행객들은 꼼짝없이 **발이 묶이고** 말았다.

발이 손이 되도록 빌다 잘못을 열심히 빌다.
예 그는 거짓말한 것이 발각되자 선생님께 **발이 손이 되도록 빌었다.**

발걸음을 끊다 더 이상 왕래를 하지 않고 거래도 하지 않다.
비 발을 끊다, 발길을 끊다
예 두 사람은 이제 **발걸음을** 완전히 **끊고** 산다.

발길에 차이다 매우 흔하다.
예 그런 물건은 거리에 나가면 **발길에 차일** 정도다.

발등에 불이 떨어지다 일이 매우 급박하게 닥치다.
예 일을 다 끝냈다고 생각했는데 갑자기 **발등에 불이 떨어졌구나.**

발목을 잡다 어떤 상태나 일에서 벗어날 수 없도록 하다.
발목을 잡으면 그 누구라도 자유롭게 걷거나 앞으로 나아갈 수 없지요. '발목을 잡히다'는 벗어날 수 없는 상태를 나타내는 표현으로 쓰입니다.

예 제발 내 **발목을 잡지** 마라. 나는 이제 이 일에서 벗어나고 싶다.
예 게임을 그만두려고 했으나 결국 게임 친구들에게 **발목을 잡히고** 말았다.

발버둥을 치다 어떤 일을 해내기 위해 갖은 힘을 다하다.
'발버둥'은 두 다리를 번갈아 굽히고 펴기를 거듭하는 것이죠. 발버둥을 계속하는 것은 힘이 든 행동입니다. 그런데도 하는 것은 무언가를 이루고자 하나 잘 안 되기 때문이지요.

예 멧돼지는 살기 위해 **발버둥을 쳤으나** 그럴수록 덫은 더 강하게 죄어 올 뿐이었다.

어려운 발걸음을 하다   좀처럼 오기 힘든 곳을 오다.

쉽게 오갈 수 있는 곳을 오거나 갈 때는 이 표현을 쓰지 않습니다. 오가는 것이 매우 힘든 곳이나, 관계가 서먹서먹해서 만나기 힘든 사람을 찾아갈 때 쓰는 표현이지요.

예) 이렇게 먼 곳까지 **어려운 발걸음을 하시다니** 송구한 마음입니다.

한발 뒤로 물러서다   어떤 일을 객관적으로 판단하려고 물러나다.

무엇이건 너무 가까이서 바라보면 제대로 볼 수 없습니다. 그럴 때는 약간 떨어져서 바라보면 잘 보이지요.

예) 자, 더 이상 다투지 말고 모두들 **한발 뒤로 물러서** 생각해 봅시다.

한발 앞서다   남보다 조금 앞서 있다.

한 발은 길어야 1미터 남짓이지요. 그래서 '한발 앞서 있다'고 하면 약간 앞서 있다는 말입니다.

예) 지금 성적을 보면 우리 팀이 **한발 앞서고** 있다. 그러나 차이가 작기 때문에 언제든 뒤질 수도 있어.

한 발짝도 물러서지 않다   조금도 양보하지 않다.

이 표현은 '한발 뒤로 물러서다'와 정반대의 뜻이에요. 한 발짝도 물러서지 않았으니까요.

예) 양쪽은 **한 발짝도 물러서지 않은** 채 자신의 주장만을 되풀이했다.

동물의 몸을 지탱하는 기관.

뼈가 없으면 사람이 서 있을 수가 없습니다. 그만큼 사람이 제 모습을 갖추기 위해서는 반드시 필요한 것이죠.

뼈가 빠지다   매우 힘들다.
예 그는 젊어서부터 **뼈 빠지게** 일했지만 남은 건 병든 몸뿐이었다.

뼈가 있다   남을 비판하는 뜻이 담겨 있다.
예 네 말속에 **뼈가 있는** 것 같다.

뼈도 못 추리다   제대로 대응도 못하고 당하다.
예 너 계속 그렇게 게으름만 피우면 **뼈도 못 추릴** 줄 알아라.

뼈를 깎다   매우 견디기 힘들다.
예 희규는 **뼈를 깎는** 노력을 기울인 끝에 결국 문제를 해결했다.

뼈를 묻다   죽어 묻히다. 죽을힘을 다하다.
예) 저는 이곳에 **뼈를 묻을** 각오로 열심히 일하겠습니다.

뼈만 남다   심하게 마르다.
예) 우리가 그를 발견했을 때 그는 **뼈만 남은** 상태였다.

뼈에 사무치다   어떤 느낌이 잊히지 않아 마음속에 남다.
예) 심청이는 아버지에 대한 그리움이 **뼈에 사무쳐** 하루도 편히 자지 못하였다.

뼈대가 있다   가문이 좋다.
예) 우리 집안은 대대로 **뼈대 있는** 집안이다. 그러니 너도 늘 행동 조심하거라.

잔뼈가 굵다   한곳에서 오래 일을 해 그 일에 익숙하다.
예) 우리 아버지께서는 대장간에서 **잔뼈가 굵은** 분이시다.

피 사람이나 동물의 몸 안에서 산소와 영양소 등을 운반하는 붉은 액체.

피가 없으면 사람이건 동물이건 살 수가 없습니다. 그래서 '목숨이나 희생, 노력, 혈연관계, 같은 겨레'를 비유적으로 이를 때 사용합니다.

피 튀기다   매우 치열하다.
예) 두 사람은 지금 이 순간에도 **피 튀기는** 경쟁을 벌이고 있다.

피가 끓다   혈기나 감정 따위가 북받쳐 오르다.
예) 나라를 잃었다는 소식이 전해지자 수많은 청년들은 **피가 끓어** 독립운동에 앞장섰다.

피를 토하다   격렬한 분노나 감정 등을 터뜨리다.
예) 그는 **피를 토하는** 심정으로 글을 써서 많은 사람에게 진실을 알리고자 했다.

피가 거꾸로 솟다   몹시 흥분해서 화가 치밀어 오르다.
예) 그의 터무니도 없는 변명을 듣는 동안 나는 **피가 거꾸로 솟는** 기분이었다.

피가 되고 살이 되다   살아가는 데 있어 큰 도움이 되다.
예) 지금은 힘들겠지만 오늘의 경험은 여러분이 살아가는 데 **피가 되고 살이 될** 것이다.

피가 뜨겁다   의지가 강하고 매우 정열적이다.
예) 무슨 일이든 맡겨 주십시오. 전 **피가 뜨거운** 사람입니다.

피가 마르다   몹시 괴롭거나 애가 타다.   비) 피를 말리다
예) 성적표를 기다리는 동안 나는 **피가 마르는** 느낌이었다.
예) 보는 사람의 **피를 말리는** 경기가 진행되고 있어.

피는 물보다 진하다   혈육의 정은 다른 어떤 것보다 강하다.
예 **피는 물보다 진하다더니**, 미국보다 북한 선수를 응원하게 돼.

피도 눈물도 없다   인정머리가 조금도 없다.
예 스크루지 영감은 **피도 눈물도 없다니까**.

피로 물들다   죽거나 다친 사람이 많이 생기다.
예 전쟁터는 양쪽 젊은이들의 **피로 물들었다**.

피를 나누다   혈육의 관계가 있다.
예 두 사람은 **피를 나눈** 사이인데 왜 그렇게 다투는 거지?

피를 흘리다   싸우거나 하여 죽거나 다친 사람이 나오다.
예 이번 전투에서 우리는 너무 많은 **피를 흘렸다**.

피에 굶주리다 남을 죽이거나 다치게 하려는 악한 마음을 갖다.
예) 그는 마치 **피에 굶주린** 것처럼 전쟁터를 누비고 다녔다.

피와 땀 대단한 인내와 노력을 이르는 말.
예) 우리가 이룬 성과는 **피와 땀의** 결실입니다. 감사합니다.

어떤 기운이나 힘.

기는 눈에 보이지 않지만 감각으로 느낄 수 있는 것으로, 생명체를 살아 움직이게 하는 힘과 에너지 같은 것입니다.

기가 살다 약하던 힘이나 의지가 세지다. 반) 기가 죽다
예) 영수는 선생님 칭찬에 **기가 살아서** 청소를 더욱 열심히 했다.
예) 그렇게 잘난 체를 하더니 웬일로 **기가 죽었니**?

기를 쓰다 온 힘을 다하다.
예) 네가 아무리 **기를 쓰고** 덤벼도 그를 이기기는 힘들다.

기를 죽이다 남의 기세를 약하게 만들다.
예) 먼저 상대 팀의 **기를 죽여야** 해. 안 그러면 경기 내내 끌려간다니까.

기를 펴다 억눌린 것에서 벗어나 새로이 힘을 얻다.
예) 사업이 잘되어 가자 아버지께서도 **기를 펴시게** 되었다.

기가 꺾이다 강한 힘과 의지가 약해지다.
- 예) 의기양양하던 철호였지만 선생님을 보는 순간 갑자기 **기가 꺾였다**.

기가 막히다 어이없는 일을 당해 어쩔 줄 모르다. / 말문이 막히다.
비) 기가 차다
- 예) 저 녀석이 오히려 큰소리를 치고 나서니 **기가 막힐** 따름이다.
- 예) 네 말을 들으니 하도 어이가 없어서 **기가 차는구나**.

기가 질리다 겁이 나서 기가 꺾이다.
- 예) 깡패들이 싸우는 모습을 본 우리는 **기가 질려** 모두 그 자리를 피했다.

그 밖에 몸의 겉모습과 관련한 표현들입니다.

구태에서 벗어나다 예전 모습에서 벗어나 새롭게 탈바꿈하다.
'구태舊態(옛 구, 모양 태)'는 예전 모양을 이르는 말이에요. 그러니까 예전의 좋은 전통이 아니라, 나쁜 습관 따위를 가리키는 것이지요. 따라서 구태에서 벗어나는 것은 좋은 일입니다.
- 예) 우리 사회가 아직도 **구태에서 벗어나지** 못하다니, 참으로 안타깝구나.

꼴 겉모양이나 생김새.
본래 '꼴'은 겉모양이나 생김새를 뜻하는데, 그 외에도 사물의 모양이나 상태를 얕잡아 이를 때, 자기 분수에 맞지 않거나 형편없는 것을 빈정거릴 때 쓰기도 합니다.
- 예) 네 모습은 **꼴**도 보기 싫으니 당장 나가라.
- 예) 가진 건 아무것도 없으면서 **꼴** 같지 않게 잘난 체를 하더구나.
- 예) 너 혼자 할 수 있다고 큰소리 떵떵 치더니 **꼴**좋구나.

꽁무니를 빼다   슬그머니 도망치다.

'꽁무니'는 사람이나 동물의 몸에서 엉덩이쪽 뒷부분, 또는 사물의 끝부분을 이르는 말이에요. 사람이 어디론가 슬그머니 달아나는 모습을 이를 때 '도망치다'의 뜻을 가진 '빼다'와 함께 써서 '꽁무니를 빼다'라고 표현합니다. 누군가를 쫓아다닐 때는 '꽁무니를 쫓아다니다'라고 표현하지요.

예) 일이 여의치 않게 돌아가자 그는 어느새 **꽁무니를 빼고** 자리에 없었다.
예) 공부는 뒷전이고 연예인 **꽁무니를 쫓아다니니** 무슨 일을 할 수 있겠니?

모양을 내다   멋을 부리다.

'모양模樣(법 모, 모양 양)'은 겉으로 보이는 생김새죠. '모양을 내다', '모양내다'라고 하면 겉모습을 잘 보이도록 꾸미는 것을 말합니다.

예) 예빈이는 공부는 뒷전이고 **모양내는** 데만 열심이다.

미관상 나쁘다   보기에 좋지 않다.

'미관美觀(아름다울 미, 볼 관)'은 보기에 아름답다는 뜻이에요. 이 말은 대부분 '미관상 좋지 않다', '미관상 나쁘다'처럼 부정적으로 쓰인답니다.

예) 이곳에 음식물 쓰레기통을 두는 건 **미관상 좋지 않아요**.

베일에 싸이다   비밀로 감추어진 채 밖으로 알려지지 않다.
비) 베일에 가리다

'베일'은 여자들이 얼굴을 가리거나 몸을 장식하기 위해 쓰는 얇은 망사로 된 천을 말합니다. 그래서 베일에 싸인 사람의 모습은 알아보기 힘들죠. 이로부터 비밀스럽게 가려져 있어서 분명하게 알 수 없는 상태를 가리킬 때 이 표현을 쓴답니다.

예) 상대 팀의 전력은 **베일에 싸여** 있어서 알 수가 없습니다.

볼품없다   겉으로 보기에 매우 초라하다.

'볼품'은 겉으로 드러나는 모양을 뜻합니다. 그러니 볼품이 없다는 것은 겉으로 드러나는 모양이 별 볼일 없다는 말이지요. '볼품이 없다'라고도 자주 씁니다.

예 겉모습이 **볼품없다고** 사람을 함부로 무시하면 안 된다.

사지가 멀쩡하다   몸이 건강하다.

'사지四肢(넷 사, 팔다리 지)'는 두 팔과 두 다리를 가리킵니다. 사람은 두 팔과 두 다리로 기본 활동을 하는데, '사지가 멀쩡하다'고 쓰일 때는 '몸이 건강한데 아무것도 하지 않는'과 같이 부정적인 뜻으로 사용됩니다. 근심이나 걱정이 해결된 상태를 이를 때는 '사지를 펴다'라고도 써요.

예 **사지가 멀쩡한** 녀석이 빈둥거리면서 남의 도움이나 바라다니!
예 골칫거리가 해결되어 **사지를 펴고** 잠을 잤다.

실오라기 하나 걸치지 않다   아무것도 입지 않다.

'실오라기'는 실 한 가닥을 가리킵니다. 그러니 실 한 가닥 걸치지 않았다는 말은 완전히 발가벗었다는 뜻이지요.

예 그는 **실오라기 하나 걸치지 않은** 채 숲 속을 헤매었다.

엉덩이가 무겁다   한번 앉으면 잘 움직이지 않고 오래 머무르다.

엉덩이가 크고 무거우면 아무래도 움직이기가 어렵겠죠. 그래서 이런 재미있는 표현이 생겼답니다.

예 몇 시간째 저렇게 앉아 공부를 하고 있는 걸 보니 저 사람은 정말 **엉덩이가 무겁구나**.

체통을 지키다   신분에 어울리게 점잖은 체면을 지키다.

'체통體統(몸 체, 혈통 통)'은 신분이나 지체에 어울리는 체면을 뜻합니다. 그렇기 때문에 그럴듯한 사람에게 사용하지 깡패나 사기꾼 같은 사람에게는 사용하지 않습니다.

예) 제발 **체통을** 좀 **지키세요**. 아랫사람들이 보면 뭐라고 하겠어요.

허우대가 멀쩡하다   몸집이 보기 좋다.

'허우대'는 보기 좋게 큰 몸집을 가리킵니다. 허우대가 멀쩡하면 남 보기에 몸매가 좋다는 말이지요. 그렇지만 '허우대가 멀쩡하다'는 표현은 대부분 좋지 않게 쓰입니다. 허우대는 좋은데 능력이나 성실성이 부족한 사람을 이를 때 말이지요.

예) 그 녀석은 **허우대는 멀쩡한데** 제대로 하는 일이 하나도 없어.

02
몸의 상태를
나타내는 표현

몸이 힘든 상태를 나타내는 표현들입니다.

골골하다 병에 걸려 시름시름 앓다.
'골골'은 오랜 병 때문에 시름시름 앓는 모습을 뜻합니다. 그러니까 '골골하다'는 시름시름 앓는다는 말이죠. '골골거리다'도 비슷한 뜻입니다.

예) 요즘 들어 **골골하더니** 그는 결국 세상을 떠났다.

구역질이 나다 속이 메스꺼워 욕지기를 하다.
'욕지기'는 속이 메스껍고 역겨워 토할 듯한 느낌을 가리킵니다. 체하거나 멀미를 할 때도 구역질이 나고, 어른들은 술을 너무 많이 먹었을 때 구역질을 합니다.

예) 차를 너무 오래 타서 그런지 자꾸 **구역질이 난다**.

권태롭다 모든 일이 시들하고 몸에 힘이 빠진 느낌이 들다.
'권태倦怠(피로할 권, 게으를 태)'는 게으름이나 싫증, 몸이 피로하여 나른하다는 뜻입니다. 그러니 권태로우면 아무 일도 하고 싶지 않겠지요.

예) 요즘은 모든 일이 **권태로워**.

그늘지다 빛이 들지 않아 어둡다. / 성격이나 표정이 어둡다.
'그늘'은 빛이 가리워져 어두운 곳이나 상태를 가리킵니다. 마음이나 표정이 어두울 때도 '그늘졌다', '그늘이 졌다'고 한답니다.

예) 그 집은 **그늘진** 곳 하나 없이 볕이 잘 들어.
예) 왜 얼굴에 **그늘이 졌니**? 무슨 걱정거리라도 있어?

납덩이같다 몹시 피곤하여 나른하다. / 얼굴에 핏기가 없어 좋지 않다. / 분위기가 어두워 밝지 못하다.

'납덩이'는 납의 덩어리죠. 납은 회색입니다. 그래서 '납덩이같다'는 표현은 얼굴빛이 좋지 않을 때 사용합니다. 그 외에 분위기가 안 좋을 때도 쓰지요.

- 예) 하루종일 등산을 했더니 온몸이 **납덩이같이** 무거워.
- 예) 영수의 얼굴은 너무 창백해서 **납덩이같았다**.
- 예) 회의 분위기가 **납덩이같아서** 누구도 감히 말을 꺼내지 못했다.

녹초가 되다 몹시 피곤하고 힘들어 쓰러질 상태에 이르다.

'녹초'는 기가 빠지거나 맥이 풀려 힘을 쓰지 못하는 상태입니다. 그러니 녹초가 되면 당연히 일어나기도 힘들겠지요.

- 예) 경기를 마친 그는 **녹초가 되어** 꿈쩍도 하지 못했다.

맥을 못 추다 제대로 힘을 쓰지 못하다.

'맥脈(맥 맥)'은 어떤 기운이나 힘, 또는 피가 흐르는 길을 뜻합니다. 우리 몸에서 피가 원활하게 흐르지 않으면 기운이 빠지고 살아가기가 힘들지요. '맥을 못 추다'는 맥이 풀려서 힘을 못 쓴다는 말입니다.

- 예) 사자도 하이에나만 나타나면 **맥을 못 추니** 참 이상한 일이다.

맥이 빠지다 의욕을 잃거나 하고 싶은 마음이 사라지다.

긴장 따위가 풀려 정신을 잃는다는 뜻으로, '맥이 풀리다'나 '맥을 놓다'라는 표현으로 쓰이기도 합니다.

- 예) 그토록 기다리던 이 도령이 오지 않자 춘향이는 **맥이 빠지고** 말았다.
- 예) 나를 쫓아오던 호랑이가 사라진 것을 확인하고는 **맥이 풀려** 그 자리에 쓰러졌다.
- 예) 월매는 거지로 돌아온 이 도령을 보고는 **맥을 놓고** 쓰러졌다.

몸이 천근같다 매우 힘겨워 견디기 힘들다.

'근'은 옛날에 사용하던 무게 단위로 오늘날에도 어른들은 '고기 한 근 주세요' 하는 말을 쓰지요. '천근'은 매우 무거운 것을 뜻합니다. 그러니까 '몸이 천근같다'고 하면 몸이 너무 무거워 움직이기 힘든 상태를 가리킵니다. '몸이 천근만근이다'도 같은 뜻이랍니다.

예 얼마나 일을 많이 했는지 **몸이 천근같아서** 꼼짝도 할 수 없구나.

예 어제 무리를 했더니 **몸이 천근만근이구나**.

속이 부대끼다 배탈이 나서 몹시 괴롭다.

'부대끼다'는 여러 가지 뜻을 가지고 있는데, 이때는 '무엇인가에 시달리다'라는 뜻입니다. '속'은 몸속이고요. 그래서 배탈이 나거나 소화가 안 되어 괴로울 때 쓰는 표현이랍니다.

예 어머니께서는 **속이 부대끼시는지** 밤새 끙끙 앓으셨다.

시름시름 앓다 병이 낫지 않으면서 오래 계속되다.

'시름시름'은 병이 더 나빠지지도 않고 낫지도 않으면서 계속되는 것을 뜻합니다.

예 선생님께서는 봄부터 **시름시름 앓기** 시작하시더니 결국 겨울을 못 넘기고 돌아가셨다.

얼굴이 해쓱하다 얼굴에 생기가 없고 야위다.

'해쓱하다'는 얼굴에 핏기나 생기가 없어서 야위어 보인다는 뜻입니다. '얼굴이 핼쑥하다'도 같은 뜻이랍니다.

예 예진이는 아직도 병이 다 낫지 않은 듯 **얼굴이 해쓱해** 보인다.

예 너 **얼굴이** 왜 그리 **핼쑥하니**? 무슨 일이라도 있는 거야?

진땀을 흘리다 몹시 힘이 들고 애를 쓰다.

'진땀'은 몹시 애를 쓰고 힘이 들 때 흐르는 땀입니다. 그러니 진땀을 흘린다면 분명 견디기 힘들 만큼 힘이 든 상태겠죠. '진땀을 빼다'도 비슷한 뜻입니다.

예 그는 자신의 거짓말이 탄로 날까 두려워 **진땀을 흘리며** 변명에 열을 올렸다.

예 나는 그를 설득하기 위해 **진땀을 빼야** 했다.

초주검이 되다 거의 다 죽어 가다.

'초주검'은 거의 주검이 된 상태를 말합니다. 물론 죽은 것은 아니고, 죽은 것처럼 힘도 없고 기운도 없는 모습이라는 말이죠.

예 그는 저녁 무렵이 다 되어서야 **초주검이 되어** 돌아왔다.

축 늘어지다 힘없이 길게 아래로 처지다.

'축'은 물체가 아래로 힘없이 처지거나 늘어지는 모양을 나타내는 말이죠. 축 늘어진 물건들은 모두 힘이 없거나 물렁한 것들입니다. 힘차거나 단단한 것은 그렇게 처질 수 없으니까요.

예 하늘에 둥실 떠 있던 풍선에 바람이 빠졌는지 금세 **축 늘어져** 떨어지고 있다.

파김치가 되다 몹시 지쳐서 몸이 늘어지다.

'파김치'는 파로 담근 김치인데, 파에서 물이 빠져 부드러워져야 먹기가 좋습니다. 파가 단단하면 매워서 먹기 힘들지요. 그래서 지쳐서 늘어진 몸 상태를 가리켜 '파김치가 되다'라고 한답니다.

예) 온종일 일과 씨름했더니 저녁 무렵에는 몸이 **파김치가 되고** 말았다.

풀이 죽다 활기나 기운이 없어지다.

'풀'은 물건을 붙일 때 쓰는 물질인데, 천이나 옷 따위를 빳빳하게 만들 때도 사용합니다. 그러니까 풀이 죽으면 옷이 축 처지게 되고, 힘이 없거나 기운이 없는 사람을 나타낼 때 이 표현을 씁니다. '풀이 없다', '풀기가 없다'는 표현도 비슷한 뜻이랍니다.

예) 이번 경기에 당연히 이길 거라 여긴 선수들은 패하자 모두 **풀이 죽고** 말았다.

피골이 상접하다 몸이 매우 마르다.

'피골皮骨(가죽 피, 뼈 골)'은 사람의 피부와 뼈를 가리킵니다. '상접相接(서로 상, 붙을 접)'은 서로 붙는다는 말이고요. 그러니 '피골이 상접하다'는 피부와 뼈가 서로 붙을 정도로 말랐다는 표현으로 쓰지요.

예) 한 달 동안 산속을 헤매고 다닌 그는 **피골이 상접한** 모습이었다

01 말과 관련한 표현
02 행동과 관련한 표현
03 부정적 태도와 관련한 표현
04 정도를 나타내는 표현

오고가는 말, 이런저런 행동

- 하나
- 둘
- 셋
- 넷
- 다섯
- 여섯
- 일곱

01
말과 관련한 표현

생각, 느낌, 주장 등을 전달하는 사람의 목소리.

말은 주로 그 말에 담긴 '뜻'을 가리키지만, '일정한 논리를 지닌 줄거리가 있는 이야기', '말할 때의 어투나 자세, 풍문이나 소문' 등을 두루 가리키기도 하지요.

말 같지 않다 말의 내용이 이치에 닿지 않고 빈약하다.
- 예) **말 같지 않은** 소리 그만해라!
- 예) **말이 말 같아야** 듣고 있지. 자기만 옳다고 주장하니 더 들을 가치가 없어.

말도 못 하다 말로는 나타낼 수 없을 만큼 어렵거나 대단하다.
- 예) 태풍 피해로 수재민들이 겪는 고통이 얼마나 큰지 **말도 못 하겠다**.

말을 돌리다 하던 이야기를 그만두고 화제를 돌리다.
- 예) 그는 자기가 불리하게 되면 늘 **말을 돌린다니까**. 정말 비겁해.

말을 듣다 시키는 대로 하다. / 기계나 도구가 잘 작동하다.
- 예) 내 **말을 들어**. 그럼 실패하지 않을 테니.
- 예) 어제까지 잘 돌아가던 컴퓨터가 갑자기 **말을 듣지** 않네.

말을 맞추다 어떤 사람에게 같은 내용의 말을 하기로 다른 사람과 약속하다.
- 예) 두 사람이 우리를 골탕 먹이기 위해 **말을 맞춘** 게 분명해.

말이 되다 말이 이치에 합당하다.
- 예) 개가 하늘을 날다니, 그게 **말이 되느냐**?

말이 많다 수다스럽다. / 이런저런 불평불만이 많다.
- 예) 서연이는 정말 **말이 많아**.
- 예) 그 법에 대해서는 이러쿵저러쿵 **말들이** 너무 **많아**.

말만 앞세우다 실천은 하지 않고 말로만 하다.
- 예) **말만 앞세우는** 사람이 무슨 일을 해내겠느냐.

말에 뼈가 있다 드러나지 않은 뜻이 말속에 감추어져 있다.
- 예) 그의 **말에는 뼈가 있어**. 아무래도 무슨 불만이 있는 듯해.

말을 건네다 생각 따위를 말하기 시작하다.
- 예) 오랜만에 만난 서현이는 우리를 향해 반갑게 **말을 건넸다**.

말을 꺼내다 말을 시작하다.
- 예) 우리 대화를 들으며 한참을 말없이 앉아 있던 종수가 어렵게 **말을 꺼냈다**.

말을 나누다 말을 주고받다.
- 예) 두 사람은 오래된 친구인 양 반갑게 **말을 나누었다**.

말을 높이다 존댓말을 하다.
- 예) 아버지께서는 처음 만난 사람에게는 나이가 어려도 **말을 높이신다**.

말을 놓다 반말을 하다.
- 예) 서로 가까운 사이가 된 두 사람은 서로 **말을 놓기로** 했다.

말을 들어주다 부탁이나 요구를 받아들이다.
예 이번에는 부디 제 **말을 들어주세요**.

말을 붙이다 상대방에게 말을 걸다.
예 우리는 홀로 서 있는 외국인에게 다가가 **말을 붙였다**.

말을 비치다 상대방에게 은근히 속뜻을 전하다.
예 그는 천천히 다가와서 나와 만나고 싶다는 **말을 비쳤다**.

말을 잊다 너무 놀라서 말이 안 나오다.
예 그 모습을 보는 순간 나는 너무 놀라 **말을 잊고** 말았다.

말을 자르다 상대가 말을 하고 있는 중간에 못하게 가로막다.
예 윤서가 자기 의견을 말하고 있는데 갑자기 현빈이가 윤서의 **말을 자르고** 나섰다.

말을 주고받다 대화를 나누다.
예 두 사람은 끊임없이 **말을 주고받으며** 시간을 보냈다.

말이 떨어지다 허락이나 명령 따위가 내려오다.
예 선생님의 **말씀이 떨어지기가** 무섭게 아이들은 운동장으로 뛰어나갔다.

말이 새다 비밀이나 사실이 세상에 알려지다.
예 시간이 지날수록 우리끼리 한 **말이 새어** 나가기 시작했다.

말이 아니다 사정이 몹시 딱하게 되어 말로 표현할 수조차 없다.
예 그는 직장을 잃은 후로 살림살이가 **말이 아니다**. 하루하루 먹고살 수조차 없다.

말이 없다 말을 거의 하지 않다.
예) 그는 무뚝뚝하고 **말이 없는** 편이어서 친해지기가 무척 어렵다.

말이 좋아 말만 그럴듯하다.
예) **말이 좋아** 여행이지, 그건 고통의 연속이었어.

말이 통하다 두 사람의 뜻이 같거나 서로 공감하고 이해하다.
예) 그와 나는 만나는 순간부터 **말이 통했다**.

말이야 바른 말이지 사실대로 솔직하게 말해서.
예) **말이야 바른 말이지**, 그게 어떻게 우수한 작품이냐?

말꼬리를 잡다 상대방의 말 가운데 사소한 문제를 지적해 공격하다.
예) 남의 **말꼬리를 잡아** 비난만 하지 말고 대안을 이야기하렴.

말끝을 흐리다 생각, 의견 등을 분명히 말하지 않고 얼버무리다.
예) 자기에게 불리하면 그 사람은 꼭 **말끝을 흐리곤** 한다.

말문을 닫다 말을 하다가 멈추다. 반) 말문을 열다
예) 자신의 거짓말이 탄로 나자 윤빈이는 **말문을 닫아** 버렸다.

말문을 막다 다른 사람이 말을 하지 못하게 하다.
예) 우리가 해명을 하려고 할 때마다 그는 **말문을 막아** 버리곤 했다.

말문을 열다 말을 하기 시작하다.
예) 며칠 동안 아무 말도 하지 않던 그가 부모님의 끈질긴 설득에 **말문을 열기** 시작했다.

말문이 막히다   하려고 하던 말이 나오지 않게 되다.
예) 그가 거짓말을 늘어놓기 시작하자 나는 기가 막혀서 **말문이 막혔다**.

말문이 트이다   안 하던 말을 시작하다.
예) 평소 말이 없던 정수도 한번 **말문이 트이면** 끝없이 이야기를 쏟아 낸다니까.

말수가 적다   평소에 말을 별로 하지 않다.
예) 그는 평소에도 **말수가 적어** 친구가 별로 없어요.

말할 것도 없다   너무 당연해서 말할 필요조차 없다.
예) **말할 것도 없이** 그가 거짓말을 하고 있는 것이다.

기분 좋게 이야기를 나누는 모습을 나타내는 표현들입니다.

담소를 나누다   스스럼없이 웃으며 이야기를 주고받다.

'담소談笑(말씀 담, 웃을 소)'는 웃으며 편히 이야기를 주고받는다는 뜻입니다. '담소를 즐기다'도 같은 뜻입니다.

◉ 아버지께서는 오랜만에 만난 친구 분과 **담소를 나누며** 즐거워하셨다.

이야기꽃을 피우다   여럿이 모여 화기애애하게 대화를 나누다.

아름다운 꽃은 사람들의 마음까지 행복하게 하지요. 꽃들이 한데 모여 조화롭게 피어 있는 모습처럼, 여럿이 모여 좋은 얘기를 나누는 행복한 모습을 꽃에 비유하여 '이야기꽃을 피우다'라고 표현합니다.

◉ 오랜만에 모두 모인 우리는 밤을 새워 **이야기꽃을 피웠다**.

환담을 나누다   여럿이 정답고 즐겁게 이야기하다.

'환담歡談(기뻐할 환, 이야기할 담)'은 기쁘게 주고받는 이야기를 뜻합니다. 그래서 여러 사람이 모여 사이좋게 이야기하는 모습을 가리켜 '환담을 나누다'라고 하지요.

◉ 교실에 들어가니 친구들이 여기저기 모여 **환담을 나누고** 있었다.

헛된 말이나 이치에 닿지 않는 말에 대한 표현들입니다.

공염불이 되다 쓸데없는 말이 되다.
부처의 공덕을 따르기 위해 불경을 외는 일을 '염불'이라고 합니다. 그 염불이 비어 있다는 뜻의 '공염불空念佛(빌 공, 생각할 염, 부처 불)'은 입으로만 헛되이 염불을 외는 것을 가리켜요. 그래서 헛된 말이나 헛된 주장을 가리킬 때 '공염불이 되다'는 표현을 자주 쓴답니다.

예 게임을 하지 않겠다는 용성이의 약속은 결국 **공염불이 되고** 말았다.

너스레를 떨다 수다스럽게 말을 떠벌리다.
'너스레'는 수다스럽게 떠벌리는 말 또는 그런 행동을 가리킵니다. '너스레를 늘어놓다', '너스레를 부리다', '너스레를 놓다'도 같은 뜻입니다.

예 그는 심심하면 찾아와서 공연히 **너스레를 떨곤** 한다.
예 우리 아버지는 술만 드시면 **너스레를 늘어놓곤** 하신다.

동떨어진 소리 이치에 맞지 않는 말.
'동떨어진 소리'라고 하면 관련성이 없거나 이치에 맞지 않는 엉뚱한 말을 뜻하지요.

예 선영이는 갑자기 회의 주제에 맞지 않는 **동떨어진 소리를** 늘어놓기 시작했다.

두서없다 말이나 행동이 이랬다저랬다 해서 갈피를 잡을 수 없다.
'두서頭緖(머리 두, 실마리 서)'는 일의 차례나 갈피를 말합니다. '두서없다'고 하면 일을 꾸려 나가는 데 차례도 없고 갈피를 잡을 수도 없다는 말이지요.

예 그는 **두서없이** 말해서 무슨 얘기를 하는지 도무지 알 수가 없어.

말만 번지르르하다 실속은 없이 말로만 그럴듯하게 꾸미다.

'번지르르하다'라는 말은 얼굴이나 머리에 보기 싫을 만큼 기름을 많이 발라 윤기가 난다는 뜻입니다. 그래서 '말만 번지르르하다'라고 하면 행동이 실속은 없으면서 말만 그럴듯하게 한다는 의미로 확장되어 쓰이지요.

예) 너는 늘 **말만 번지르르하게** 늘어놓을 뿐 행동하는 것은 없구나.

변죽을 울리다 직접적으로 말하지 않고 이리저리 돌려 말하다.

'변죽'은 그릇이나 과녁, 또는 널빤지의 가장자리 주변을 뜻하는 말입니다. '변죽을 울리다'라는 표현으로 흔히 쓰이는데, 복판이 아니라 가장자리를 울린다는 뜻으로, 중요한 말을 바로 짚어 말하지 않고 둘러서 말할 때 쓰는 표현이지요.

예) 그렇게 자꾸 **변죽만 울리지** 말고 할 말이 있으면 빨리 해라.

빙빙 돌리다 어떤 말을 직접적으로 하지 않고 에둘러 하다.

'빙빙'은 이리저리 자꾸 돌아다니는 모양을 나타냅니다. 상대방에게 하기 어려운 이야기를 할 때 짐작해서 알아듣도록 둘러서 말하는 것을 '빙빙 돌리다'라고 합니다.

예) **빙빙 돌리지** 말고 분명히 말해 봐. 그래야 내가 뭘 잘못했는지 알지.

살을 붙이다 어떤 이야기에 여러 내용을 더해 길게 만들다.

살은 사람이나 동물의 몸에서 뼈나 장기를 감싸서 몸을 이루는 부분을 가리킵니다. 그래서 '살을 붙이다'라고 하면 기본 바탕이 되는 이야기에 다른 이야기를 덧붙여 보탠다는 의미로 확장되어 쓰이지요.

예) 이야기에 **살을 붙이지** 말고 있는 대로 말해 봐라.

장광설을 늘어놓다 끝없이 말을 하다.

'장광설長廣舌(길 장, 넓을 광, 혀 설)'은 길고 넓은 혀를 뜻하는 한자어입니다. 그래서 말을 끝없이 늘어놓는 모습을 혀가 길고 넓다는 의미로 '장광설을 늘어놓다'라고 표현합니다.

예) 교장 선생님께서는 마이크만 잡으시면 **장광설을 늘어놓으신다**.

말로 상대방을 공격하는 표현들입니다.

가시가 돋친 말   상대방을 아프게 하거나 공격하는 말.

'돋치다'는 무언가가 돋아서 비죽 튀어나온 모양새를 이릅니다. '가시'는 식물의 줄기나 잎에 바늘 끝처럼 뾰족하게 돋아난 것을 가리키는데, '말에 가시가 있다'고 하면 듣는 사람의 마음을 아프게 하는 말이라는 의미로 흔히 쓰인답니다.

예 두 사람은 **가시 돋친 말을** 주고받았다.
예 네가 하는 말에 **가시가 돋쳐** 있구나.

급소를 찌르다   가장 중요한 부분을 지적하다.

'급소急所(급할 급, 장소 소)'는 몸에서 조금만 다쳐도 생명이 위험해지는 부분, 또는 사물의 가장 중요한 부분을 가리키는 말입니다. 그래서 '급소를 찌르다'는 가장 중요하거나 허약한 점을 지적할 때 쓰는 표현입니다.

예 그는 **급소를 찌르는** 질문을 던졌다.

의표를 찌르다   전혀 예상하지 않은 내용을 정확히 지적하다.

'의표意表(뜻 의, 겉 표)'는 뜻밖의 일이나 예상 밖의 일을 말합니다. 그러니까 '의표를 찌르다'라고 하면 어떤 일에 대해 전혀 생각 밖의 문제를 지적할 때 주로 쓸 수 있는 표현입니다.

예 발표를 마치고 의기양양해하는 서연이를 향해 민수가 **의표를 찌르는** 질문을 던졌다.

일침을 가하다   따끔한 충고를 하다.

'일침一針(한 일, 바늘 침)'은 침 한 대를 가리킵니다. 침을 맞으면 따끔하지요. 그래서 '일침을 가하다'고 하면 따끔한 충고나 경고를 할 때 쓰는 표현입니다.

예 듣고만 있던 윤철이가 상대의 입장을 이해해 보라며 우리에게 **일침을 가했다**.

정곡을 찌르다 핵심이나 요점을 지적하다.

'정곡正鵠(바를 정, 고니 곡)'은 《예기禮記》 중용 편에 나오는 말로, 고니라는 새의 중앙이라는 뜻입니다. 옛날에는 과녁에 고니 모양의 가죽을 붙였는데 여기에서 유래하여 과녁 정중앙의 둥근 점을 '정곡'이라고 부르게 되었다고 합니다. 그래서 '정곡을 찌르다'라고 하면, 과녁의 정중앙을 꿰뚫는 것처럼 핵심, 요점을 지적한다는 뜻으로 확장되어 쓰인답니다.

예) 윤수는 늘 **정곡을 찌르는** 질문을 던져 상대방을 당황하게 만든다.

폭언을 일삼다 거칠고 심한 말을 아무때나 늘 하다.

'폭언暴言(사나울 폭, 말씀 언)'은 거칠고 난폭한 말이라는 뜻입니다. '일삼다'라는 동사는 주로 좋지 않은 일을 계속해서 한다는 말이지요. 그래서 '폭언을 일삼다'라고 하면 난폭한 말을 수시로 계속 한다는 의미예요.

예) 그 기업 회장님은 수시로 **폭언을 일삼았다고** 알려져 언론의 비난을 샀다.

화살을 돌리다 공격 대상을 바꾸다.

화살은 목표물을 맞히기 위해 쏘는 것인데, 말로써 비난하거나 반대하는 경우에도 쓰입니다. 그래서 '화살을 돌리다'라고 하면 비난하려고 하는 대상을 바꾸었다는 의미가 되지요.

예) 한참 주연이를 비난하던 현식이는 갑자기 나에게 **화살을 돌려** 공격하기 시작했다.

그 밖에 말과 관련한 다양한 표현들입니다.

가타부타 말이 없다 옳다거나 그르다거나 아무 말을 하지 않다.

이 말은 '가可(가할 가)'와 '부否(아닐 부)'라는 한자와 우리말을 합해서 만든 표현입니다.

예) 아빠는 내 작품을 보시고도 **가타부타 말이 없으셨다**.

감언이설에 속다 이익을 주겠다는 상대방의 꾐에 넘어가다.

'감언이설甘言利說(달콤할 감, 말씀 언, 이익 이, 말씀 설)'은 '상대방을 유혹하려는 달콤한 말과 이익을 약속하는 말'이란 뜻의 사자성어입니다. '감언이설에 넘어가다'라고도 쓰이지요.

예) 그의 **감언이설에 속아** 쓸데없는 게임을 사고야 말았다.

거두절미하다 불필요한 내용은 빼고 요점만 말하다.

'거두절미去頭截尾(없앨 거, 머리 두, 자를 절, 꼬리 미)'는 머리와 꼬리를 없앤다는 뜻으로 몸통, 즉 요점만 남긴다는 뜻의 사자성어입니다.

예) 바쁘니까 **거두절미하고** 본론만 말합시다.

곱씹다 말이나 생각 등을 거듭 되풀이하다.

'곱'은 곱절, 즉 갑절(두 배)의 준말입니다. '곱씹다'는 '곱'과 '씹는 모양'이 합쳐져 씹는 행동을 두 번 하는 셈이 되는 것이지요. 그래서 생각 등을 계속 되풀이하는 모양을 표현할 때 '곱씹다'라고 씁니다.

예) 선영이는 자신의 행동을 **곱씹어** 보았지만 무엇을 잘못했는지 알 수 없었다.

군말하다(군소리하다) 하지 않아도 되는 쓸모없는 말을 하다.

'군말'은 하지 않아도 좋을 쓸데없는 말을 뜻하며, '군소리'도 같은 말입니다. 이 표현은 '군말 말다', '군소리하지 마라'와 같이 부정적인 의미를 담은 표현으로 자주 쓰여요.

예) **군말할** 필요 없이 그냥 시행하면 될 일이야.
예) **군말 말고** 해야 할 일만 해라.
예) **군소리하지 말고** 우리 할 일이나 열심히 하자꾸나.

귀띔하다 상대방이 알아차릴 수 있도록 슬그머니 일깨워 주다.

'귀띔'은 '귀가 뜨이다(어떤 말을 듣고 알아차리다)'의 준말입니다. '귀띔하다'라고 하면 어떤 소식을 상대방이 눈치챌 수 있도록 미리 슬쩍 일러 줄 때 쓰는 표현이에요.

예) 선정이는 내 책에 쪽지를 끼워 둔 사람이 영수라고 **귀띔해** 주었다.

기치를 내걸다 목적을 달성하기 위해 주장을 앞세우다.

'기치旗幟(깃발 기, 기 치)'는 예전에 군대에서 사용하던 깃발입니다. 군대가 임무 수행을 위해 머물 때는 자신들이 어느 편인지 알리기 위해 기치를 내걸겠지요. 이 뜻이 확장되어 '세상을 향해 자신들의 주장을 내세우는 것'을 뜻하는 표현으로 사용됩니다.

예) 그들은 평화 통일이라는 **기치를 내걸고** 활동을 시작했다.

기탄없이 말하다   어려움이나 거리낌 없이 자신의 뜻을 말하다.

'기탄忌憚(꺼릴 기, 꺼릴 탄)'은 '꺼리고 어려워함'이란 뜻입니다. 이 단어는 독립적으로는 거의 쓰이지 않고 '기탄없이'라는 형태로 쓰입니다.

예) 누구든 **기탄없이 말해** 주십시오. 여러분의 뜻에 따르겠습니다.

긴히 할 말이 있다   꼭 해야 할 말이 있다.

'긴히'는 '긴緊(급할 긴)하다'의 부사형입니다. '긴하다'는 아주 간절하거나 꼭 필요하다는 뜻이죠. 그래서 간절히 해야 할 말이 있을 때 씁니다.

예) **긴히 할 말이 있어** 왔습니다. 어르신을 꼭 만나게 해 주십시오.

까놓고 말하다   마음속 비밀을 숨김없이 말하다.

'까놓다'는 껍질 따위를 까서 속에 있는 것을 드러낸다는 뜻입니다. 그러니까 '까놓고 말한다'고 하면 마음의 껍질을 벗겨 내고 속마음을 그대로 드러낸다는 뜻이지요. '기탄없이 말하다'와 비슷한 표현입니다.

예) **까놓고 말하면** 나는 너를 썩 좋아하지 않는다.

꼬치꼬치 캐묻다   자꾸 파고들며 물어보다.

'꼬치'는 꼬챙이 또는 꼬챙이에 음식을 하나하나 꿰어 굽거나 찌고 말린 것을 말해요. '꼬치꼬치'라고 하면, 이런 꼬치에 먹을 것을 하나하나 꿰듯, 일일이 따지고 자세히 파고들어 묻는 모양을 이르는 말입니다. 어떤 일에 대해 끝까지 물고 늘어질 때 자주 쓰는 표현이지요.

예) 그 일에 대해 더는 **꼬치꼬치 캐묻지** 마라. 나도 잘 모르니까.

꼬투리를 잡다   남을 헐뜯거나 흠집을 들춰 불평거리로 삼다.

'꼬투리'는 콩이나 팥과 같은 식물의 씨가 들어 있는 껍질을 가리킵니다. 이 뜻이 확장되어 '사건이나 이야기의 실마리'를 의미하게 되었지요.

예) 괜히 **꼬투리를 잡아** 상관도 없는 나를 붙잡고 늘어지는구나.

두말할 나위 없다   너무 분명해서 더 설명할 필요가 없다.

'두말하다'는 이랬다저랬다 갈피를 못 잡는 말, 또는 이런저런 불평을 하거나 설명을 덧붙일 때 쓸 수 있는 말입니다. '나위'는 더 할 수 있는 여유나 필요를 뜻하는데, 주로 '나위 없다'는 형태로 많이 쓰이지요. 그래서 '두말할 나위 없다'고 하면 덧붙여 설명할 필요 없이 분명하다는 의미가 됩니다. '더할 나위 없다'도 같은 표현이지요.

- 예) 가르치는 실력으로 따지면 **두말할 나위 없이** 최고의 선생님이시다.
- 예) 그 공간은 조용히 책을 읽기에는 **더할 나위 없이** 좋은 곳이다.

딱 잡아떼다   아니라고 강하게 말하다.

'딱'은 분명히, 아주라는 뜻이 포함된 표현으로, 어떤 행동이나 말을 갑자기 그치거나 단호히 끊는 모양을 나타내는 부사입니다. 그래서 '딱 잡아떼다'라고 하면 아는 것을 모른다고 할 때, 아주 싫거나 언짢은 기색을 강조해서 표현할 때 자주 쓰이지요.

- 예) 수영이는 자기가 한 일이 아니라고 **딱 잡아뗐다**.

말발이 세다   자기주장을 강하게 하거나 말의 설득력이 강하다.

'말발'은 듣는 이로 하여금 그 말을 따르게 하거나 받아들이게 하는 말의 힘을 말합니다. 그래서 '말발이 세다'고 하면 그 말의 설득력이 강하다는 뜻이지요. '말발을 세우다'라고 하면 움츠러드는 기색 없이 강하게 자기주장을 내세울 때 쓰는 표현입니다. 말로 상대방을 설득해서 일이 잘 시행되도록 할 때에는 '말발이 서다'라고 씁니다.

- 예) 영희는 **말발이 세서** 격렬한 논쟁을 할 때도 상대방의 주장에 쉽게 밀리지 않아.
- 예) 영만이는 철저한 논리로 **말발을 세워** 회의에서 그 안건을 통과시켰다.
- 예) 평소에 했던 사소한 거짓말 때문에 이젠 아무리 얘기를 해도 **말발이 서지** 않는다.

소문이 자자하다 소문이 널리 퍼지다.

'자자藉藉(깔개 자, 깔개 자)하다'는 소문이나 칭찬, 비난 등이 여러 사람의 입에 오르내린다는 뜻입니다. 소문이나 칭찬 등이 이곳저곳에 자리를 잡았다는 말이니까요. '칭찬이 자자하다', '비난이 자자하다' 등의 표현으로도 자주 쓴답니다.

예 윤서가 쌍꺼풀 수술을 했다는 **소문이 자자하던데**.

예 서정이는 얼마나 책임감이 강한지 선생님들 사이에 **칭찬이 자자하다**.

예 친구들에게 습관적으로 거짓말을 하는 준서에 대한 **비난이 자자한** 것은 당연하다.

엄포를 놓다 겁을 주기 위해 호령하며 위협하다.

'엄포'는 실속도 없이 말로만 남에게 명령하거나 위협하는 것을 말합니다. 주로 다른 사람에게 위협적인 말이나 행동으로 어떤 일을 하거나 하지 않도록 할 때 쓰는 표현이에요. '으름장을 놓다'는 말도 같은 뜻입니다.

예 그는 당장 돈을 안 갚으면 살림살이라도 가져가겠다며 **엄포를 놓고 갔다**.

예 너희들이 떼로 몰려와 **으름장을 놓는다고** 눈 하나 깜짝할 줄 아느냐?

열변을 토하다　목소리를 높여 자기주장을 내세우다.

'열변熱辯(더울 열, 말 잘할 변)'은 목소리를 높여 열렬히 주장하는 연설을 말합니다. '토吐(드러낼 토)하다'는 자기주장을 드러낸다는 의미의 한자입니다.

예) 후보들은 제각기 자기가 대통령이 되어야 한다며 **열변을 토했다**.

운을 떼다　말이나 글을 시작하다.

'운韻(음운 운)'은 시와 같은 글을 읽을 때 소리가 어울리도록 마지막 글자를 같은 소리로 맞추는 것입니다. 중국 시나 서양 시에서 흔히 쓰이지요. 이 말은 주로 이야깃거리의 첫머리를 꺼내는 상황에서 쓰는 표현이에요.

예) 내가 먼저 **운을 뗄** 테니 자네가 그 뒤를 잇게나.

이구동성으로　여러 사람이 함께.

'이구동성異口同聲(다를 이, 입 구, 같을 동, 소리 성)'은 다른 사람들이 모두 같은 의견을 낸다는 말입니다. 한자를 풀이하면 '입은 다르지만 소리는 같다'는 뜻이지요.

예) 회의에 참석한 사람들은 **이구동성으로** '단결'을 외쳤다.

이러쿵저러쿵　어떤 일이나 사람에 대해 이런저런 말을 늘어놓는 모양.

'이러쿵저러쿵'은 어떤 사람이나 사건에 대해 이렇다는 둥, 저렇다는 둥 말을 늘어놓는 모양을 가리키는 말이에요. 주로 이런저런 의견이 오가는 모습을 부정적으로 묘사할 때 씁니다. '어쩌고저쩌고'도 이와 유사한 뜻이에요.

예) 그는 자기가 한 행동에 대해 **이러쿵저러쿵** 변명을 늘어놓기 시작했다.

이를 데 없다 더 이상 말할 필요가 없다.

'이르다'는 이야기하거나 말하다라는 뜻입니다. 그러니까 '이를 데 없다'고 하면 더 이야기하거나 의견을 덧붙일 필요가 없을 정도로 옳거나, 일의 상태나 정도가 대단하다는 의미입니다.

📗 네 작품은 **이를 데 없이** 만족스럽구나.

일고의 가치도 없다 전혀 쓸모가 없다.

'일고─考(한 일, 곰곰이 생각할 고)'는 한 번 생각해 본다는 뜻입니다. 그러니까 '일고의 가치도 없다'고 하면 한 번 생각해 볼 필요도 없을 정도로 의미 없거나 소용없다는 말이지요.

📗 네가 하는 말은 **일고의 가치도 없다**.

일언반구 말이 없다 아무 말도 없다.

'일언반구─言半句(한 일, 말씀 언, 절반 반, 글귀 구)'는 한마디 말과 절반짜리 글이란 뜻으로, 간단한 말 한마디를 가리킵니다. 그런데 그런 말도 없다면 뭔가 언짢은 경우가 아닐까요? 그래서 이 표현은 그냥 말이 없는 게 아니라 절차나 상황에 대한 아무런 해명이 없는 상태를 부정적으로 묘사할 때 쓴답니다.

📗 그는 인상을 쓸 뿐 **일언반구 말이 없었다**.

찍소리 못 하다 상대방에게 아무 소리도 못 하다.

'찍소리'는 상대방에게 약하게라도 반대하거나 항의하는 말을 가리키는데, 주로 '못 하다', '말다'와 같은 부정어와 함께 쓰입니다.

📗 큰소리 뻥뻥 치던 규칠이는 막상 서현이가 나타나자 **찍소리노 못 했나**.

093

천만의 말씀
칭찬이나 사례에 겸손하게 사양하는 표현. / 말도 안 된다는 뜻.

이때 '천만'은 아주, 전혀라는 뜻으로, '천만의 말씀'은 남이 한 말을 부정하거나 다른 사람이 하는 칭찬에 대해 겸손하게 사양하는 뜻을 나타낼 때 쓰는 표현입니다. '천만에'라는 감탄사를 써도 같은 의미예요.

- 예) 제가 잘했다니요, **천만의 말씀입니다**. 다 여러분 덕분이지요.
- 예) 네가 잘생겼다고? **천만에**!

천부당만부당하다(천만부당하다)
이치에 전혀 맞지 않다.

'천부당만부당千不當萬不當'은 천 번 만 번 부당하다는 뜻입니다. 어떤 말이 이치에 맞지도 않고 옳지도 않다는 의미를 강조할 때 자주 쓰는 표현이지요.

- 예) 일본이 백제를 지배했다는 주장은 **천부당만부당하다**.

토를 달다
상대방의 말에 덧붙이는 짧은 말.

'토를 달다'는 좋지 않은 의미, 즉 변명이나 반박을 하거나 불만을 드러낼 때 씁니다.

- 예) 너는 말끝마다 **토를 달고** 나서는구나. 그냥 받아들이면 안 되니?

푸념을 늘어놓다
마음속에 있는 불만이나 고충을 말하다.

'푸념'은 마음에 품은 불만을 말한다는 뜻입니다. '푸념을 늘어놓다'라고 하면 큰 불만이 아니라 작은 불만이나 고충 따위를 다른 사람에게 털어놓는다는 뜻이에요.

- 예) 엄마는 이웃집 아이들이 너무 시끄럽게 군다고 **푸념을 늘어놓으셨다**.

화제를 바꾸다   이야깃거리를 다른 것으로 바꾸다.

'화제話題(말할 화, 제목 제)'는 이야기의 제목이나 내용을 뜻합니다. '화제를 바꾸다'라고 하면 이야기 내용이나 주제를 바꾼다는 의미지요. '화제를 돌리다'라는 표현도 뜻은 같습니다. '화제에 오르다' 또는 '화젯거리가 되다'라고 하면 '주된 이야깃거리 소재가 되다'라는 의미입니다.

- 예 자, 이제 영철이 이야기는 그만두고 **화제를 바꾸자**.
- 예 그 연예인의 선행이 사람들 사이에서 **화젯거리가 되었다**.

02
행동과 관련한 표현

행동거지를 나타내는 표현들입니다.

감싸고돌다 편들거나 약점 따위를 덮어 주다.

'감싸고돌다'는 '감싸다'와 '돌다'를 합친 표현입니다. '감싸다'는 무엇인가로 둘러서 덮거나 싸다라는 뜻 외에, 누군가를 배려하고 포용한다는 뜻도 가지고 있습니다. '감싸고돌다'라고 하면 누군가를 편들거나 약점을 덮어 줄 때 쓸 수 있어요.

예 너는 왜 영철이만 **감싸고도는** 거니?

경험을 쌓다 어떤 일을 오랫동안 직접 해 보다.

'경험'은 어떤 일을 실제로 해 보거나 겪는 것입니다. '경험을 쌓다'라고 하면 그러한 경험을 오랫동안 여러 번 반복하여 기술이나 정보 등이 몸에 익도록 하는 것을 말하지요.

예 일단 이곳에서 **경험을 쌓도록** 해라. 그래야 일을 제대로 할 수 있을 테니까.

고삐를 늦추다 경계하는 마음이나 긴장을 누그러뜨리다.

'고삐'는 소나 말을 몰 때 사용하는 줄로, 소나 말에 코뚜레나 굴레를 걸어 줄을 잡아 매어서 만듭니다. 고삐를 바짝 당기거나 늦추면서 소나 말을 이리저리 몰 수 있지요. 이렇게 고삐를 죄고 푸는 것에 빗대어, 어떤 사람이나 집단에서 추진하는 일들의 속도를 늦추거나 긴장을 누그러뜨리는 것을 '고삐를 늦추다'라고 표현합니다. 반대로, 긴장이 풀리지 않도록 하는 것은 '고삐를 죄다'라고 해요.

예 지금 **고삐를 늦추면** 안 됩니다. 적이 도망갈 때 더 몰아붙여야 승리할 수 있습니다.

예 너무 **고삐를 죄지** 마라. 자칫하면 힘겨워서 포기할 수 있으니까.

고생을 사서 하다 안 해도 될 어려운 일을 공연히 하다.

어렵고 고된 일을 뜻하는 '고생'을 돈을 주고 사서 한다는 말은, 하지 않아도 될 일을 굳이 만들어서라도 한다는 의미입니다.

예 그 일에 끼어들지 마. 골치 아픈 일에 나서는 것은 **고생을 사서 하는** 거라고.

고주망태가 되다 술을 마셔 정신을 차리지 못하는 상태가 되다.

'고주망태'는 감당할 수 없을 만큼 많은 술을 마셔 정신을 차리지 못하는 상태를 가리키는 표현입니다. '곤드레만드레'도 같은 뜻입니다.

예 삼촌께서는 밤늦게 **고주망태가 되어** 들어오셨다.

곡예를 부리다 아슬아슬하고 위태로운 동작을 하다.

'곡예曲藝(굽을 곡, 기예 예)'는 서커스 공연에서 볼 수 있는 줄타기, 재주넘기 따위를 뜻합니다. 그런데 이 뜻이 확장되어 서커스에서의 묘기 부리기처럼 아슬아슬하고 위태로운 행동을 하는 것을 '곡예를 부리다'라고 합니다.

예 그 운전기사는 위험한 산길을 **곡예를 부리듯** 거침없이 운전하면서 빠르게 달렸다.

곰지락거리다 약하고 느리게 움직이다.

약하고 둔한 몸짓으로 천천히 움직이는 모양을 '곰지락'이라고 합니다. '~거리다'는 어떤 상태나 동작을 나타내는 말 뒤에 붙어서 그 상태나 동작이 잇따라 계속되는 것을 뜻하는 동사로 만듭니다. 그래서 '곰지락거리다'라고 하면 약하고 둔한 몸짓으로 계속 움직인다는 뜻이 되지요. '곰지락대다'라고도 쓸 수 있고, '꼼지락'은 '곰지락'보다 조금 더 센 표현이랍니다.

예 달팽이 한 마리가 배춧잎 위에서 **곰지락거리는** 모습이 정말 귀엽다.
예 교장 선생님 말씀이 길어지자 지루해진 아이들이 자꾸 **꼼지락대기** 시작했다.

군살을 빼다 운동을 하지 않거나 너무 많이 먹어서 찐 군더더기 살을 줄이다.

'군'은 '쓸데없는'을 뜻하는 접두사(단어 앞에 붙어 새로운 단어가 되게 하는 말)로, '살' 앞에 붙어 쓸데없는 살, 즉 운동 부족이나 과식으로 찐 군더더기 살을 뜻합니다. 이 뜻이 확장되어 불필요한 행동이나 일을 줄일 필요가 있을 때 '군살을 빼다'라고 쓰지요. 반대말은 '군살을 덧붙이다'입니다.

- 예 **군살** 좀 **빼라**. 그렇게 살이 찌면 움직이기도 힘들겠다.
- 예 이 조직은 **군살을 빼야겠습니다**. 할 일도 없이 어슬렁거리는 사람이 너무 많군요.
- 예 **군살을 덧붙이지** 말고 있는 그대로만 이야기해라.

기승을 부리다 굳세고 강하게 행동하다.

'기승氣勝(기운 기, 이길 승)'은 굳세고 억척스러운 성질을 말합니다. '기승을 떨다'도 '기승을 부리다'와 같은 뜻으로, 성미가 억척스러워 남에게 굽히지 않고 성질을 부리는 행동이나 상태를 표현할 때 쓰입니다.

- 예 올해는 늦더위가 **기승을 부리는구나**.

길목을 지키다 길의 중요한 통로가 되는 곳에 자리를 잡다.

'길목'은 한 길에서 다른 길로 들어가는 중요한 통로가 되는 곳을 말합니다. 그 뜻이 확장되어 중대한 변화를 일으키는 때를 가리켜 '길목에 서 있다'는 표현을 쓰기도 하고, 문제를 해결하는 데 가장 중요한 지점을 파악한다는 뜻도 갖습니다.

- 예 사냥을 할 때는 사냥감이 지나가는 **길목을 지키는** 것이 무엇보다 중요하다.
- 예 우리나라는 지금 통일 시대로 나아가는 **길목에 서 있다**.

꿈나라로 가다 곤히 잠들다.

꿈나라는 현실에는 없는 세계랍니다. 사람은 잠을 자면서 꿈을 꾸지요. 그래서 아주 깊이 잠든 상태를 '꿈나라로 가다'라는 표현으로 비유해 쓸 수 있습니다.

- 예 많이 피곤했던지 내 동생은 벌써 **꿈나라로 갔어**.

날밤을 새우다 잠을 자지 않고 꼬박 밤을 새우다.

'날밤'은 잠을 자지 않고 꼬박 새우는 밤을 가리킵니다. 그러니까 '날밤을 새우다'라고 하면 날이 밝아 아침이 될 때까지 잠을 한숨도 자지 않고 뜬눈으로 밤을 새우는 것이죠.

예) 어머니께서는 아버지 걱정으로 꼬박 **날밤을 새우셨다**.

내친걸음이다 이왕에 시작한 일.

'내치다'는 부사인 '내처'를 어원으로 하는 동사로, 어떤 일 끝에 더 나아가서 하다라는 뜻을 가지고 있습니다. 그래서 '내친걸음'이라고 하면, 이미 시작한 걸음 또는 이왕에 시작한 일로 쓰여, 이미 시작한 일이니 뒤로 물러날 수 없어서 계속할 수밖에 없다는 의미의 표현으로 자주 사용합니다. '내친김에'라는 말도 뜻은 같습니다.

예) 이미 **내친걸음이다**. 이제는 오직 앞으로 나아갈 수밖에 없다.
예) **내친김에** 산 정상까지 오르기로 결심했다.

노익장을 자랑하다 나이는 들었으나 힘이 있음을 널리 알리다.

'노익장老益壯(늙을 노, 더할 익, 씩씩할 장)'은 나이를 먹었지만 의욕이나 기력이 더해졌다는 뜻으로, 나이가 들었으나 노인 같지 않은 기백과 힘이 있다는 의미를 표현할 때 흔히 쓰이지요. '노익장을 과시하다'도 같은 뜻입니다.

예 우리 마을에서 **노익장을 자랑하는** 어르신들은 다 모이신 것 같다.
예 우리 할아버지께서는 매일 아침 산 정상까지 오르시며 **노익장을 과시하고** 계신다.

다리품을 팔다 오랜 시간 길을 걸어 일을 처리하다.

'품'은 어떤 일을 하는 데 드는 수고 또는 노동을 한 대가로 받는 돈이나 물건을 가리킵니다. 그러니까 '다리품을 팔았다'고 하면 걷는 데 수고나 노력을 들인 것을 뜻하지요.

예 흥부는 **다리품을 팔아** 관아까지 다녀왔으나 소득은 없었다.

답습하다 이전까지 내려온 방식을 그대로 받아들이다.

'답습踏襲(밟을 답, 이을 습)'은 이전까지 해 온 방식을 그대로 따른다는 뜻입니다. 자기만의 노력을 하는 대신 다른 사람들이 했던 방식을 그대로 받아들일 때 쓰이는 표현이지요.

예 그들은 과거의 잘못된 관습을 지금도 **답습하고** 있다.

뒷걸음질 치다 원래보다 못하게 되거나 뒤떨어지다.

발을 뒤로 내딛으며 걷는 것을 '뒷걸음질 치다'라고 합니다. 뒷걸음질을 하면 앞으로는 절대 나아갈 수 없지요. 그래서 남들보다 어떤 일이나 능력이 뒤지거나 뒤떨어질 때 '뒷걸음질 치다'라는 표현을 씁니다.

예 우리나라 과학 기술은 갈수록 발전하기는커녕 계속 **뒷걸음질 치고** 있으니 걱정이다.

뒷북치다 어떤 일이 이미 끝난 후에 쓸데없이 수선을 떨다.

사물놀이나 군악대 공연에서 북은 연주를 시작할 때 또는 연주 중간에 치는 악기입니다. 그런데 다른 악기와의 조화를 생각하지 않고 연주가 다 끝난 뒤에 북을 치면 공연이 엉망이 되겠지요. 이에 빗대어 어떤 일이 이미 다 끝나고 뒤늦게 부산을 떠는 모습을 가리켜 '뒷북치다'라고 표현합니다.

예) 넌 졸업식이 다 끝난 후에 나타나 **뒷북치고** 그러니?

득달같이 달리다 잠시도 머뭇거리지 않고 바삐 가다.

'득달같다'는 잠시도 지체하지 않는다는 뜻인데, 실제로는 '득달같이 달려가다', '득달같이 달려오다'처럼 씁니다.

예) 한참을 지각한 그는 우리를 보자마자 **득달같이 달려와** 미안하다며 사과했다.

딴전을 피우다 지금 벌어지는 일과 전혀 관계없는 행동을 하다.

'딴전'은 지금 벌어지고 있는 일과는 전혀 관계가 없는 행동을 말합니다. 그러니까 눈앞에서 벌어지는 일은 무시하고 다른 짓을 하고 있다는 뜻이지요. '딴전을 부리다'도 비슷한 뜻이랍니다.

예) 수업 시간에는 **딴전을 피우지** 말고 공부에 열중해야 한다.
예) 철기야, 제발 **딴전을 부리지** 말고 내 말 좀 들으렴.

박차를 가하다 일이 더 빨리 이루어지도록 노력하다.

'박차拍車(칠 박, 수레 차)'는 말을 탈 때 신는 신발의 뒤축에 댄 톱니 모양의 쇠를 가리키는 한자어입니다. 이것으로 말의 옆구리를 차서 말을 빨리 달리게끔 합니다. 그래서 어떤 일을 할 때 속도를 더 빨리 내도록 재촉한다는 의미로 '박차를 가하다'라는 표현을 쓰지요.

예) 우리 회사는 경쟁에서 이기기 위해 신제품 개발에 **박차를 가하고** 있다.

법석을 떨다 공연히 오가며 어수선하게 만들다.

'법석'은 여러 사람이 어수선하게 떠드는 모양을 이르는 말입니다. '떨다'는 명사 뒤에 쓰여서 성질이나 행동을 경망스럽게 한다는 의미로 쓰는 동사인데, '법석을 떨다'라고 하면 자꾸 소란스럽고 경망스럽게 행동하는 모양을 나타냅니다. '법석대다', '법석거리다'도 같은 뜻이지요.

예) 제발 **법석 떨지** 말고 좀 조용히 있어라.

수박 겉핥기 실질적인 내용은 모르고 겉만 살펴봄.

수박은 단단한 겉껍질 속에 있는 붉고 부드러운 속살이 아주 달고 맛있는 과일입니다. 이런 수박의 겉만 핥으면 껍질 속의 참맛을 알지 못하겠지요. 그래서 어떤 일을 할 때 겉으로 드러난 부분만 대충 보며 판단하고 정작 가장 중요한 부분을 제대로 알지 못할 때를 비유하여 '수박 겉핥기'라는 표현을 씁니다.

예) **수박 겉핥기** 식으로 공부를 했으니 성적이 제대로 나올 리 없지.

엎드려 절 받기 상대방은 뜻이 없는데 자기 스스로 요구하여 대접을 받는 것.

절을 받으려면 절하는 사람이 먼저 몸을 굽히거나 엎드려야 합니다. 그런데 절을 받는 사람이 먼저 엎드리면 절하는 사람은 굳이 엎드릴 필요가 없지요. 일종의 언어유희(말이나 글로 하는 장난)인 이 말은, 상대방은 마음에도 없는데 자기가 먼저 요구해서 억지로 대접을 받을 때 자주 쓰는 표현입니다.

예) 그는 전혀 사과할 마음이 없는데 사정해서 사과를 받았으니 **엎드려 절 받기**네.

유심히 살피다 주의 깊게 바라보다.

'유심有心(있을 유, 마음 심)히'는 마음을 다해, 주의를 기울인다는 뜻입니다. '유심히 살피다'라는 말은 신중하고 꼼꼼하게 대상을 바라볼 때 쓰는 표현입니다. 반대말은 '무심無心(없을 무, 마음 심)히 바라보다', 즉 대상에 대해 아무 생각 없이 바라본다는 뜻입니다.

예) 오가는 사람들을 **유심히 살피거라**. 그중에 네가 본 그 사람이 있을지 모르니까.

예) 그는 멍한 모습으로 오가는 사람들을 **무심히 바라볼** 뿐이었다.

자기 무덤을 파다 꾀를 너무 부리다가 도리어 손해를 보게 되다.

'무덤'은 죽은 사람을 파묻는 곳입니다. 그런데 자기 무덤을 자기 손으로 팠다는 말은 결국 스스로 죽을 길로 들어섰다는 말이지요. 자신의 꾀에 스스로 속아 넘어가 손해를 입게 되었을 때 쓰는 표현입니다.

예) 혼자만 이익을 독차지하려고 꾀를 쓰더니, 결국 **자기 무덤을 파고** 말았구나.

잠에 곯아떨어지다 깊은 잠에 빠져들다.

잠을 자는 모습을 나타내는 말은 '잠이 들다', '잠에 빠지다', '잠을 자다' 등 아주 많습니다. '곯아떨어지다'라는 말은 몸이 아주 피곤할 때 정신을 잃을 듯이 잠에 빠져드는 모습을 표현할 때 씁니다.

예) 그는 너무 피곤해서 도착하자마자 씻지도 않은 채 **잠에 곯아떨어지고** 말았다.

종종걸음을 치다 허둥지둥 바삐 움직이다.

'종종걸음'은 걸음의 폭을 좁게 하여 급히 걷는 걸음을 말하며, '치다'는 달아나거나 빨리 움직이는 동작을 나타내는 동사입니다. 그러니까 '종종걸음을 치다'라고 하면 마음이 급해 걸음을 빨리하며 걷는 모습을 나타내는 표현이지요.

예) 갑자기 찾아온 추위에 행인들은 주머니에 손을 넣고 **종종걸음을 치고** 있습니다.

줄을 서다 무언가를 얻기 위해 차례나 기회를 기다리다.

'줄'은 어떤 물건을 묶을 때 쓰는 가늘고 긴 물건 따위를 이르는 말입니다. 그래서 길게 늘어선 모양을 대체로 '줄'로 표현하지요. '줄을 서다'라고 하면 사람들이 어떤 목적을 달성하기 위해 차례를 기다리며 줄 모양으로 길게 늘어선 모습을 나타내는 표현입니다.

예) 그 집 냉면 맛이 좋다고 소문이 나자 매일 손님들이 모여들어 **줄을 선다**.

진풍경을 연출하다 보기 드문 구경거리를 보여 주다.

'진풍경珍風景(귀할 진, 바람 풍, 경치 경)'은 귀한 풍경이라는 말입니다. 흔하지 않아서 구하거나 얻기가 어렵고 힘든 '귀한' 것은 자주 보기가 힘들지요. '연출하다'라는 말은 연극이나 드라마에서 작품을 완성하기 위해 상황이나 장면을 꾸며 보여 주는 것인데, 그래서 보기 드문 구경거리를 펼치는 것을 '진풍경을 연출하다'라고 표현한답니다. '진풍경이 벌어지다'는 보기 드문 구경거리가 생겼다는 뜻입니다.

- 예) 광장에서는 외국인 근로자들이 자기 나라 풍속을 공연하는 **진풍경을 연출하고** 있었다.
- 예) 수많은 사람들이 물고기를 잡으려고 이리 뛰고 저리 뛰는 **진풍경이 벌어졌다**.

틈을 타다 행동할 기회를 이용하다.

'틈'은 어떤 사물에서 외부 자극이나 상태 변화 때문에 갈라져서 생긴 아주 좁은 공간을 뜻합니다. 이것이 확장되어, 많은 것들 가운데 조그맣고 희소한 부분이나 많은 사람들 사이에 생기는 공간, 또는 어떤 행동을 할 만한 드문 기회라는 뜻으로도 쓰이지요. '잠깐의 겨를'과 같은 '여유'를 뜻하기도 합니다. '틈을 놓치지 않다'라는 말도 자주 씁니다.

- 예) 수비수를 막는 **틈을 타서** 재빨리 공을 몰아 골문을 파고들어야 해.
- 예) 적이 느슨해진 **틈을 놓치지 않아야만** 이길 수 있다.

팔짝 뛰다 억울하거나 못마땅해서 강하게 부인하다.

가볍게 뛰어오르는 모습을 '팔짝'이라고 하는데, 이 모습으로부터 나온 표현이 '팔짝 뛰다'입니다. 억울한 상황에서 어찌할 줄 모르는 행동을 나타낼 때 흔히 쓰지요. '팔팔 뛰다', '펄펄 뛰다', '펄쩍 뛰다'라고도 합니다.

- 예) 현주는 자기가 범인으로 지목되자 **팔짝 뛰며** 아니라고 울부짖었다.

핀잔을 주다 못마땅하여 맞대 놓고 꾸짖다.
'핀잔'은 어떤 행동에 대해 언짢게 꾸짖는 일을 뜻하는 명사입니다. 그래서 '핀잔을 주다'라고 하면 얼굴을 마주 대한 상태에서 직접 꾸짖는 행동을 강조하여 표현한 것이지요. 반대로 '핀잔을 듣다'라고 하면 꾸짖음을 당하는 것을 뜻합니다.

예) 아무리 잘못했다고 해도 그렇지 사람들 앞에서 그렇게 **핀잔을 주면** 되겠니?

하품이 나오다 재미가 없거나 따분하다.
'하품'은 저절로 입이 크게 벌어지며 쉬게 되는 깊은 호흡을 말합니다. 졸리거나 고단할 때 몸이 저절로 반응하는 현상이지요. 그래서 졸릴 정도로 지루하거나 따분한 일을 대할 때 '하품이 나오다'라고 돌려 표현해요.

예) 이 영화는 정말 **하품이 나오는구나**. 어쩌면 이렇게 재미없을 수가 있지?

한눈팔다 해야 할 일 대신 엉뚱한 곳에 관심을 갖다.
'한눈'은 잠깐 보다, 또는 한꺼번에 눈에 들어오다라는 뜻을 갖습니다. 그래서 '한눈에 반하다', '경치가 한눈에 들어오다'와 같이 종종 쓰이지요. '팔다'라는 말은 거래하다라는 기본 뜻이 있지만, '눈'이나 '정신'과 같은 말과 함께 쓰이면 집중해야 할 곳에 마음을 쏟지 않고 다른 곳으로 관심을 돌린다는 뜻이 됩니다. 그래서 보아야 할 데를 보지 않고 딴 데를 보는 행동을 표현할 때 '한눈팔다'라고 쓰지요. '정신을 팔다'도 비슷한 뜻입니다.

예) 제발 **한눈팔지** 말고 하는 일에 열중해라. 자칫하면 사고가 나니까.
예) 도대체 어디다 **정신을 팔고** 다니기에 바로 앞에 있는 전봇대도 보지 못하니?

호들갑을 떨다 말투나 몸가짐이 가볍고 야단을 피우다.
'호들갑'은 주위 사람들에게 피해를 줄 만큼 말투와 몸가짐이 경망스럽고 야단스럽다는 뜻입니다. '떨다'는 동작이나 성질을 나타내는 말과 함께 쓰여 그 동작을 부정적으로 강조할 때 흔히 쓰는 동사이지요. '호들갑을 부리다', '호들갑을 피우다' 모두 비슷한 뜻입니다.

예) 왜 이리 **호들갑을 떠니**? 여기가 무슨 놀이터인 줄 알아?

힘쓰다 영향력을 행사하여 도움을 주다. / 열심히 노력하다.

'힘'은 사람이나 동물이 스스로 움직일 수 있게 하거나, 다른 사물을 움직이게 하는 작용을 뜻하지요. 이러한 '힘'은 어떤 행동이나 활동을 할 수 있는 능력 또는 다른 개인이나 단체의 활동에 영향력을 행사하는 세력의 뜻으로 확장되어 쓰여요.

- 예) 제가 취업할 수 있게 **힘써** 주시면 고맙겠습니다.
- 예) 일이 무사히 잘 끝날 수 있도록 여러분들이 **힘써** 주시면 고맙겠습니다.

힘에 부치다 감당하기 어렵거나 능력이 부족하다.

어떤 일을 할 만한 능력이 부족하거나 일손이 부족할 때 '힘에 부치다'라는 표현을 써요.

- 예) 이 일은 나 혼자 하기에는 **힘에 부친데**. 도와줄 사람을 불러야겠어.

힘주다 강조하다.

주로 '힘주어'의 형태로 쓰여서, 어떤 말이나 주장을 강조할 때 사용할 수 있는 표현이에요.

- 예) 그는 연설 도중에 '단결'이라는 단어를 특별히 **힘주어** 말했다.

03

부정적 태도와 관련한 표현

잘못된 행동에 대한 표현들입니다.

같잖다   하는 짓이 눈꼴사납다. / 생각할 거리도 못될 만큼 하찮다.

'같지 않다'가 줄어서 된 말로, 하는 짓이나 꼴이 마음에 들지 않거나 눈꼴사나울 때 씁니다. 또 상대할 거리도 못 될 만큼 수준이 낮을 때도 쓴답니다.

- 예) 이런 **같잖은** 녀석 같으니. 은혜를 원수로 갚다니!
- 예) 그런 **같잖은** 일에 시간을 낭비할 필요가 없다.

객기를 부리다   분수를 모르고 함부로 행동하다.

'객기客氣(손님 객, 기운 기)'는 손님 대접을 받겠다고 큰소리치는 행동을 말합니다. 행동이나 말, 생각 따위를 과하게 할 때 '객기를 부리다'라고 하지요.

- 예) 저 친구는 사람만 모이면 저렇게 **객기를 부린다니까**. 그러니 모두들 피하지.

걷잡을 수 없다   기울어져 가는 것을 바로잡을 수 없다.

'걷잡다'는 기우는 것을 바로잡거나 마음을 진정시킨다는 말로, '없다'와 함께 쓰여 부정적인 상황을 나타냅니다. 문제가 생겼을 때 제대로 해결하지 않아서 이후 제대로 수습할 수 없는 상황이 될때 '걷잡을 수 없다'는 말을 자주 쓴답니다.

- 예) 한번 기울어지면 **걷잡을 수 없이** 무너져 내린다. 그래서 예방이 중요하다.

고성이 오가다   서로 큰 목소리를 내며 다투다.

'고성高聲(높을 고, 소리 성)'은 높은 목소리로 말하는 것을 뜻하는데, 주로 싸우거나 다투는 상황을 나타낼 때 쓰는 말입니다. 물론 놀라거나 환호할 때도 목소리를 크게 내지만 그때는 '고성이 오가다'라고 하지는 않습니다.

- 예) 양측 사이에 **고성이 오가고** 있으니 문제를 평화롭게 해결하기는 힘들겠는걸.

곪아 터지다 상처가 곪을 대로 곪아서 결국 터지다.

'곪다'는 상처나 염증에 고름이 생긴다는 뜻이지요. 고름이 고이다 보면 결국은 터지고 마는데, 그때 쓰는 표현이 '곪아 터지다'입니다. 처음에는 상처가 터진다는 뜻에서 비롯된 말인데 뜻이 점차 확장되어, 어떤 일의 문제점이 점차 커져 결국 밖으로 드러나게 될 때 사용합니다.

- 예 서현이는 종기를 치료하지 않고 그냥 두었다가 결국 **곪아 터지고** 말았다.
- 예 내 언젠가는 그 일이 **곪아 터질** 줄 알았지. 잘못을 고치라고 그렇게 충고했건만.

그러저러한 사정이 있다 한마디로 표현하기 힘든 사정이 있다.

'그러저러하다'는 '그렇고 저렇다'의 준말로, 복잡한 상황을 한마디로 정리하기 힘들 때 쓰는 표현입니다. '이러저러하다'도 비슷한 뜻입니다.

- 예 내가 늦은 데는 **그러저러한 사정이 있어**. 그러니 이해해 주렴.

긁어 부스럼을 만들다 공연히 건드려 더 큰 근심거리로 만들다.

'부스럼'은 피부에 나는 종기를 말해요. 몸에 부스럼이 생겼을 때는 저절로 아물기 전에 손을 대면 안 됩니다. 공연히 긁으면 부스럼을 더 크게 만들 수 있거든요. '긁어 부스럼을 만들다'는 가만히 두면 될 일을 해결하겠다고 나서서 더 큰 문제를 일으키는 상황을 비유해서 나타내는 표현입니다.

- 예 지금 그 친구에게 연락하지 마라. 공연히 **긁어 부스럼 만들라**.

난무하다 함부로 나서서 마구 날뛰다.

'난무亂舞(어지러울 난, 춤출 무)'는 본래 수많은 사람들이 나서서 어지러이 춤추는 모습에서 비롯된 것입니다. '폭력이 난무하다', '불법이 난무하다' 같은 부정적 태도나 상황을 나타낼 때 많이 쓰이지요.

- 예 이 도시의 뒷골목에서는 늘 폭력이 **난무하고** 있습니다. 그러니 조심하시길 바랍니다.
- 예 지금 그 나라에서는 불법이 **난무하고** 있다.

난장판이 되다   뒤엉키고 떠들어 뒤죽박죽 혼란스럽게 되다.

'난장판'은 '난장亂場(어지러울 난, 장소 장)'이라는 한자어와, 처지나 형편을 뜻하는 '판'이라는 우리말이 합쳐져 혼란스러운 곳 또는 다툼으로 엉망진창인 상황을 나타냅니다. '난장판으로 만들다', '난장판을 벌이다'로 자주 쓰이지요.

- 예 회의장은 순식간에 **난장판이 되고** 말았다.
- 예 갑자기 들이닥친 괴한들은 회의장을 **난장판으로 만들었다**.
- 예 두 사람은 의견 차이로 소란을 피우더니 이내 회의장에서 **난장판을 벌이기** 시작했다.

도화선이 되다   어떤 사건이 일어나는 직접적인 원인이 되다.

'도화선導火線(이끌 도, 불 화, 끈 선)'은 폭약을 터뜨리기 위해 불을 붙이는 심지입니다. 이 뜻이 확장되어 어떤 사건의 원인을 제공하는 것을 가리키게 되었죠.

- 예 광주 학생들과 일본인들 사이의 갈등이 광주 학생 운동의 **도화선이 되었다**.

동티가 나다 공연히 건드려 문제를 일으키다.

'동티'는 한자 '동토凍土(얼 동, 땅 지)'가 변해서 된 단어입니다. 본래 뜻은 '건드려서는 안 될 땅을 파거나 나무를 베어서 땅의 신이 노하여 받게 된 재앙'이지요. 이 뜻이 확장되어 건드려서는 안 될 것을 공연히 건드려서 걱정이나 해를 입는 것을 '동티가 나다'라고 표현합니다.

예 가만있는 사람에게 다가가 시비를 걸더니 결국 **동티가 나고** 말았다.

물의를 일으키다 여러 사람 사이에 다양한 비판이 제기되다.

'물의物議(만물 물, 의논 의)'는 어떤 단체나 사람이 처리하는 일에 대해 사람들이 이러쿵저러쿵 의견을 늘어놓는 것을 말합니다. 긍정적인 의견이 아니라 부정적인 비판이 일어날 때 많이 사용하는 표현이지요.

예 일본 수상은 독도가 일본 땅이라는 발언을 해서 **물의를 일으켰다**.

밑도 끝도 없이 아무 관련성도 없이 말이나 상황이 전개되다.

어떤 상황이나 사물의 '끝' 또는 '밑'은 그 사물의 경계 지점을 가리켜요. 그래서 어떤 말이나 행동이 앞뒤 연관 없이 갑자기 나타나는 상황을 빗대어 '밑도 끝도 없이'라고 씁니다.

예 **밑도 끝도 없이** 학교를 그만두겠다니, 그게 무슨 말이니?

벌벌 떨다 사소한 것조차도 몹시 아까워하다.

'벌벌'은 본래 춥거나 두려워서 몸을 크게 떠는 모양을 가리키는 말입니다. '벌벌 떨다'라고 하면 주로 재물과 관련한 표현으로 확장되어 쓰이는데, 소심하거나 인색해서 작은 것도 아까워하는 모습을 가리킵니다.

예 그는 콩 한 조각 나누어 주는 것도 아까워 **벌벌 떤다**.

벌집을 쑤시다   걷잡을 수 없을 만큼 일을 크게 만들다.

벌집을 건드리면 벌 떼가 공격하겠지요. 그래서 '벌집을 쑤신다'는 말은, 잘되어 가는 일을 공연히 건드려 문제를 더 크게 만든 상황에서 사용합니다.

예) 네 주장은 공연히 **벌집만 쑤신** 꼴이 되었어. 이제 어떻게 할 거니?

빈축을 사다   좋지 않은 평가나 미움을 받다.

'빈축嚬蹙(찡그릴 빈, 찌푸릴 축)'은 눈살이나 얼굴을 찡그리는 것을 나타내는 한자어로, 중국 고사에서 비롯된 표현입니다. 옛날에 한 미인이 얼굴을 찡그리자 사람들이 그 모습을 보며 아름답다고 칭송했습니다. 그러자 인물이 못난 사람 하나가 자신도 아름답다는 칭찬을 받고 싶어 걸핏하면 얼굴을 찡그렸어요. 이에 사람들은 그 못난 사람이 남을 따라하는 걸 보고 핀잔을 주었는데, 그때부터 '빈축을 사다'라는 표현이 생겼답니다.

예) 그는 돈깨나 벌었다고 늘 사치스럽게 생활하는 바람에 동네 사람들의 **빈축을 샀다**.

산통을 깨다   일이 잘되어 가는데 중간에 끼어 망치다.

'산통算筒(산가지 산, 대롱 통)'은 옛날에 맹인들이 점칠 때 사용하던 통으로, 그 안에는 작은 막대, 즉 산가지가 들어 있었습니다. 산통이 깨지면 점을 칠 수 없겠지요. 잘되어 가는 일을 누군가 망치고 말았을 때를 비유하여 '산통을 깨다'라고 합니다.

예) 일이 잘되어 가는데 갑자기 나타나 **산통을 깨다니**! 넌 도대체 누구 편이니?

새빨간 거짓말   쉽게 알 수 있는 터무니없는 거짓말.

'새'는 주로 색깔을 나타내는 형용사 앞에 붙어서 짙고 선명하다는 뜻을 강조하는 역할을 합니다. 그래서 '새빨갛다'고 하면 선명하게 짙은 빨간색을 뜻해요. 또 빨간색은 눈에 잘 띄기 때문에 '금지나 위험'을 나타내는 표지판에 흔히 쓰이지요. 따라서 '새빨간 거짓말'이라고 하면 뻔히 드러나 보이고 금세 들통날 거짓말을 나타내는 표현으로 많이 사용합니다.

예) 그런 **새빨간 거짓말로** 선생님을 속이려 하니?

소란을 피우다 시끄럽고 어수선하게 만들다.

'소란騷亂(떠들 소, 어지러울 란)'은 시끄럽고 어수선한 상태를 가리킵니다. '소란을 일으키다', '소란을 떨다'도 같은 뜻입니다. 소란을 피우는 사람이 나타나면 문제가 해결되기는커녕 더 꼬일 수밖에 없겠지요.

- 예 여기는 공부하는 곳이니 **소란을 피우지** 말고 다른 곳으로 옮겨 주세요.
- 예 갑자기 나타난 정체불명의 사람들은 회의장에서 **소란을 일으키기** 시작했다.

얽히고설키다 이리저리 복잡하게 꼬이다.

실이나 줄 따위가 이리저리 섞여서 풀기 어렵게 된 것을 '얽혔다'고 하지요. 문제가 복잡하게 꼬여서 해결하기가 매우 어려운 상황을 나타내는 표현입니다.

- 예 문제가 **얽히고설켜서** 어디서부터 손을 대야 할지 알 수가 없어.

예사롭지 않다 흔한 일이 아니다. 평범하지 않다.

'예사例事(사례 예, 일 사)'는 늘 있는 일을 가리킵니다. '예사롭다'고 하면 흔히 있는 일이라는 뜻이지요. 반대로 '예사롭지 않다'는 흔히 있는 일이 아니라는 뜻으로, 특별하거나 심각한 징조를 나타낼 때 많이 쓰는 표현이에요.

- 예 우리 경제 상황이 **예사롭지 않다**.
- 예 그가 지각하는 일은 **예사로운** 일이라서 놀랍지도 않아.

오류를 범하다 잘못된 판단이나 실수를 저지르다.

'오류誤謬(잘못할 오, 그릇될 류)'는 논리적이지 않고 이치에 어긋나는 일을 가리킵니다. '오류를 저지르다'도 같은 뜻입니다.

- 예 또다시 **오류를 범하면** 안 되니 철저히 살펴보아라.

외람되다 행동이나 생각이 분수에 넘치다.

'외람猥濫(함부로 외, 넘칠 람)'은 분수에 넘치게 함부로 행동한다는 뜻입니다. 이 표현은 겸손하게 말하거나 용서를 구할 때에도 사용한답니다.

- 예 **외람되지만** 제가 한 말씀 드려도 괜찮겠습니까?

잠버릇이 고약하다   잠잘 때 습관이나 행동이 괴팍하다.

'잠버릇'은 잠을 자면서 자기도 모르게 하는 짓이나 행동을 가리킵니다. 이를 갈거나 코를 고는 등의 행동이 모두 고약한 잠버릇이지요.

> 예 수철이는 **잠버릇이 고약해서** 아무도 그와 함께 자려고 하지 않는다.

지레짐작하다   사실을 확인하기도 전에 미리 추측하다.

'지레짐작'은 사실을 알기 전에 미리 추측하거나 넘겨짚는 것을 말합니다. 그러니까 지레짐작은 가능하면 안 하는 게 좋습니다. 틀릴 가능성이 매우 높으니까요.

> 예 그렇게 **지레짐작하지** 마라. 그러다가 틀리면 무슨 망신이니?

짐이 되다   남에게 피해를 주는 귀찮은 존재가 되다.

'짐'은 나르기 위해 꾸려 놓은 물건으로, 늘 사람들에게 부담스럽고 귀찮은 것이지요. 짐은 맡겨진 부담이나 해결해야 할 무거운 책임을 뜻하기도 해요. 그래서 주변 사람들에게 부담이 되거나 수고롭고 귀찮은 존재가 되는 처지를 비유해서 '짐이 되다'라고 표현합니다.

> 예 내가 여러분에게 **짐이 된다면** 즉시 떠나겠다.

찬물을 끼얹다   일이 갑자기 중단되거나 방해를 놓다. / 시끌벅적하던 장소가 갑자기 조용해지다.

'찬물을 끼얹다'는 두 가지 뜻으로 사용됩니다. 하나는 잘되어 가던 일에 방해를 놓을 때, 다른 하나는 갑자기 조용해지는 상황을 나타낼 때 사용하는 표현이지요.

> 예 일이 착착 진행되어 가는데, 갑자기 그가 나타나 **찬물을 끼얹었다**.
> 예 교장 선생님께서 강당에 들어서자 소란스럽던 장내가 **찬물을 끼얹은** 듯 조용해졌다.

파문을 일으키다 조용하던 곳에 문제를 일으키다.

'파문波紋(물결 파, 무늬 문)'은 잔잔한 물 위에 돌이나 다른 물체가 떨어져 물결이 이는 것을 가리킵니다. 이 뜻이 확장되어, 모임 등이 평탄하게 진행되다가 예상하지 못한 일로 문제가 일어나는 모습을 가리키게 되었지요. '파문이 일다'라는 표현도 자주 쓰며 '파장波長(물결 파, 길 장)을 일으키다'도 같은 뜻입니다.

- 예) 회장의 잘못을 지적한 그의 발언은 회의장에 **파문을 일으켰다**.
- 예) 그의 발언 때문에 회의장에는 **파문이 일었다**.
- 예) 선거에 출마하겠다는 그의 발언은 사회적으로 큰 **파장을 일으켰다**.

평지풍파를 일으키다 평온했던 곳에 문제나 다툼을 일으키다.

'평지풍파平地風波(평평할 평, 땅 지, 바람 풍, 파도 파)'는 평평한 땅에 세찬 바람과 거센 물결이 인다는 뜻이죠. 평온했던 곳에 생각하지 못한 다툼이 일어날 때 '평지풍파를 일으키다'라는 표현을 쓴답니다.

- 예) 공연히 **평지풍파 일으키지** 말고 조용히 있거라.

폐를 끼치다 남에게 괴로움이나 손해를 안겨 주다.

'폐弊(나쁠 폐)'는 괴로움이나 손해, 부정적인 영향 등을 가리킵니다. 그러니까 '폐를 끼친다'고 하면 상대방에게 괴로움이나 고통을 준다는 말이지요. '폐가 많다'도 비슷한 뜻입니다.

- 예) 여러모로 **폐를 끼쳐** 죄송합니다.
- 예) 하루 이틀도 아니고 늘 **폐가 많습니다**.

표리부동하다 마음이 엉큼해서 겉과 속이 다르다.

'표리부동表裏不同(겉 표, 속 리, 아니 불, 같을 동)'은 겉과 속이 같지 않다는 뜻입니다. 겉과 속이 다르다는 말은, 속에 품은 마음과 겉으로 드러나는 말이나 행동이 다르거나 거짓될 때 자주 사용하는 표현입니다.

- 예) 이런 **표리부동한** 녀석 같으니라고. 그런 행동으로는 절대 남의 믿음을 얻지 못한다.

혈안이 되다 이익을 챙기거나 상대를 경계하는 데 힘을 다하다.

'혈안血眼(피 혈, 눈 안)'은 이익을 챙기거나 무엇을 경계하기 위해 핏발이 선 눈을 가리킵니다. 눈에 핏발이 설 정도로 온갖 애를 쓰며 자신의 이익을 챙기려는 모습을 나타낼 때 '혈안이 되다'라고 표현하지요.

- 예) 모든 팀이 이 대회에서 금메달을 따려고 **혈안이 되어** 있다.

홧김에 갑자기 화가 치밀어 오르는 기세.

'홧김'은 갑자기 화가 치밀어 마음이 날카로워진 상태를 가리킵니다. 주로 '홧김에'라는 꼴로 쓰이지요.

- 예) 늘 참기만 하던 그는 **홧김에** 깡패들을 향해 달려들었다.

04
정도를 나타내는 표현

과 過 (지나칠 과)

지나치다, 넘치다라는 뜻을 갖는 한자.

이 글자가 들어가는 표현은 '정도가 지나치다', '너무 넘치다' 같은 부정적인 뜻을 갖습니다.

과도한 요구 적절한 정도를 넘어선 요구.
예) 상대방은 **과도한 요구를** 하고 있습니다. 절대 들어주어서는 안 됩니다.

과분한 대접 분수에 넘치는 대접.
예) 제게는 **과분한 대접입니다**. 참으로 감사합니다.

과언이 아니다 지나친 말이 아니다.
예) 금강산이 세계에서 가장 뛰어난 산이라 하더니 정말 **과언이 아니구나**.

과욕은 금물 지나친 욕심을 내는 것은 금하다.
예) **과욕은 금물이라고** 했다. 이쯤에서 그만두거라.

과욕을 부리다 지나친 욕심을 내다.
예) 그렇게 **과욕을 부리더니** 결국 사고를 내고야 말았구나.

과중한 부담 힘에 겨워 당해 내기 힘든 부담.
예) 우리나라 대학교 등록금은 너무 비싸서 학생들에게 **과중한 부담이** 되고 있습니다.

과찬의 말씀 정도에 지나친 칭찬의 말.
예) **과찬의 말씀이십니다**. 제가 한 일은 아주 작은 것에 지나지 않습니다.

**극極
(극진할 극)**

어떤 정도가 더할 수 없을 정도로 끝에 다다른 지경을 뜻하는 한자.

이 말을 명사 앞에 접사로 붙여 쓰면 '정도가 아주 심하다'라는 의미를 강조하는 표현이 됩니다.

극과 극을 달리다 완전히 다른 길을 가거나 의견이 전혀 다르다.
예) 나와 너의 생각은 극과 극을 달리기 때문에 뜻을 모으기는 불가능해.

극도로 더할 수 없이. 가장 강하게.
예) 범인은 지금 극도로 흥분한 상태입니다. 인질들이 위험합니다.

극비리에 절대 비밀로 한 상태에서.
예) 두 사람은 극비리에 만났다.

극성부리다 지나칠 정도로 드세게 행동하다. 몹시 심하게 성질을 부리다. 비) 극성떨다
예) 여름에는 모기가 극성을 부리는 탓에 잠을 설치곤 한다.

극성스럽다 남이 보기에 지나칠 만큼 적극적이다.
예) 저 아주머니는 아들 교육에 극성스러울 만큼 온 힘을 다 쏟는다.

극성을 피우다 심하게 행동하거나 제멋대로 행동하다.
예) 극성 피우지 말고 여기 조용히 있어라.

극진히 모시다 온 정성을 다해 대접하다.
예) 우리 호텔은 어떤 손님이건 극진히 모십니다.

선

가로나 세로로 그은 금.

선은 서로 연결하는 역할을 하기도 하고, 반대로 한계를 지어 놓고 더 이상 넘지 못하게 가로막는 역할도 합니다. 그렇게 여러 뜻을 가지고 있기에 '선'이 들어가는 표현이 많습니다.

선을 긋다 한계를 정하다.
예) 네가 할 일에 대해 분명히 **선을 그어** 놓아야 해. 안 그러면 혼란을 겪게 될 테니까.

선을 넘다 한도나 경계를 넘어서다.
예) 아무리 어린애라고 해도 **선을 넘는** 행동을 하면 야단을 쳐야 한다.

선이 굵다 생김새가 강해 보이거나 성격이 대담하다.
반) 선이 가늘다
예) 그의 얼굴은 **선이 굵은** 형이라 늘 강해 보인다.

선이 닿다 이익을 줄 수 있는 사람과 관계를 맺다.
예) 우리를 도와줄 수 있는 사람과 **선이 닿았어**. 이제 걱정하지 않아도 돼.

물건의 모양을 일정하게 만들기 위해 사용하는 물건. 일정한 격식이나 형식.

틀은 본래 똑같은 물건을 많이 만들기 위해 사용하는 도구입니다. 이 뜻이 확장되어 '일정한 격식이나 형식, 정해진 생각'을 의미하게 되었답니다.

틀에 갇히다 정해진 것에 사로잡혀 자유로운 생각을 하지 못하다.
예) 그렇게 **틀에 갇힌** 의견만 내놓으니 무슨 회의가 되겠습니까?

틀에 맞추다 주어진 형식에 딱 맞게 만들다.
예) **틀에 맞춘** 생각만 해서는 창의적인 아이디어가 나오지 않습니다.

틀에 박히다 낡고 융통성 없는 생각에 사로잡혀 있다.
비) 판에 박히다, 판에 박다
예) 수십 년 동안 **틀에 박힌** 방법으로만 일을 하니 무슨 발전이 있겠니?
예) 현대인들은 모두들 **판에 박은** 듯 똑같은 삶을 살고 있다.

행동이나 상태의 정도를 나타내는 표현들입니다.

개중에는 여럿 가운데는.

'개중個中(낱 개, 가운데 중)'은 여러 물건 가운데란 뜻입니다. 그래서 '개중 괜찮다'라고 하면 여러 개 가운데 가장 낫다는 말이에요.

예) **개중에는** 쓸 만한 물건도 있던데.

그만그만하다 서로 비슷비슷하다.

이것도 그만하고 저것도 그만하다니 모두 비슷할 수밖에요.

예) 너희 실력은 모두 **그만그만하다**. 그러니 잘난 체해 봐야 소용없어.

그지없다 끝이 없다. 한이 없다.

'그지없다'는 끝이 없다라는 말입니다. 한정된 것이 없을 정도, 이루 다 말할 수 없을 정도로 많다는 뜻이에요.

예) 부모님의 은혜는 **그지없구나**.

기복이 심하다 일이나 상황이 이랬다저랬다 하며 변화가 크다.

'기복起伏(일어날 기, 엎드릴 복)'은 본래 몸을 일으켰다가 엎드렸다가 하는 일을 말합니다. 예전에 신하가 임금님을 뵐 때 일어섰다가 다시 엎드려 절하는 일을 '기복'이라고 했지요. 이것이 요즘은 감정이나 성과, 상황이나 상태의 변화가 많다는 의미로 확장되어 쓰여요.

예) 우리 아버지는 사업이 **기복이 심해서** 늘 불안해하신다.

까맣게 모르다　전혀 모르다.

'까맣다'는 빛깔이 검은 것을 뜻합니다. 불빛이 하나도 없는 밤에는 너무 깜깜해서 아무것도 보이지 않지요. 그래서 아는 바가 전혀 없는 상태를 비유적으로 이르는 말로 '까맣게 모르다'라고 표현합니다. 아득하게 잊힌 상태를 뜻하는 '까맣게 잊다'도 자주 쓰는 표현이에요.

- 예) 난 네가 이사 간 사실을 **까맣게 모르고** 있었어.
- 예) 오늘 준식이와 약속한 것을 **까맣게 잊고** 있었네.

깨알만 하다　글씨가 너무 작아서 잘 보이지 않다.

깨의 낱알인 '깨알'은 너무 작아 잘 보이지도 않고 손에 잡기도 힘듭니다. 이런 깨알에 비유해서, 어떤 사물이 너무 작다는 것을 강조하여 표현할 때 '깨알만 하다'라고 해요. '깨알 같다'는 말도 자주 사용합니다.

- 예) 제발 글씨 좀 크게 써라. 노인들은 **깨알만 한** 글자를 읽을 수 없단 말이야.
- 예) 글씨가 **깨알 같아서** 도저히 읽을 수가 없어.

다소간　많고 적음의 차이.

'다소간多少間(많을 다, 적을 소, 사이 간)'은 많고 적음의 사이를 뜻하는 한자어입니다. '많든 적든 어느 정도 차이는 있겠지만'이라는 의미가 담긴 말로, 감정이나 상태, 성과의 정도를 꾸며 주는 말로 자주 써요.

- 예) **다소간** 차이는 있겠지만 결론에는 변함이 없을 것이다.
- 예) **다소간** 어려움이 있겠지만 그 정도는 이겨 낼 수 있다.

다시없다　다시없을 만큼 좋다.

'다시없다'는 다시는 없을 일이라는 뜻인데, 그보다 더 나은 일이나 상황이 없을 정도로 아주 좋다는 의미를 담은 표현입니다. 나쁜 일이나 안 좋은 결과에는 이 표현을 쓰지 않습니다.

- 예) **다시없는** 좋은 기회이니 절대 놓쳐서는 안 된다.

대수냐 뭐 그리 대단한 일이냐.

'대수'란 '대사大事(큰 대, 일 사)'가 변해서 된 말로, 아주 대단한 것 또는 수준이나 등급이 최상인 일을 뜻하는 말이에요. 이 말은 본래 뜻과는 반대되는 의미로 그리 대단한 일이 아니다라는 의미를 강조할 때 많이 쓰는 표현이지요. 이와 관련한 표현이 '대수롭다'는 말이에요. '대수롭다'는 중요하게 여길 만하다, '대수롭지 않다'는 별로 대단한 일이 아니다라는 의미입니다.

- 예) 네가 이룬 성과가 뭐 그리 **대수라고** 이렇게 떠드느냐?
- 예) **대수롭지도 않은** 일을 가지고 그리 호들갑을 떠니?

더할 나위 없다 더 말할 것도 없이 가장 좋다.

'나위'는 여지, 또는 필요나 까닭을 나타내는 말이에요. 이 말도 앞서 살펴본 '다시없다'와 마찬가지로 가장 좋다는 뜻이랍니다. 마음에 드는 상태를 더욱 강조하고 싶을 때 쓰는 표현이에요.

- 예) 이 제품은 **더할 나위 없이** 좋아. 내 마음에 쏙 들었어.

만에 하나 가능성이 거의 없지만 혹시라도.

'만에 하나'는 만 개 가운데 하나라는 뜻이니 일어날 가능성이 거의 없는 경우를 가리킵니다. '만에 하나'보다 더 가능성이 없는 것은 '만무萬無(일만 만, 없을 무)하다'라고 해요. 만 개 가운데 하나도 없다는 말이니까요.

- 예) 그럴 리야 없겠지만 **만에 하나** 그가 살아난다면 그건 기적이다.
- 예) 그가 남을 도울 리는 **만무하다**. 그는 오로지 자기 이익밖에 모르는 사람이니까.

방불케 하다 어떤 것과 비슷하다고 느끼게 하다.

'방불彷彿(비슷할 방, 어렴풋할 불)'은 다른 무엇과 비슷하다는 뜻으로, '방불케 하다'라는 표현으로 쓰입니다. 어떤 사물이나 현상이 다른 대상을 떠올리게 할 만큼 비슷하다는 의미예요.

- 예) 산불이 온 산을 뒤덮자 혼란에 빠진 마을은 지옥을 **방불케 했다**.

분수에 넘치다　처지에 어울리지 않다.

'분수分數(나눌 분, 숫자 수)'는 어떤 수를 다른 수로 나눈 것을 분자와 분모로 나타낸 것입니다. $\frac{1}{4}$이나 $\frac{2}{3}$ 같이 말이죠. 그 외에 자기 처지에 맞는 한도라는 뜻도 가지고 있습니다. '분수에 넘치다'의 반대되는 뜻으로는 '분수에 맞다'가 있습니다. 자기 처지에 적절히 맞는다는 뜻이죠.

예) 네 처지에 그런 비싼 옷은 **분수에 넘치는** 일이야. 사람은 **분수에 맞게** 살아야 한단다.

비일비재하다　한두 번이 아니라 매우 흔하다.

'비일비재非一非再(아닐 비, 한 일, 아닐 비, 다시 재)'는 한 번도 아니고 두 번도 아니라는 뜻입니다. 같은 현상이나 일이 한 번이나 두 번도 아니고 아주 흔하게 많이 일어난다는 의미를 담은 표현이지요.

예) 그가 지각하는 일은 **비일비재해서** 놀랄 일이 아니다.

빙산의 일각　전체에 비해 아주 작은 부분.

'빙산氷山(얼음 빙, 메 산)'은 빙하에서 떨어져 나와 바다에 흘러 다니는 얼음덩어리를 말해요. 그 얼음덩어리에서 수면 밖으로 드러나 보이는 작은 일부분을 '일각一角(한 일, 조각 각)'이라고 하지요. 그래서 어떤 일이나 사건에서 대부분이 숨겨져 있고 밖으로 드러난 것은 아주 작은 부분에 지나지 않는 상황을 비유해서 '빙산의 일각'이라고 표현한답니다. 이 말은 주로 바람직하지 못한 상황을 묘사할 때 자주 써요.

예) 지금 드러난 잘못은 **빙산의 일각일** 뿐입니다.

우후죽순처럼　어떤 일이 한꺼번에 많이 일어나는 모습.

'우후죽순雨後竹筍(비 우, 뒤 후, 대나무 죽, 죽순 순)'은 비 온 뒤에 솟아나는 대나무의 어린 싹을 말합니다. 그러니까 '우후죽순처럼'이라는 말은 비가 온 뒤에 여기저기 돋아나는 죽순처럼 어떤 일이 한 시기에 갑자기 많이 생겨나는 것을 비유적으로 이르는 표현이에요.

예) 우리 동네에 갑자기 치킨집이 **우후죽순처럼** 생겨났다.

운신의 폭   몸을 움직이는 정도.

'운신運身(운전할 운, 몸 신)'은 몸을 움직이는 것을 말합니다. '폭幅(너비 폭)'은 가로 길이를 가리키고요. 그래서 '운신의 폭'은 몸을 옆으로 움직이는 정도를 의미해요. 운신의 폭이 넓으면 쉽게 움직일 수 있지만 운신의 폭이 좁으면 움직이기가 어렵겠지요. 이 말은 생각이나 행동의 정도를 나타낼 때도 사용하는데, '운신의 폭이 좁다', '운신의 폭이 넓다' 등으로 씁니다.

- 예) 이 버스 의자는 너무 좁아 **운신의 폭이 좁다**.
- 예) 우리 사회에서 자영업자들의 **운신의 폭은** 갈수록 **좁아지고** 있다.

입추의 여지가 없다   사람이 너무 많아 더 들어갈 수 없다.

'입추立錐(설 립, 송곳 추)'는 송곳을 세운다라는 말이고, '여지'는 남은 땅을 가리킵니다. 그러니까 '입추의 여지가 없다'는 말은 송곳을 세울 만큼도 남은 땅이 없다는 뜻이지요. '입추의 여지가 있다'는 표현은 거의 쓰지 않는답니다.

- 예) 버스 안은 출근하는 사람들로 **입추의 여지가 없었다**.

줄을 잇다 끊이지 않고 계속되다.
'줄'은 무엇을 묶거나 이어 줄 때 쓰는 긴 끈입니다. '줄을 잇다'라고 하면 사람이나 사물이 잇닿아 길게 늘어서 있는 모양 또는 어떤 사건이 연달아 계속 일어나는 상황을 나타내는 표현으로 자주 쓰여요.

예) 사람들이 야구장 안으로 **줄을 이어** 들어서고 있다.

철석같이 믿다 결코 변치 않을 만큼 굳게 믿다.
'철석鐵石(쇠 철, 돌 석)'은 쇠와 돌이란 뜻으로, 굳고 단단한 것을 가리켜요. 그래서 '철석같이 믿다'라고 하면 믿음이 절대 변치 않는다는 말입니다.

예) 나는 그 약속을 **철석같이 믿었으나** 결국 배신당하고 말았다.

콩나물시루 같다 좁은 공간에 가득 들어차 있다.
'콩나물시루'는 콩나물을 키우는 둥근 질그릇을 말해요. 시루에서 콩을 키우면 콩나물이 아주 빼곡하게 자라지요. 그런 콩나물시루처럼, 공간이 너무 좁아서 힘든 상태나 모양을 '콩나물시루 같다'고 표현한답니다.

예) 지하철 안은 **콩나물시루 같아서** 몸을 꼼짝도 할 수 없었다.

톡톡 튀다 말이나 행동이 눈에 띄다.
'톡톡'은 작은 것이 튀어 오르는 모습을 나타냅니다. 행동이나 말이 일반적인 수준을 넘어서서 남의 눈에 띌 만큼 독특할 때 사용하는 표현이지요.

예) 그의 행동은 많은 사람들 가운데서도 **톡톡 튄다**.

티끌만큼도 몹시 조금도.
'티끌'은 티와 먼지를 가리켜요. 둘 다 너무 작아서 잘 보이지 않아요. 그래서 '티끌만큼도'라고 하면 매우 작은 것을 가리킵니다. '티끌만 하다'라고도 써요.

예) 나는 **티끌만큼도** 잘못하지 않았어요. 사람들에게 물어보세요.

예) **티끌만 한** 잘못을 그렇게 떠벌이다니 정말 치사하다.

하고많은   셀 수 없이 많고 많은.

옛날 우리말에서 '하다'는 많다, 크다는 뜻이었습니다. 한반도의 중심을 흐르는 큰 강인 '한강'에서 '한'이 바로 '크다'라는 뜻이지요. 그래서 '하고많은'이라고 하면 셀 수 없을 만큼 아주 많다는 의미를 지닌 표현이랍니다. '하고하다'도 같은 뜻이에요.

예 **하고많은** 사람 중에 왜 하필이면 나를 불렀니?

한술 더 뜨다   행동이나 말이 더 심하다.

'술'이란 밥숟가락으로 뜰 수 있는 정도의 양을 뜻하는데, '한술'이라고 하면 얼마 되지 않은 적은 양을 의미하지요. 그래서 '한술 더 뜨다'라고 하면, 이미 어느 정도에 다다른 상태인데 거기다가 일을 더 보태어 크게 만드는 상황을 비유적으로 이르는 표현이에요.

예 너는 예슬이보다 **한술 더 뜨는구나**. 모두들 왜 그렇게 자기 생각만 하니?

한풀 꺾이다   기세가 약해지다.

'풀'은 활달한 기운이나 세찬 기세를 뜻하는데, '한풀'이란 어느 정도의 기운이나 의지, 끈기, 투지를 이르는 말이에요. 그래서 한창 솟던 기세나 의지가 갑자기 약해지는 상황을 '한풀 꺾이다'라고 표현해요.

예 9월 들어서면서 더위가 **한풀 꺾인** 느낌이다.

01 감정이나 기분을 나타내는 표현
02 처지, 상황을 나타내는 표현
03 마음을 나타내는 표현

나를 표현하고, 남을 이해해요!

- 하나
- 둘
- 셋
- 넷
- 다섯
- 여섯
- 일곱

01
감정이나 기분을 나타내는 표현

달다

맛이 설탕처럼 좋다.

꿀이나 설탕과 같은 단맛은 입맛을 돋우고 사람들의 기분을 좋게 만든답니다. 그래서 '흡족하거나 만족스러운 긍정적인 감정'을 나타낼 때 달다라는 표현을 자주 씁니다.

달게 받다 잘못에 대한 벌 등을 기꺼이 받다.
예) 저는 제 잘못을 인정하고 벌을 **달게 받겠습니다**.

달게 여기다 긍정적으로 생각하다.
예) 나는 선생님께서 주신 가르침을 **달게 여기고** 실천에 옮기도록 늘 노력했다.

달게 자다 기분 좋게 편히 자다.
예) 어려운 일을 끝내고 나서 나는 오랜만에 **달게 잤다**.

달다 쓰다 말이 없다 어떤 일에 반응을 보이지 않다.
예) 그는 회의 결과에 대해 **달다 쓰다 말이 없었다**.

재미

어떤 일을 할 때 느끼는 즐거운 기분.

신난다는 것은 다른 말로 재미있다는 것이지요. 재미는 사람들이 살아가면서 느끼는 즐겁고 좋은 기분입니다.

재미를 보다 어떤 일에서 성과를 얻거나 이익을 얻다.
예) 우리 회사는 이번 사업에서 크게 **재미를 보았다**.

재미를 붙이다 새로운 일에서 즐거움을 찾다.
예) 요즘 나는 우표 수집에 **재미를 붙였어**.

재미나다 즐거운 기분이 생기다.
예) 책을 읽는 것은 정말 **재미난** 일이다.

재미없다 즐거운 기분이 나지 않다.
예) 나는 낚시를 해도 아무 **재미없어**.

날

연장의 얇고 날카로운 부분.

날은 칼이나 대패, 낫 등 자르거나 깎는 데 쓰는 도구의 날카로운 부분입니다. 그러니 이것이 무뎌지면 쓸모가 없고, 너무 날카로우면 다치기 쉽죠.

날을 세우다 정신을 집중하거나 예민하게 굴다.
예) 왜 그렇게 **날을 세우고** 그러니? 다른 사람들을 이해하려고 노력해야지.

날이 서다 신경이 날카롭다.
예) 그는 무척 화가 났는지 **날이 선** 표정으로 나를 바라보았다.

날이 무디다 결정적인 판단력이나 생각이 날카롭지 못하다.
예) 너 왜 그리 **날이 무뎌졌니**? 처음에는 큰소리라도 칠 것처럼 굴더니.

노여움

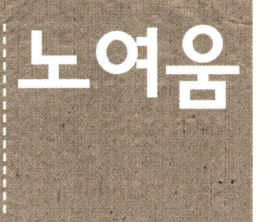

화가 날 만큼 섭섭하고 분한 감정.

노여움이란 단어를 이용한 표현은 다양합니다. 세상에 화가 날 만큼 분한 일이 많기 때문인가 봅니다.

노여움을 사다 섭섭하고 분한 감정이 일어나다.
예) 네 행동은 선생님의 **노여움을 사기에** 충분하다.

노여움을 타다   걸핏하면 노여워하다.
예 요즘 선생님께서는 **노여움을 타는** 일이 자주 있으시다. 기분이 언짢으신가 보다.

노여움을 풀다   화나 분한 감정을 삭이다.
예 이제 **노여움을 푸세요**. 철이도 깊이 반성하고 있습니다.

겁

무서워하는 마음. 두려워하는 마음.

위험에 대비하여 우리의 몸과 마음을 지키기 위해 어느 정도의 두려움은 필요한 감정입니다. 사람이라면 누구나 느끼는 보편적인 감정이기 때문에 겁에 대한 표현은 아주 다양해요.

겁에 질리다   몹시 무서워하다.
예 그는 **겁에 질린** 목소리로 "살려 달라!"고 외치고 있었다.

겁도 없이   무서워하는 마음도 없이.
예 홍수로 물이 불어났지만 그는 **겁도 없이** 개울을 건너기 시작했다.

겁을 주다   상대방을 두려움에 떨게 만들다.
예 사람들에게 주먹을 휘두르며 **겁을 주는** 행동은 비겁한 짓이다.

겁을 집어먹다   무서운 마음이 생기다.   비 겁을 먹다
예 온몸에 문신을 한 사람이 들어서자 모두들 **겁을 집어먹고** 슬슬 피했다.

겁이 나다   무서워하는 마음이 생기다.
예 사람들이 싸우는 모습을 본 나는 **겁이 나서** 골목길로 피했다.

귀신

죽은 사람의 넋. 영혼.

옛날부터 귀신은 살아 있는 사람들에게 두려움과 동시에 친근한 대상이었습니다. 그래서 살아 있는 존재만큼 숱한 이야기를 낳는 귀신과 관련한 표현들이 다양하지요.

귀신 들리다   귀신이나 넋이 덮친 듯 정신이 온전치 않다.
예 그가 아무래도 **귀신 들린** 것 같아. 행동이 일반 사람과는 전혀 달라.

귀신 씻나락 까먹는 소리   조리에 닿지 않는 황당한 소리.
예 그게 무슨 **귀신 씻나락 까먹는 소리**니? 제발 정신 좀 차려라.

귀신이 씌다   귀신에 홀려 정신을 차리지 못하다.
예 마치 **귀신이 씐** 듯 우리는 사기꾼 일당에게 고스란히 당하고 말았다.

귀신도 모르다   감쪽같다.
예 두 사람이 어찌나 똑같은지 **귀신도 모르겠는걸**.

귀신이 곡할 노릇이다   어떤 일이 묘해서 도무지 이해할 수 없다.
예 아니, 1+1도 제대로 못하던 네가 수학 선생님이 되다니! **귀신이 곡할 노릇이구나**.

귀신이 되다   기가 막히게 능수하게 되다.
예 이제 신발 만드는 데는 **귀신이 되었구나**.

기분이 좋을 때 쓰는 표현들입니다.

가슴이 벅차다 매우 흥분되어 마음이 뿌듯하다.
'벅차다'는 본래 견디거나 감당하기가 어렵다는 뜻입니다. '가슴이 벅차다'라고 하면, 기쁨이나 희망, 감격 등이 넘칠 듯 가득 차는 감정을 나타내는 표현으로 자주 쓰이지요. '가슴이 벅차오르다'라는 표현도 같은 뜻입니다.

예 온갖 어려움을 극복하고 해냈다는 생각에 나는 **가슴이 벅차올랐다**.

걸음이 가볍다 마음이 편하거나 몸 상태가 좋다.
마음이 편하거나 기쁠 때, 몸이 건강할 때는 걷는 일이 편안합니다. 반대로 마음이 무겁거나 몸이 안 좋으면 걷는 게 힘들지요. 그래서 '걸음이 가볍다' 또는 '발걸음이 가볍다'라는 표현이 생겼고, 반대로 기분이 좋지 않거나 건강이 좋지 않을 때는 '걸음이 무겁다' 또는 '발걸음이 무겁다'라고 표현합니다.

예 그동안 나를 괴롭히던 문제를 해결하고 나니 **걸음이** 한결 **가벼워졌다**.
예 아픈 친구 문병을 가는 내내 걱정이 되어 **발걸음이 무거웠다**.

기꺼이 마음속으로 기쁘게.
'기껍다'는 마음속으로 은근히 기쁘다는 뜻입니다. 이 표현은 대부분 '기꺼이'라는 부사형으로 쓰인답니다.

예 조국을 위해 안중근 의사께서는 **기꺼이** 목숨을 바치셨다.

기색이 역력하다 어떤 마음 변화가 얼굴빛으로 드러나다.
'기색氣色(기운 기, 얼굴빛 색)'은 얼굴에 드러나는 빛입니다. '역력하다'는 자취나 기억 등이 또렷하고 분명하다는 말이에요. 얼굴빛은 기분을 나타내니까 기분이 좋으면 얼굴빛도 좋고 기분이 나쁘면 얼굴빛도 나쁘겠지요.

예 민선이는 갖고 싶어 하던 생일 선물을 받아 들고는 기쁜 **기색이 역력했다**.
예 영수는 자기 말이 거짓임이 드러나자 당황한 **기색이 역력했다**.

깨가 쏟아지다 　오붓하거나 아기자기하여 재미나다.

참깨나 들깨를 볶으면 아주 고소한 향이 납니다. 그 고소함이 음식의 맛을 돋우고 음식을 먹는 사람들의 기분을 좋게 만들지요. 깨의 이런 성질을 비유해서 아기자기하거나 행복이 솟는 모양을 두고 '깨가 쏟아지다'라는 표현을 쓴답니다.

예 요즘 우리 오빠는 여자 친구와 **깨가 쏟아진다니까**. 도무지 얼굴을 볼 수가 없어.

낙으로 삼다 　즐거움이나 위안으로 여기다.

'낙樂(즐길 낙)'은 즐거움, 기쁨 등을 뜻합니다. 그러니까 어떤 일을 낙으로 삼는다는 것은 그 일을 즐거움이나 기쁨으로 여긴다는 뜻이지요.

예 할아버지께서는 손자 보는 것을 **낙으로 삼고** 지내신다.

만사형통하다 　모든 일이 뜻대로 잘되어 가다.

'만사형통萬事亨通(일만 만, 일 사, 형통할 형, 통할 통)'은 일이 뜻대로 잘 풀린다는 뜻의 사자성어입니다. '만사형통하시길 빕니다'와 같은 인사말로 자주 쓰여요.

예 올해는 **만사형통하시길** 빕니다.

살판나다 　좋은 일이나 재물이 생겨 살기가 넉넉해지다.

'판'은 일이 벌어진 자리나 장면을 가리키지요. 이 뜻이 확장되어 처한 상황이나 형편을 나타내게 되었답니다. 그러니 '살판나다'고 하면 상황이나 형편이 좋아지거나, 생기가 되살아나고 흥이나 의욕이 샘솟는 상태를 표현하는 말입니다.

예 그 마을에서 금광이 발견되자 마을 사람들은 모두 **살판났다며** 기뻐했다.

안도의 한숨을 내쉬다 　걱정하던 일이 해결되어 안심하다.

'안도安堵(편안할 안, 거처 도)'는 편안히 쉴 수 있는 곳이란 뜻이죠. 한숨은 긴장이 풀려 안심이 될 때 길게 몰아서 내쉬는 숨을 말해요. 코앞에 닥친 어떤 문제에서 한고비를 넘겼을 때 '안도의 한숨을 내쉬다'라고 표현합니다.

예 쫓아오던 깡패들이 더 이상 보이지 않자 그제야 그는 **안도의 한숨을 내쉬었다**.

쾌재를 부르다   마음먹은 대로 결과가 나타나 매우 만족스럽다.

'쾌재快哉(상쾌할 쾌, 어조사 재)'는 만족스러워 기쁜 상태를 말합니다. 그러니 '쾌재를 부른다'는 것은 결과가 자신의 뜻대로 이루어져 기분이 매우 좋다는 뜻이지요.

예) 일본이 항복했다는 소식을 들은 백성들은 모두 **쾌재를 불렀다**.

한턱 쓰다   크게 대접하다.

'한턱'은 음식이나 술 등을 크게 대접하는 것을 나타내는 말입니다. '한턱내다'도 같은 뜻입니다.

예) 부장님, 이번에 승진하셨으니 **한턱 쓰셔야죠**.
예) 내 모두에게 **한턱낼** 테니, 자 가자!

흥이 나다   즐거운 감정이 생기다.

'흥興(흥할 흥)'은 기쁜 감정이 일어난다는 뜻의 한자인데 달리 표현하면 '재미있다'는 말이지요. 그래서 기분이 좋을 때 '흥이 난다'고 합니다. '흥이 오르다'도 같은 뜻이랍니다.

예) 그 음악을 들으니 나도 모르게 **흥이 나는구나**.
예) 시간이 갈수록 **흥이 올라** 참석한 사람들 모두가 즐겁게 춤을 추었다.

화가 났을 때 쓰는 표현들입니다.

넌더리가 나다   지긋지긋하게 싫증나다.

'넌더리'는 몹시 싫어서 생기는 귀찮고 지긋지긋한 느낌이나 생각을 말합니다. 넌더리를 속되게 이르는 말인 '넌덜머리'를 써서 '넌덜머리가 나다'라는 표현으로도 많이 쓰입니다.

- 예) 이제 호영이에 관한 이야기라면 **넌더리가 날** 지경이다.
- 예) 컴퓨터 게임이라면 이젠 **넌덜머리가 난다**.

미간을 찡그리다   싫어하는 표정을 짓다.

'미간眉間(눈썹 미, 사이 간)'은 눈썹 사이를 가리킵니다. 짜증이 나서 얼굴을 찡그리면 미간에 주름이 생기지요. 그래서 이런 표현이 나왔답니다. '미간을 찌푸리다'도 같은 뜻입니다.

- 예) 그는 우리 일행을 보자마자 **미간을 찡그렸다**.
- 예) 위층에서 들려오는 쿵쿵 소리에 우리 모두는 **미간을 찌푸리고** 말았다.

밥알이 곤두서다   기분이 나쁘거나 화가 나서 언짢다.

'곤두서다'라는 말은 거꾸로 꼿꼿이 선다는 뜻인데, 무언가 기분이 좋지 않거나 신경이 날카로울 때 비유적으로 쓰는 표현입니다. 밥알은 타원형으로 생겨서 꼿꼿이 설 수 없어요. 그런데 이런 밥알도 곤두설 정도로 말이나 행동이 눈에 거슬리고 불쾌한 감정을 나타낼 때 이런 표현을 씁니다.

- 예) 그가 행패 부리는 모습을 보니 **밥알이 곤두서는** 듯하다.

분통이 터지다   몹시 분한 마음이 솟구치다.

'분통憤痛(분할 분, 아플 통)'은 분해서 생긴 아픔을 뜻합니다. 흘러넘치다 못해 터질 정도로 분한 마음이 많이 생길 때 '분통이 터지다'라고 표현해요.

- 예) 죄도 없는 사람을 이렇게 가두어 두다니 **분통이 터져** 죽을 지경이다.

성질을 부리다　화를 내다.
'성질性質(품성 성, 바탕 질)'은 타고난 기질을 뜻해요. 그런데 '성질을 부리다'라고 하면 화를 내다라는 뜻입니다. '성질을 내다'도 같은 뜻이지요.

예) 그렇게 **성질만 부리지** 말고 네 주장을 찬찬히 말해 보거라.

심기가 불편하다　마음 상태가 좋지 않다.
'심기心氣(마음 심, 기운 기)'는 마음의 상태를 의미해요. 그러니 '심기가 불편하다'는 말은 마음이 편치 않다는 뜻입니다. '불편한 심기'라는 표현도 자주 쓰고, '심기가 거북하다'도 같은 뜻입니다.

예) 그는 **심기가 불편한** 듯 처음부터 우리를 비난하기 시작했다.
예) 그는 우리를 보자 **불편한 심기를** 드러내기 시작했다.

울화가 치밀다　마음이 답답할 만큼 화가 솟구치다.
'울화鬱火(막힐 울, 불 화)'는 속이 답답하여 나는 화입니다. '화가 난다'보다 더 센 표현이지요. '울화통이 치밀다', '울화통이 치솟다' 등도 같은 뜻입니다. 그 외에 '울화통을 터뜨리다'라는 표현도 있습니다.

예) 주위 사람들이 조롱하는 모습을 보다 못한 그는 **울화가 치밀어** 참을 수가 없었다.
예) 일은 안 하고 농담만 주고받는 일꾼들을 보던 그는 결국 **울화통을 터뜨리고** 말았다.

인상을 쓰다　표정을 찌푸리거나 불만을 표시하다.
'인상人相(사람 인, 모양 상)'은 사람 얼굴의 생김새나 짓는 표정을 뜻해요. '인상을 쓰다'라는 말은 언짢거나 좋지 않은 감정을 나타내는 표현이지요. '인상을 찌푸리다'도 같은 뜻입니다.

예) 그의 행동을 보고 있자니 나도 모르게 **인상을 썼다**.
예) **인상** 좀 **찌푸리지** 마라. 보는 나도 화가 난다.

입술을 깨물다 고통이나 분을 참다. / 굳은 결심을 하다.

이 말은 화를 참는 모습을 가리킵니다. 그 외에 굳은 결심을 할 때도 이 표현을 쓴답니다.

- 예 그가 나를 비난하는 내내 나는 **입술을 깨물며** 화를 참을 수밖에 없었다.
- 예 이번 일을 거울 삼아 다시는 실패하지 않겠다고 나는 **입술을 굳게 깨물었다**.

입에 거품을 물다 몹시 흥분하여 화를 내다.

아가미로 호흡하는 게는 땅 위에 오랜 시간 나와 있으면 숨이 가빠지면서 아가미 주위에 거품이 입니다. 게의 이런 모습에 비유해서, 사람이 몹시 흥분해서 무언가 말을 빨리하거나 따지는 모습을 보고 '입에 거품을 물다'라고 해요. '게거품을 물다'라고 표현하기도 합니다.

- 예 그는 자기가 무슨 잘못을 했느냐며 **입에 거품을 물고** 따지기 시작했다.
- 예 그 장사치는 자기가 판 물건이 아니라며 **게거품을 물고** 따지고 들었다.

진절머리가 나다 지긋지긋해서 진저리를 치다.

'진저리'는 무서울 때 몸이 으스스 떨리는 느낌을 말해요. '진절머리'는 진저리를 속되게 이르는 말인데, '진저리를 치다' 또는 '진절머리가 나다'라고 하면 몹시 싫증이 나거나 끔찍한 감정을 떨쳐 버리고 싶을 때 쓰는 표현이지요.

- 예 나는 그의 얼굴만 떠올려도 **진절머리가 난다**.

찬바람이 일다 표정이나 행동이 냉랭하다.

'찬바람이 인다'고 하면 분위기가 갑자기 냉랭해지거나 쌀쌀맞게 되는 것을 말합니다. '찬바람이 돌다'라는 말도 마찬가지 뜻이죠.

- 예 내가 그 말을 꺼내자, 영희의 얼굴에서 갑자기 **찬바람이 일었다**.

치를 떨다 몹시 분하거나 겁이 나서 몸이 떨리다.

'치齒(이 치)'는 입안에 있는 이를 뜻합니다. 춥거나 두려운 마음이 들 때 우리 몸은 열을 내기 위해 저절로 몸이나 이를 후들후들 떨게 돼요. 분하거나 지긋지긋한 심정을 드러낼 때에도 '치를 떨다' 또는 '치가 떨리다'라는 표현을 많이 사용합니다. 비슷한 표현으로 '이가 갈리다'라는 말도 씁니다.

- 예 그때만 생각하면 지금도 **치가 떨린다**.
- 예 왜놈들이 저지른 일만 생각하면 지금도 **이가 갈린다**.

투정을 부리다 마음에 들지 않아 불평하거나 떼를 쓰다.

'투정'이란 못마땅한 마음이 들어서 떼를 쓰며 조르는 일을 뜻합니다. '투정을 부리다' 또는 '투정하다'로 쓰지요.

- 예 서현이는 콩을 안 먹겠다고 **투정을 부리고** 있구나.

핏대를 세우다 얼굴을 붉히며 화를 심하게 내다.

'핏대'란 우리 몸 안에서 피가 흐르는 핏줄인 혈관을 뜻하는데, 갑자기 몸에 힘을 주거나 화를 낼 때 팔이나 목의 혈관이 팽팽해지는 걸 볼 수 있어요. 그래서 '핏대가 서다' 또는 '핏대를 세우다'라고 하면 피가 몰려 얼굴이 붉어질 정도로 아주 화가 나거나 흥분한 감정을 나타내는 표현으로 자주 쓰여요. '핏대를 올리다', '눈에 핏발을 세우다'도 같은 뜻입니다.

- 예 내가 도착했을 때 두 사람은 **핏대를 세우며** 싸우고 있었다.
- 예 그렇게 **눈에 핏발을 세운다고** 문제가 해결되겠니? 화를 가라앉히고 생각해 보자꾸나.

두려울 때 쓰는 표현들입니다.

공포에 떨다 무서움 또는 두려움에 어찌할 바를 모르다.
'공포恐怖(두려울 공, 두려울 포)'는 두려움이나 무서움을 뜻합니다. 사람이 두려움을 느끼면 갑자기 추워서 몸이 떨리는 듯한 기분이 들어 소름이 돋고 몸이 움츠러들어요. 그래서 이 단어에 '떨다'란 동사를 붙여 쓸 수 있어요.

예) 귀신의 집에 들어서자마자 우리 일행은 **공포에 떨어야** 했다.

꼼짝 못 하다 상대의 위세에 눌려 말을 잘 듣다.
동물이 자기보다 크고 강력한 상대를 만났을 때 두려움을 느껴 본능적으로 죽은 듯 움직이지 않는 모습을 볼 수 있습니다. 공포감이 너무 크면 대적할 생각조차 못 하고 복종하게 되지요. 이처럼 두려운 위세에 눌려 시키는 대로 하고 마는 상황을 '꼼짝 못 하다'라고 표현합니다.

예) 평소에 으스대던 아저씨도 막상 아주머니만 나타나면 **꼼짝 못 하고** 일만 열심히 했다.

끽소리 못 하다 반항하거나 하소연 한마디 하지 못하다.
'끽소리'는 반항하는 태도나 괴로움을 참을 때 내는 소리입니다. 그런데 이 말은 홀로 쓰이지 않고 늘 부정형으로 쓰여서 '끽소리 못 하다' 또는 '끽소리 없다'로 표현합니다.

예) 그는 내 말을 듣고는 **끽소리 못 한** 채 입을 다물고 말았다.

모골이 송연하다 너무 끔찍해서 온몸이 두려움에 떨다.
'모골毛骨(털 모, 뼈 골)'은 털과 뼈를 이르는 말이에요. 독립적으로는 거의 쓰이지 않고 '모골이 송연하다'라는 표현으로 자주 쓰입니다.

예) 귀신이 출현한다는 집에 들어서는 순간 나는 **모골이 송연해졌다**.

벌벌 기다   두려워서 꼼짝도 못 한 채 눈치만 보다.

이때의 '벌벌'은 몸을 구부려 기는 모양을 나타냅니다.

예 얼마 전까지만 해도 큰소리를 치던 변 사또는 암행어사가 나타나자 마당에 엎드려 **벌벌 기었다**.

사색이 되다   걱정이나 두려움이 커서 얼굴빛이 창백하게 변하다.

'사색死色(죽을 사, 빛깔 색)'은 죽은 듯한 색이란 뜻으로, 큰 걱정거리가 있거나 겁이 나서 창백해진 얼굴빛을 가리킵니다.

예 경찰관이 찾아왔다는 소식을 듣자 그는 얼굴빛이 금세 **사색이 되었다**.

사시나무 떨듯 하다   춥거나 겁이 나서 몹시 심하게 떠는 모양.

사시나무 잎은 잎자루가 길고 잎이 부채 모양으로 생겨 산들바람에도 잎이 잘 흔들린답니다. 그래서 두려운 대상 앞에서 몸을 몹시 떠는 모양을 일러 '사시나무 떨듯 하다'라는 표현을 비유적으로 씁니다.

예 홍길동이 앞에 나서자 도적들은 한결같이 **사시나무 떨듯 하며** 뒷걸음쳤다.

서슬이 퍼렇다   말이나 태도가 위협적이고 강하다.

'서슬'은 칼날 등의 날카로운 끝부분을 가리킵니다. '서슬이 퍼렇다'는 것은 칼날이 날카롭게 갈려서 매우 잘 든다는 뜻이지요. '서슬이 시퍼렇다', '서슬이 푸르다'도 마찬가지 뜻입니다.

예 그 장사치는 갑자기 태도를 바꿔서 **서슬이 퍼렇게** 덤벼들었다.

얼빠지다   정신이나 넋이 나가다. 정신을 잃다.

'얼'은 정신, 넋, 영혼 등을 가리킵니다. 그러니 정신이나 영혼이 빠지면 살아도 산 게 아니겠지요. '넋이 나가다', '혼이 나가다', '정신을 잃다' 등이 모두 비슷한 뜻을 갖습니다.

예 그는 **얼빠진** 듯 허공만 보고 서 있을 뿐이었다.

하얗게 질리다 겁이 나서 얼굴에 핏기가 없다.

무서운 장면이나 상황에서 '하얗게 질리다'라는 표현을 흔히 사용합니다. 사람이 충격을 받을 정도로 공포감을 느끼면 몸속에 호르몬이 분비되는데, 이 때문에 혈관이 좁아지고 뇌와 심장으로 피가 많이 몰려서 피부에 핏기가 사라져 하얗게 보이기 때문이에요.

예) 갑자기 나타난 귀신을 본 그는 얼굴이 **하얗게 질린** 채 도망치기 시작했다.

후환이 두렵다 뒤에 나타날 근심이 두렵다.

'후환後患(뒤 후, 근심 환)'은 후에 나타날 근심을 말해요. 지금 당장 아무 일이 없다 해도 후에 근심이나 걱정거리가 나타날지 몰라 걱정되고 두렵다는 뜻이지요.

예) 그런 나쁜 짓을 해서 이익을 챙기다니, **후환이 두렵지** 않느냐?

슬프거나 괴로울 때 쓰는 표현들입니다.

골머리를 앓다 해결책이 없어 속을 썩이다.

'골머리'는 '뇌腦'를 나타내는 우리말이에요. 그러니까 '골머리를 앓다'는 해결되지 않는 문제로 뇌가 지끈지끈 아프다는 뜻이죠. '골치가 아프다'도 같은 뜻이에요.

예) 선생님께서는 장난이 심한 철수 때문에 **골머리를 앓고** 계신다.
예) 나는 수학 문제만 생각하면 **골치가 아프다**.

난색을 표하다 이러지도 저러지도 못하는 태도를 보이다.

'난색難色(어려울 난, 기색 색)'은 선택하기 난감한 기색을 말합니다. 남의 요청을 들어줄 수도 거절할 수도 없으니 얼마나 괴롭겠어요.

예) 그에게 독립 자금 지원을 부탁했으나 그는 이런저런 이유를 대며 **난색을 표했다**.

난조에 빠지다   정상을 벗어나 흐트러진 상태가 되다.

'난조亂調(어지러울 난, 고를 조)'는 정상적인 상태에서 벗어나 어지럽게 된다는 뜻입니다. 그러니 난조에 빠지면 제 모습을 잃고 흐트러질 수밖에 없지요.

예) 투수가 **난조에 빠졌군요**. 투수 교체를 해야 할 듯싶습니다.
예) 투수가 가까스로 **난조에서 벗어났군요**.

누를 끼치다   정신적 물질적으로 피해를 입히다.

'누累'는 '여러 개', 또는 '쌓다'라는 뜻이지만 남의 잘못으로 정신적인 괴로움이나 물질적인 손해를 받는다는 뜻으로도 쓰입니다. 그래서 '누를 끼치다'라고 하면 상대방에게 피해를 준다는 뜻이지요. '누가 되다'라는 표현도 자주 씁니다.

예) 번번이 **누를 끼쳐서** 죄송합니다.
예) 제 행동이 선생님께 **누가 되지나** 않았는지 걱정입니다.

동족상잔의 비극   같은 겨레끼리 싸우고 해치는 슬픔.

'동족상잔同族相殘(같을 동, 겨레 족, 서로 상, 해칠 잔)'은 같은 겨레끼리 서로 해친다는 뜻입니다. 6.25 전쟁을 일러 '동족상잔의 비극'이라는 표현을 자주 써요.

예) 우리 민족은 과거에 **동족상잔의 비극을** 겪은 바 있다.

면목이 없다   부끄러워서 남을 대할 수가 없다.

'면목面目(얼굴 면, 눈 목)'은 당당하게 남을 대하는 '낯' 또는 '체면'을 뜻합니다. 주로 '면목이 없다'는 형태로 쓰는데, 떳떳하게 고개를 들 수 없을 정도로 부끄러운 심정을 나타내는 표현이지요.

예) 나는 **면목이 없어서** 부모님 얼굴을 볼 수가 없다.

심려를 끼치다   윗사람에게 걱정을 끼쳐 드리다.

'심려心慮(마음 심, 근심 려)'는 마음의 근심입니다. 이 표현은 윗사람에게 걱정을 끼친 경우에 사용하며 아랫사람이나 동료에게는 쓰지 않습니다.

예) 이번 일로 여러분께 **심려를 끼쳐** 대단히 죄송합니다.

쓴웃음을 짓다 마지못하여 웃다.

'쓴웃음'은 좋아서 웃는 웃음이 아니라, 어쩔 수 없이 억지로 짓는 웃음입니다. 그래서 쓴웃음을 지을 때는 괴로울 때가 대부분이지요.

예 역전패를 당한 우리 모두는 **쓴웃음을 지을** 수밖에 없었다.

입맛이 쓰다 일이 뜻대로 되지 않아 기분이 나쁘다.

'입맛'이란 음식을 먹을 때 입에서 느끼는 맛의 감각이라는 뜻도 있지만, 어떤 일을 할 때 흥미를 느끼거나 무언가 갖고 싶은 마음을 비유적으로 나타내기도 해요. 그래서 '입맛이 쓰다'고 하면 쓴 약이나 상한 음식을 먹은 것처럼 기분이 좋지 않은 상태, 일이 마음먹은 대로 되지 않아 괴로울 때 자주 씁니다.

예 그에게 패하고 나니 영 **입맛이 쓰다**.

재갈을 물리다 반대하거나 대드는 말을 하지 못하게 하다.

'재갈'은 말의 입에 물리는 쇠토막을 가리키는데, 이 뜻이 확장되어 자기 의견을 말하지 못하도록 강제로 막는다는 뜻이 되었습니다.

예 언론에 **재갈을 물리는** 행위는 독재자가 흔히 사용하는 방법이다.

죽기 살기로 모든 힘을 다해서. 비 죽자 사자

예 나는 **죽기 살기로** 공부했다. 그랬더니 역시 좋은 결과가 나타났다.
예 약하다고 여겼던 규철이가 **죽자 사자** 덤비자 으스대던 용규도 슬슬 피하고 말았다.

죽으나 사나 어떤 경우라도.

예 **죽으나 사나** 이 일은 우리 힘으로 끝내야 해.

죽은 듯이 아무 소리도 내지 않고 꼼짝 않다. 비 쥐 죽은 듯이

예 집 안이 왜 이리 **쥐 죽은 듯이** 조용하냐?

죽을 똥을 싸다   어떤 일을 하느라 온 힘을 다 쏟다.
예) 이 짐을 이곳까지 옮기느라 **죽을 똥을 쌌다**.

죽을 맛이다   매우 어려운 형편이다.
예) 정말 **죽을 맛이야**. 이러지도 못하고 저러지도 못하니 말이야.

죽을죄를 짓다   용서를 받기 힘들 만큼 큰 잘못을 저지르다.
예) **죽을죄를 지었습니다**. 한 번만 용서해 주십시오.

죽지 못해 살다   아무 희망도 없이 살다. 절망 속에 살다.
예) 요즘 우리는 **죽지 못해 산다우**. 아무 희망이 없어요.

통탄을 금할 수 없다   몹시 안타깝고 한스러워 가슴이 아프다.

'통탄痛嘆(아플 통, 탄식할 탄)'은 몹시 가슴이 아파서 탄식한다는 뜻입니다. '금禁(금지할 금)하다'는 하지 않는다는 의미인데, '금할 수 없다'고 하면 하지 않을 수 없다는 말이지요.

예 백범 김구 선생께서 우리 동포의 총탄에 돌아가셨다니 **통탄을 금할 수 없다**.

피눈물이 나다   매우 슬프고 원통하다.

'피눈물'은 매우 슬프고 원통할 때 흘리는 눈물입니다. 눈물에 피가 섞여 나올 정도로 고통스럽다는 말이에요. '피눈물을 흘리다'도 같은 뜻입니다.

예 그때 그 일만 생각하면 지금도 **피눈물이 나려고** 한다.

놀랐을 때 쓰는 표현들입니다.

경악을 금치 못하다   깜짝 놀라다.

'경악驚愕(놀랄 경, 놀랄 악)'은 소스라치게 놀란다는 뜻입니다. 놀라도 매우 놀란 모습이지요. 그러니까 '경악을 금치 못하다'라고 하면 깜짝 놀라는 감정을 억누를 수 없다는 말이랍니다.

예 다리가 무너져 내린 사고 현장을 본 사람들은 **경악을 금치 못했다**.

꿈이냐 생시냐   너무 뜻밖의 일이 일어나 믿어지지가 않다.

'생시生時(살 생, 시간 시)'는 살아 숨 쉬는 시간입니다. 반면에 꿈은 잠자고 있을 때 일어나는 일이죠. 그러니 어떤 일이 꿈인지 생시인지도 모를 정도로 크게 놀란 상황에서 자주 쓰는 표현입니다.

예 이게 **꿈이냐 생시냐**? 죽은 줄 알았던 너를 만나다니!

예기치 못하다 앞으로 일어날 일을 예상하지 못하다.

'예기豫期(미리 예, 기약할 기)'는 일이 앞으로 어떻게 될지 미리 짐작하는 것입니다. '예기치 못했다'고 하면 미리 짐작하지 못했다는 말이지요.

예) **예기치 못한** 결과에 우리 모두는 망연자실했다.

예상을 깨다 미리 짐작한 것과 다른 결과가 나오다.

'예상豫想(미리 예, 생각할 상)'은 미리 생각한 내용을 뜻합니다. 그런데 그것을 깼으니 분명 짐작한 것과는 다른 일이 벌어졌을 겁니다. '예상을 벗어나다', '예상 밖으로', '예상 외로', '예상과 달리' 등도 모두 같은 뜻이랍니다.

예) 모든 전문가의 **예상을 깨고** 순영이가 우승하였다.
예) **예상 밖으로** 현식이가 패하여 모두를 놀라게 했다.

입이 딱 벌어지다 매우 놀라거나 감탄하다.

사람이 놀라운 일이나 대단한 일을 보면 입이 저절로 벌어집니다. 그런 모습을 비유해서 나타낸 표현입니다.

예) 그가 만든 모형을 보는 순간 우리는 너무 놀라 **입이 딱 벌어졌다**.

정적을 깨다 고요하고 잠잠한 상태에서 갑자기 큰 소리가 나다.

'정적靜寂(고요할 정, 고요할 적)'은 고요하고 잠잠한 상태를 가리킵니다. 그런 조용한 상태가 깨졌다면 분명 큰 소리가 들렸겠지요. '정적을 깨뜨리다'라는 표현도 자주 씁니다.

예) 어디선가 **정적을 깨는** 개 울음소리가 들려왔다.
예) 어디선가 들려온 총소리가 마을의 **정적을 깨뜨렸다**.

적을 대하는 마음인 적개심에 대한 표현들입니다.

골수에 맺히다 아프거나 나쁜 기억을 영원히 기억하다.

'골수骨髓(뼈 골, 골수 수)'는 뼈 안에 차 있는 조직을 가리킵니다. 사람이 사는 데 반드시 필요한 것이지요. 그러니 '골수에 맺히다'는 말은 어떤 일이 죽을 때까지 잊히지 않고 응어리져 있다는 뜻입니다. '골수에 사무치다'도 같은 뜻입니다.

- 예 저자야말로 **골수에 맺힌** 우리 집안의 원수가 분명하다.
- 예 그에게 당한 일만 생각하면 지금도 **골수에 사무친다**.

공분을 사다 여러 사람의 분노를 일으키다.

'공분公憤(공적인 공, 성낼 분)'은 일반 대중이 일으키는 분노를 말합니다. 누가 봐도 잘못한 사람을 상대로 품는 분노의 감정을 나타내는 표현입니다.

- 예 그자는 자신의 친일 행적을 끝까지 옹호함으로써 **공분을 사고** 말았다.

반기를 들다 반대하여 들고 일어나다.

'반기反旗(돌이킬 반, 기 기)'는 반대의 뜻을 나타내기 위해 드는 깃발이지요. 그러니 반기를 든다는 것은 반대되는 행동을 한다는 뜻입니다.

- 예 우리 겨레는 1919년 3월 1일을 기해 전국적으로 일본 제국주의에 **반기를 들었다**.

원수를 갚다 원수에게 앙갚음을 하다.

'원수怨讐(원할 원, 원수 수)'는 자기나 자기 집에 해를 입혀 원한이 맺히게 한 사람을 말합니다. 그런 사람을 그냥 두면 안 되겠죠.

- 예 전봉준은 억울하게 죽어 간 백성들의 **원수를 갚기** 위해 동학 농민 운동을 일으켰다.

원한을 사다 남에게 원한이 맺히게 하다.

'원한怨恨(원망할 원, 한 맺힐 한)'은 원통하고 억울한 일로 깊이 맺힌 생각을 뜻합니다. 이런 고통을 상대방에게 주는 것을 '원한을 사다'라고 합니다.

예 남에게 **원한을 살** 일을 하면 훗날 너도 똑같이 당한다. 그러니 그런 짓은 하지 마라.

적개심을 품다 미워하거나 분한 마음을 갖다.

'적개심敵愾心(원수 적, 성낼 개, 마음 심)'은 원수를 상대로 성내고 분노하는 마음을 뜻해요. 그런 분노의 감정을 마음속에 가지는 것을 '적개심을 품다'라고 하지요.

예 이순신 장군은 왜놈들에 대해 **적개심을 품고** 기회가 오기만을 기다렸다.

적대시하다 적으로 여기다. 적으로 바라보다.

'적대시敵對視(원수 적, 대할 대, 바라볼 시)'는 원수를 대하듯 바라본다는 뜻입니다.

예 그렇게 나를 **적대시하지** 마라. 다 오해에서 비롯된 것이니까.

적의를 드러내다 적으로 여기는 마음을 나타내다.

'적의敵意(원수 적, 뜻 의)'는 적으로 여기는 마음을 뜻합니다. 또 '적의를 품다'라고 하면 적으로 여기는 마음을 가슴속에 간직하는 것입니다.

예 그는 나를 만나자마자 **적의를** 노골적으로 **드러냈다**.

예 조심해! 네 주위에 **적의를 품고** 접근하는 자들이 많으니까.

칼을 갈다 어떤 일을 반드시 해내겠다고 마음을 다지다.

'칼을 간다'고 하면 칼이 잘 들도록 날을 날카롭게 만드는 것이죠. 이 표현이 확장되어 계획한 일을 반드시 해내려고 마음을 굳게 다진다는 뜻으로 쓰여요.

예) 그는 나라를 팔아먹은 매국노를 처단하겠다고 마음속으로 **칼을 갈았다**.

솔직함에 대한 표현들입니다.

가면을 벗다 본디 모습을 드러내다.

'가면假面(가짜 가, 얼굴 면)'은 가짜 얼굴이란 뜻인데, 연극이나 놀이에서 얼굴을 감추거나 다른 모습으로 꾸미려고 종이, 나무, 흙 따위로 만들어 얼굴에 쓰는 물건을 가리킵니다. 이와 반대되는 표현은 '가면을 쓰다'입니다. 속마음을 감추고 거짓으로 꾸민다는 뜻이죠.

예) 자, 이제 **가면을 벗고** 네 진짜 모습을 보여라. 우리는 다 알고 왔으니 말이다.
예) 그는 단 한 번도 자기 본디 모습을 보이지 않고 늘 **가면을 쓴** 채 생활해 왔다.

거리낌이 없다 마음에 꺼림칙한 것이 없다.

'거리끼다'는 방해가 되거나 꺼림칙하게 마음에 걸린다는 뜻인데, 일반적으로는 '거리낌 없다'처럼 부정형으로 쓴답니다.

예) 마음에 **거리끼는** 일은 하지 않는 게 좋아.
예) 자, 이제 **거리낌 없이** 모든 걸 털어놓거라. 그럼 마음이 편해질 거야.

거침없이 걸리거나 막히는 것 없이.

'거침'은 걸리거나 막히는 것을 뜻해요. 이 말도 대부분 '거침없다', '거침없이'처럼 부정형으로 쓰여요. '거리낌 없다'도 같은 뜻입니다.

예) 저 선수는 적진을 **거침없이** 휘젓고 다니는군요.

격의 없다 서로 속마음을 털어놓다.

'격의隔意(사이 벌어질 격, 뜻 의)'는 두 사람의 뜻이 서로 달라 사이가 벌어진 것을 말합니다. '격의가 있다'라고 하면 서로 견해가 다르다는 뜻이지만 '격의가 있다'는 말은 쓰지 않고 '격의 없다', '격의 없이'처럼 쓴답니다.

예) 우리 집은 이웃 철희네와 **격의 없이** 지내고 있어. 마치 가족 같다니까.

곧이곧대로 꾸밈이나 거짓 없이 그대로.

'곧다'는 마음이 바르고 정직하다는 뜻이죠. 그런데 이 말을 두 번 반복해 '곧이곧다'라고 하면 더 바르다는 의미죠. '곧이듣다'는 표현도 비슷한데, 남의 말을 그대로 믿는다는 뜻입니다.

예) 나는 그가 말하는 것을 **곧이곧대로** 믿었다.
예) 그 거짓말쟁이의 말을 **곧이듣다니** 너야말로 바보구나.

내실을 기하다 겉모습보다 속을 알차게 만들다.

'내실內實(안 내, 열매 실)'은 속이 알차고 내부가 충실하다는 뜻입니다. 겉모습보다는 실질적인 것에 힘을 기울이는 것을 '내실을 기하다'라고 해요.

예) 이제 여러분은 겉모습에 신경 쓰기보다는 **내실을 기할** 때입니다.

에누리 없이 값을 깎는 일 없이.

'에누리'는 물건 값을 깎아 주는 것입니다. 그러니 에누리가 없다는 것은 제값을 다 받는다는 뜻이죠. '있는 그대로'를 나타낼 때도 이 말을 씁니다.

예) 그 작품은 오늘날 노동자들이 겪는 아픔을 **에누리 없이** 묘사했다.

홍당무가 되다 술에 취하거나 부끄러워 얼굴이 빨개지다.

'홍당무'는 당근을 뜻하기도 하고 조그맣고 둥근 붉은 무를 가리키기도 합니다. 그래서 부끄러워서 얼굴이 붉어지거나 술에 취해 붉어진 얼굴을 비유적으로 나타낼 때 '홍당무가 되다'라고 표현해요.

예 유진이는 자기가 좋아하는 규철이가 나타나자 금세 얼굴이 **홍당무가 되고** 말았다.

02
처지, 상황을 나타내는 표현

목숨

사람 또는 동물이 숨을 쉬며 살아 있는 힘.

목숨을 모르는 분은 안 계시겠죠. 목숨이 없다면 살 수 없으니까 이보다 더 소중한 것은 없을 것입니다. 그래서 생명을 위협받는 위험한 상황을 나타낼 때 쓰입니다.

목숨을 거두다 죽다.
예) 그는 결국 조국의 독립을 보지 못한 채 **목숨을 거두고** 말았다.

목숨을 끊다 자살하다.
예) 그는 자신의 정체가 탄로 나자 그 자리에서 스스로 **목숨을 끊었다**.

목숨을 바치다 생명을 버리며 희생하다.
예) 독립군 병사들은 우리나라의 독립을 위해 **목숨을 바칠** 각오로 싸웠다.

목숨을 건지다 겨우 살아나다.
예) 우리는 구조대가 도착하는 바람에 겨우 **목숨을 건질** 수 있었다.

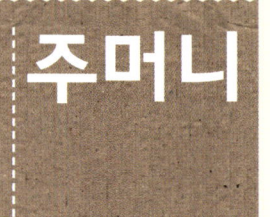

손이나 물건 등을 넣을 수 있는 물건.

돈을 넣어 두는 곳이 바로 주머니죠. 그러니 종이로 만든 돈 대신 동전을 쓰던 옛날에는 주머니 안에 무엇이 얼마나 들어 있느냐에 따라 그 사람의 처지를 알 수 있었습니다.

주머니 사정　지금 가지고 있는 돈의 양.
예) **주머니 사정이** 넉넉하지 않아서 더 이상 쓸 수가 없어.

주머니를 털다　가진 돈을 다 꺼내다. / 다른 사람의 돈을 빼앗다.
예) 나는 마지막으로 **주머니를** 탈탈 **털어** 나온 돈으로 라면 하나를 사 먹었다.
예) 앗, **주머니를 털렸다**. 빨리 경찰에 신고해라.

주머니가 가볍다　가지고 있는 돈이 매우 적다.
예) 요즘 나는 **주머니가 가벼워서** 먹고 싶은 것도 못 먹고 산다.

주머니가 두둑하다　가지고 있는 돈이 충분하다.
예) 오랜만에 **주머니가 두둑하니까** 기분이 좋은데.

주머니가 비다　돈이 아예 없다.
예) 며칠 동안 여행을 하다 보니 **주머니가** 텅 **비어** 버렸다.

처지나 상태를 나타내는 표현들입니다.

가뜩이나 ~한데 지금도 힘겨운데 거기다가 더해서.

'가뜩'은 '가득'의 센말입니다. '그러잖아도', '매우'의 의미를 지닌 부사로, 어떤 상황이 이미 너무 많이 벌어진 상태에서 더 곤란한 일들이 연이어 일어날 때 사용합니다. 주로 부정적인 상황에서 많이 쓰는 표현이에요.

예 집이 좁아서 **가뜩이나 공간이 부족한데** 아빠 친구분들까지 오셨어요.
예 **가뜩이나 몸이 약한데** 그렇게 힘든 일이 겹치니 안쓰러워 볼 수가 없구나.

가세가 기울다 집안 형편이 나빠지다.

'가세家勢(집 가, 세력 세)'는 집안의 형편이나 세력을 뜻해요. 집안 형편이나 세력이 기운다는 것은 살림살이가 그만큼 나빠졌다는 말입니다.

예 그 집안은 김 진사가 독립운동에 투신하면서부터 **가세가** 급격히 **기울기** 시작했다.

갈피를 잡지 못하다 어떻게 해야 할지 판단하지 못하다.

'갈피'는 일의 갈래가 구별되는 부분을 말합니다. 갈피를 잡지 못하면 일의 시작과 끝을 알 수 없겠지요. '갈피를 못 잡다'라고도 쓴답니다.

예 이 일을 어떻게 처리해야 할지 우리는 **갈피를 잡지 못하고** 허둥댈 뿐이었다.
예 나도 **갈피를 못 잡기는** 너와 마찬가지야.

강압에 못 이기다 강제로 압박을 가하는 힘에 무릎을 꿇다.

'강압強壓(굳셀 강, 누를 압)'은 강제로 억누르거나 강제로 원치 않는 일을 시키는 것을 말합니다. 이 표현은 불법적으로 이루어지는 협박이나 고문 등에 굴복하는 모습을 나타낼 때 쓴답니다.

예 그는 **강압에 못 이겨** 자백했다고 판사 앞에서 진술했다.

거리에 나앉다 재산을 다 잃고 빈털터리가 되다.

'나앉다'는 내몰려 나가 산다는 말이에요. 그러니까 '거리에 나앉다'는 집에서 쫓겨나 거리로 내몰려 산다는 말이지요.

예 흥부는 형 놀부에게 쫓겨난 후 **거리에 나앉을** 수밖에 없었다.

결딴나다 전혀 쓸모없는 상태가 되다.

'결딴'은 어떤 일이나 물건이 완전히 망가져서 쓸모없이 된 상태를 말하죠. 상황이나 사물을 완전히 못 쓰게 만들어 버렸을 때는 '결딴내다'라고 해요.

예 세계적인 경제 위기를 맞아 사업이 **결딴나고** 말았다.

예 저 녀석이 집안을 완전히 **결딴내고** 말았어. 온종일 게임만 하고 있더니.

경상을 입다 조금 다치다.

'경상輕傷(가벼울 경, 다칠 상)'은 조금 다친 상태를 말합니다. 반면에 '중상重傷(무거울 중, 다칠 상)'은 목숨을 잃을 만큼 심각하게 다친 상태지요.

예 이번 사고로 열 명이 **경상을 입고**, 다섯 명이 **중상을 입었습니다**.

경황이 없다 몹시 바빠 다른 것에 신경 쓸 겨를이 없다.

'경황景況(볕 경, 하물며 황)'은 흥미를 느낄 만한 형편을 말합니다. 이 말도 부정적으로만 쓰여서 '경황이 있다'라고 쓰지는 않아요.

예 하도 **경황이 없어서** 선생님께서 오시는 것도 몰랐어.

고생문이 열리다 고생이 시작되다.

'고생문苦生門(쓸 고, 생활 생, 문 문)'은 고생으로 들어가는 문이죠. 고생문으로 들어가면 좋을 리가 없지요. '고생문이 훤하다'도 비슷한 뜻입니다.

예 집을 떠나는 순간 **고생문이 열렸다**.

예 부모 말 안 듣고 멋대로 살더니 이제 너도 **고생문이 훤하구나**.

고육책을 쓰다   어려움에서 벗어나기 위해 마지막 방법을 쓰다.

'고육책苦肉策(괴로울 고, 살 육, 계책 책)'은 고육지책의 줄임말로, 괴로운 상황에서 절박하게 꾸며 내는 계책이라는 뜻입니다. 좋지 않은 상황이나 상태를 벗어나기 위해 마지막으로 시도해 보는 방책이지요.

예) 이 방법은 마지막 **고육책입니다**. 더 이상 방법이 없습니다.

곤경에 빠지다   어려운 상황에 처하다.

'곤경困境(괴로울 곤, 지경 경)'은 괴롭고 어려운 상태를 말합니다. 길을 걷다가 깊은 구덩이에 빠진 것처럼 헤어 나오기 힘들 정도로 곤란한 상황에 처했을 때 자주 쓰는 표현입니다.

예) 가방을 도둑맞아 **곤경에 빠진** 우리는 대사관을 찾아가 도움을 요청해야만 했다.

곤욕을 치르다　참기 힘든 모욕을 당하다.

'곤욕困辱(괴로울 곤, 욕보일 욕)'은 괴로움이나 심한 모욕을 당한다란 뜻입니다. '치르다'는 어떤 일을 겪어 내다는 뜻으로, 주로 자신이나 공동체에서 아주 큰 사건이나 행사를 겪을 때 자주 쓰는 표현이에요.

예 갑자기 경찰에게 끌려간 그는 온갖 **곤욕을 치른** 끝에 누명을 벗고 풀려날 수 있었다.

곤혹스럽다　어찌할 바를 몰라 난처해하다.

'곤혹困惑(괴로울 곤, 헷갈릴 혹)'은 곤란한 상황에서 어찌할 바를 몰라 쩔쩔맨다는 뜻입니다. '그러한 성질을 띠다'라는 뜻을 더하는 접미사 '~스럽다'를 붙여 '곤혹스럽다'라고 씁니다.

예 싸우는 두 친구 사이에서 누구 편을 들 수도 없고 참 **곤혹스럽다**.

구차하다　살림이 가난하다. / 말이나 행동이 떳떳하지 못하다.

'구차苟且(구차할 구, 또 차)'는 경제적으로 가난할 때도 쓰고, 말이나 행동이 당당하지 못할 때도 쓴답니다.

예 살림이 너무 **구차해서** 집 구경을 시켜드리기 부끄럽네요.
예 **구차한** 변명은 듣기 싫다. 솔직히 말해라.

궁상떨다　경제적으로 어려운 상황이 드러나도록 행동하다.

'궁상窮狀(어려울 궁, 형상 상)'은 가난하고 어려운 형편이나 난처한 일을 겪는 상태를 뜻합니다. 대부분 사람들은 자신의 어려운 처지를 감추려고 하기 마련입니다. 그런데 상대방의 도움을 기대하며 어려운 형편을 드러내는 사람도 있습니다. 이런 행동을 가리켜 '궁상떨다'라고 하지요. 또 '그러한 성격을 지니고 있다'는 뜻의 접미사 '~맞다'를 붙여 '궁상맞다'고 하면, 주로 모양새나 옷차림이 지저분하거나 초라하다는 뜻을 나타내지요.

예 그렇게 **궁상떨고** 있으면 누가 와서 도와줄 거라고 믿니?
예 **궁상맞은** 모습으로 나타난 이 도령을 본 월매는 어이가 없었다.

궁지에 몰리다   매우 어려운 상황에 처해 달아날 수조차 없다.

'궁지窮地(어려울 궁, 땅 지)'는 더 물러설 곳도 없는 어려운 처지나 막다른 곳을 가리킵니다. 궁지에 몰리면 더 피할 곳도 없으니 괴로울 수밖에요.

예 **궁지에 몰린** 적은 결국 항복을 뜻하는 백색 깃발을 들고 나왔다.

기구한 운명   사는 게 힘들고 고달픈 운명.

'기구崎嶇(험할 기, 험할 구)'는 세상살이가 순탄치 못하고 어려움이 많다는 뜻입니다. 그러니 그런 운명을 가진 사람이 편히 살 수는 없겠죠.

예 나도 참 **기구한 운명이다**. 집은 물에 잠기고, 거래처는 부도가 나고.

김빠지다   의욕이나 흥미가 사라지다.

음식의 본래 맛이나 향이 사라진 것을 나타내는 말이지만 의욕이나 흥미가 사라졌다는 뜻도 가집니다. '김이 새다', '김새다'도 비슷한 뜻이에요.

예 **김빠진** 탄산음료는 정말 맛이 없다.
예 경기를 하기도 전에 그런 말을 들으니 **김빠진다**.
예 주인공이 나타나질 않자 참가자들은 모두 **김이 새고** 말았다.

깡통을 차다   거지가 되다.

옛날이나 요즘이나 거지들은 빈 바가지나 깡통 하나씩을 가지고 다니면서 돈이나 물건 등을 구걸하죠. 그래서 이런 표현이 생겨났답니다.

예 그렇게 낭비하다가는 결국 **깡통을 차게** 된다.

꿈자리가 사납다   자면서 꿈을 꾼 내용이 썩 기분 나쁘다.

'꿈자리'는 꿈을 꾼 내용을 뜻합니다. 기분 좋은 꿈을 꾸었을 때는 '꿈자리가 좋다'고 말하고 나쁜 꿈을 꾸었을 때는 '꿈자리가 사납다'고 말해요.

예 어젯밤 **꿈자리가 사나워서** 기분이 영 안 좋구나. 오늘은 모두 조심하자.

나락에 떨어지다 벗어날 수 없는 절망적인 상태에 빠지다.

'나락奈落(어찌 나, 떨어질 락)'은 불교에서 말하는 지옥을 뜻합니다. 그러니까 지옥에 떨어진 것처럼 절망적일 때 쓰지요.

예 불합격 소식을 듣는 순간 그는 **나락에 떨어지는** 느낌이었다.

난관에 봉착하다 이겨 내기 어려운 상황을 맞다.

'난관難關(어려울 난, 관문 관)'은 통과하기 어려운 국경의 문을 가리킵니다. '봉착逢着(만날 봉, 도착할 착)'은 만났다는 뜻이고요. 그래서 '난관에 봉착했다'고 하면 통과하기 어려운 문을 만났다는 의미죠. 반대로 '난관을 극복하다', '난관을 타개하다'는 어려운 상황을 이겨 낸다는 뜻입니다.

예 우리는 뜻하지 않은 **난관에 봉착해서** 결국 도전을 포기할 수밖에 없었다.
예 이 **난관을 극복하지** 못한다면 우리는 나라를 잃고 말 것이다.
예 하루빨리 **난관을 타개할** 수 있는 방법을 찾아보자.

날품을 팔다 하루하루 품삯을 받고 일하다.

'날품'은 하루 일하고 삯을 받는 일을 가리킵니다. 날품을 파는 일은 한 달 일하고 월급을 받는 일에 비해 일자리도 불안하고 급여도 낮답니다. 날품을 팔아 살아가는 사람을 가리켜 '날품팔이'라고 합니다.

예 하루하루 **날품을 팔아서** 살아가는 사람들이 우리 주위에는 무척 많습니다.

누추하다 지저분하고 더럽다.

'누추陋醜(천할 누, 더러울 추)'는 천하고 더럽다는 뜻으로, 어떤 장소나 겉모습이 보잘것없는 것을 가리켜 '누추하다'라고 합니다.

예 이렇게 **누추한** 곳을 찾아 주시니 영광입니다.

도탄에 빠지다   생활이 몹시 어렵고 비참한 처지에 처하게 되다.

'도탄塗炭(진흙 도, 숯 탄)'은 진흙과 숯이죠. 그래서 진구렁이나 숯불과 같은 곳에 빠졌다는 말입니다. 주로 백성들이 어려움에 처했을 때 사용하는 표현으로 특정한 개인에게는 잘 쓰지 않아요.

예 홍길동은 **도탄에 빠진** 백성을 구하겠다고 선언했다.

된서리를 맞다   매섭고 사나운 재앙이나 타격을 만나다.

'된서리'는 늦가을에 매우 세게 내리는 서리를 말합니다. 겨울 준비를 미처 하지 못한 상태에서 강력한 서리가 내리면 농작물이 큰 피해를 입겠죠. '된서리를 맞다'는 갑작스럽게 어려운 상황에 처할 때 자주 쓰는 표현입니다.

예 세계적인 금융 위기가 발생하자 우리나라 경제 또한 **된서리를 맞고** 말았다.

땅에 떨어지다   권위나 가격, 명성 등이 하락하다.

이 말은 보이는 물건이 떨어질 때도 쓰지만, 명예나 명성, 가격 등 눈에 보이지 않는 가치들이 하락할 때 자주 쓰는 표현이랍니다.

예 규철이가 범인으로 밝혀지면서 그의 명예는 **땅에 떨어지고** 말았다.

뜬눈으로 밤을 새우다   밤에 잠을 자지 못하다.

잠을 자기 위해서는 눈을 뜨고 있으면 안 되지요. 그래서 '뜬눈'은 잠을 자지 못한 눈입니다. '뜬눈으로 밤을 지새우다'라고도 합니다.

예 오빠는 밀린 숙제를 하느라고 **뜬눈으로 밤을 새웠다**.

막다른 골목에 이르다   절망적인 상황을 맞다.

'막다른 골목'은 앞이 막혀 더 나아갈 수 없는 골목을 가리킵니다. 그 표현이 확장되어, 나아지지 않은 절망스러운 상황을 가리키게 되었답니다.

예 이제 우리는 **막다른 골목에 이르렀습니다**. 더 이상 희망은 없습니다.

막판에 몰리다 더 이상 물러날 수 없는 처지에 부닥치다.

'막판'은 마지막 판, 즉 끝나 갈 무렵이나 마지막 무렵이지요. 그래서 막판에 몰린다는 것은 더 이상 다른 방법이 없는 상태를 뜻합니다.

- 예) 우리 팀은 이제 **막판에 몰렸다**. 최선을 다하는 것 외에 다른 방법이 없다.

명색이 ~인데 겉으로 나타나는 모습이나 명칭이 있는데.

'명색名色(이름 명, 빛깔 색)'은 겉으로 드러나는 이름이나 지위로, '명색이 ~인데'라는 표현은 실속 없이 이름만 그럴듯한 상황이나 처지를 나타냅니다.

- 예) **명색이 사장인데** 그래도 사장 대접은 해 주어야지.
- 예) 그는 **명색만 사장일** 뿐 실제로는 아무 권한도 갖지 못했다.

빼도 박도 못하다 일이 어렵게 되어 이러지도 저러지도 못하다.

못을 박다가 잘못되면 빼도 빠지지 않고 박아도 들어가지 않습니다. 이런 상황을 '빼도 박도 못하다'라고 합니다. '골짜기에 가로막혀 나아가지도 물러서지도 못할 처지'라는 뜻의 사자성어 '진퇴유곡進退維谷'도 이와 비슷한 뜻이죠. '진퇴양난進退兩難', 즉 '나아가는 것도 물러서는 것도 모두 어렵다'라는 사자성어도 있어요.

- 예) 앞에는 강이, 뒤에는 적이 있으니 이제는 **빼도 박도 못하는** 상황이야.

사족을 못 쓰다 상대에게 마음을 빼앗겨 꼼짝도 못 하다.

'사족四足(넷 사, 다리 족)'은 짐승의 네발, 또는 사람의 두 팔과 두 다리를 가리킵니다. 그러니 사족을 못 쓰면 꼼짝도 할 수 없겠지요.

- 예) 내 동생은 피자라면 **사족을 못 쓴다**.

산전수전을 다 겪다 온갖 고난과 어려운 경험을 다하다.

'산전수전山戰水戰(산 산, 싸울 전, 물 수, 싸울 전)'은 산에서 벌이는 전쟁과 물에서 벌이는 전쟁이라는 말인데, 세상에서 겪는 온갖 고난을 가리킬 때 쓰는 말이지요.

예 집을 떠난 홍길동은 **산전수전을 다 겪은** 끝에 드디어 새로운 곳에 도착하게 되었다.

실의에 빠지다 의욕을 잃고 절망하다.

'실의失意(잃을 실, 뜻 의)'는 뜻이나 의욕을 잃다란 뜻입니다. 어떤 일을 할 마음이나 의지가 사라질 만큼 절망적인 상황에서 쓰는 표현이지요.

예 우리는 태풍으로 모든 재산을 잃고 **실의에 빠진** 분들을 돕기 위해 출발했다.

약점을 잡히다 남이 내 약한 곳이나 부족한 부분을 눈치채다.

'약점弱點(약할 약, 부분 점)'은 약한 부분이라는 뜻입니다. '약점을 잡다'라는 표현은 상대방의 약한 부분을 찾아낸다는 의미이고, '약점을 잡히다'라고 하면 적이나 상대에게 자신의 잘못이나 취약한 지점을 꼬투리 잡힌 상황에서 쓰는 표현입니다.

예 어쩌다가 **약점을 잡혔니**? 이제 어찌할 도리가 없어.
예 드디어 상대의 **약점을 잡았으니** 우리가 이기는 것은 시간문제야.

어쩔 도리가 없다 마땅히 어떻게 할 방법이 없다.

'도리道理(길 도, 이치 이)'는 마땅한 방법이나 길을 말합니다. 그러니까 '어쩔 도리가 없다'면 문제를 해결할 어떠한 방법이나 길도 없다는 말이지요.

예 날이 저물었으니 이젠 **어쩔 도리가 없다**. 무작정 산 아래를 향해 걸을 수밖에.

어쩔 수가 없다 다른 방법이 없다.

이 말은 '어찌할 수가 없다'가 준말입니다. 뾰족한 수가 없다는 말인 셈이죠. 앞서 살펴본 '어쩔 도리가 없다'와 같은 뜻이랍니다. 같은 뜻으로는 '어쩔 줄 모르다'도 쓰는데, 이 말도 '어찌할 줄 모르다'가 줄어든 말이지요.

예 이젠 **어쩔 수 없이** 등산을 포기해야 한다. 이렇게 어둡고 추운데 계속하는 건 무리야.
예 모두들 떠나자 남은 사람들은 **어쩔 줄을 모른** 채 멍하니 서 있었다.

어처구니가 없다 너무 한심하거나 뜻밖이어서 어이가 없다.

'어처구니'는 상상한 것보다 훨씬 큰 사람이나 물건을 가리킵니다. 황당한 일과 맞닥뜨리거나 정도에 못 미치거나 지나쳐서 기막힌 상황일 때 쓰는 말입니다.

예 물에 빠진 사람을 구해 주었더니 자기 보따리를 내놓으라니 참으로 **어처구니가 없다**.

억지 춘향으로 하고 싶지 않은데 어쩔 수 없이.

하고 싶지 않은데 억지로 이루어지는 일을 뜻합니다. 이 말의 유래에 대한 몇 가지 설 가운데 하나로, 조선 시대 판소리계 소설인 〈춘향전〉에서 변 사또가 춘향에게 억지로 수청을 들게 하려고 괴롭힌 일에서 나왔다는 이야기가 전합니다. 그래서 하고 싶지 않은 일을 떠밀려 하게 될 때 이 표현을 주로 쓰지요.

예 **억지 춘향으로** 회장 자리를 맡기는 맡았는데 정말 하고 싶지 않았다.

엎친 데 덮친 격 힘든 일이 연이어 일어난 상태.

'엎치다'는 엎어뜨린다는 뜻입니다. 엎어뜨린 상태에서 다시 덮쳤으니 깔린 사람은 거의 죽을 지경이겠지요. 고사성어 가운데 '설상가상雪上加霜'이라는 말이 있습니다. 눈이 내린 위에 다시 서리가 내린다는 말로, 힘든 일이 연속해서 일어난다는 뜻이니까 '엎친 데 덮친 격'과 비슷한 표현이지요.

예 태풍이 오더니 **엎친 데 덮친 격으로** 우박까지 내려서 온 나라가 폐허가 되었구나.

오갈 데 없다 의지할 곳이 없다.

'오가다'는 '오기도 하고 가기도 하다', '오고 가고 하다'라는 뜻이죠. '오갈 데 없다'고 하면 갈 곳 없이 꼼짝도 못할 지경임을 말합니다.

예 **오갈 데가 없어진** 그는 거리 한편에 홀로 앉아 있어야만 했다.

오금이 저리다 초조하다.

'오금'은 무릎을 구부릴 때 접히는 뒤쪽 부분을 말합니다. 이 부분은 혈관, 신경 등이 지나가는 중요한 곳이라 자극을 심하게 받으면 제대로 서 있을 수 없어요. 그래서 낭떠러지 위에 서 있는 것처럼 아찔하고 무서운 기분이 들거나, 잘못이 드러날까 봐 초조한 마음이 들 때 '오금이 저리다'라는 표현을 쓴답니다.

예 적들이 강력하게 공격해 오자 나는 **오금이 저린** 나머지 도망도 칠 수 없었다.

임자를 만나다 딱 어울리는 사람을 만나다. / 자기보다 힘이나 능력이 센 사람을 만나서 당하다.

'임자'는 물건을 소유한 사람을 뜻하기도 하지만 자기보다 재능이나 실력이 더 뛰어난 사람이라는 뜻도 있습니다.

예 드디어 이 물건이 **임자를 만났군요**. 다른 사람들은 이 물건의 가치를 몰라보더라고요.

예 그렇게 으스대고 다니더니 오늘에야 **임자를 만나** 크게 혼났구나.

재간이 없다　방법이 없다.

'재간才幹(재주 재, 줄기 간)'은 일을 처리하는 솜씨나 능력을 뜻합니다. 그런데 재간이 없군요. 그럼 일을 처리할 방법이 없을 것은 당연하지요.

예) 우리는 그를 당해 낼 **재간이 없다**.
예) 내게는 이 어려움에서 벗어날 **재간이 없구나**.

정처 없다　정해진 곳이 없다.

'정처定處(정할 정, 곳 처)'는 정해진 곳입니다. 그러니 '정처가 없다'고 하면 갈 곳도 없고 머물 곳도 없다는 표현이지요. '정처 없이'라는 표현으로 자주 쓴답니다.

예) 김삿갓은 평생 **정처 없이** 발길 닿는 곳으로 향하는 삶을 살았다.

좀이 쑤시다　잠시도 가만히 있지 못하다.

'좀'은 옷이나 종이 등을 갉아 먹는 해충입니다. 만일 이런 해충이 사람 몸에 들어와 쑤시기 시작하면 가려워서 잠시도 가만히 있지 못할 거예요. 그런 상황을 비유해서 '좀이 쑤시다'라고 표현합니다.

예) 하루 종일 누워만 있으려니 **좀이 쑤셔서** 견딜 수가 없다.

종잡을 수 없다　어림짐작으로 헤아려 알아낼 수 없다.

'종잡다'는 어림짐작으로 헤아려 알아낸다는 뜻이에요. 이 말은 주로 부정형인 '종잡을 수 없다'로 쓰입니다. 어떤 상황이나 상대방의 행동이 예측할 수 없을 정도로 어렵거나 애매모호해 짐작할 수조차 없다는 의미가 담긴 표현이지요.

예) 그는 이랬다저랬다 해서 진짜로 뭘 원하는지 **종잡을 수가 없어**.

쪽박을 차다　가진 게 아무것도 없는 신세가 되다.

'쪽박'은 매우 작은 바가지로, 그런 바가지에 담을 수 있는 것 또한 무척 적겠지요. 그래서 '쪽박을 차다'라고 하면 살림살이가 없어져 가난해진다는 뜻입니다.

예) 그는 일확천금을 노리며 노름만 하다가 결국 **쪽박을 차고** 말았다.

차질을 빚다 진행하던 일이 제대로 이루어지지 못하다.

'차질差跌(어긋날 차, 넘어질 질)'은 진행하던 일이 갑자기 늦어지거나 제대로 이루어지지 못하는 것입니다. '차질을 겪다', '차질이 생기다'도 같은 뜻이랍니다.

- 예) 엄청난 폭우가 쏟아져 집을 짓는 일에 **차질을 빚게** 되었습니다.
- 예) 갑자기 경제 위기가 닥쳐와 우리 회사 목표에도 **차질이 생겼다**.

책잡히다 상대방에게 내 잘못이나 약점이 알려지다.

'책責(꾸짖을 책)'은 잘못을 꾸짖거나 나무라다는 뜻입니다. 이 표현은 '책잡히다' 또는 '책잡다'처럼 쓰여요. '약점을 잡히다'와 비슷한 뜻이지요.

- 예) 상대방에게 **책잡히지** 않으려면 늘 바르게 행동해야 한다.
- 예) 너는 늘 상대방을 **책잡으려고** 기를 쓰는구나. 남보다 네 행동에 신경 쓰거라.

척박한 현실 고되고 힘든 현실.

'척박瘠薄(여윌 척, 얇을 박)하다'는 땅이 메마르다는 뜻인데, 사는 것이 고되고 힘들다는 의미로 확장되어 쓰여요.

- 예) 농촌에 가 보면 **척박한 현실** 속에서도 꿈을 잃지 않고 살아가는 우리 이웃들을 만날 수 있습니다.

천신만고 끝에 온갖 어려움을 겪고 나서.

'천신만고千辛萬苦(일천 천, 매울 신, 일만 만, 쓸 고)'는 매운 것을 천 번 먹고, 쓴 것을 만 번 먹는다는 뜻으로 수많은 어려움과 고통을 의미합니다.

- 예) 우리는 **천신만고 끝에** 드디어 산 정상에 올랐다.

풍파를 겪다   살면서 어려움과 고통을 겪다.

'풍파風波(바람 풍, 파도 파)'는 살면서 겪게 되는 어려움이나 고통을 뜻합니다. 본래 뜻은 '바람과 파도'인데, 바람이나 파도는 강하면 사람에게 큰 피해를 주지요.

예) 그분은 모진 **풍파를 겪은** 분답지 않게 인자하고 평화로운 모습을 하고 있다.

피치 못하다   피할 수 없다. 피하지 못하다.

'피치 못하다'는 '피하지 못하다'가 줄어서 된 말입니다. 그래서 어쩔 수 없이 맞닥뜨려야 할 때 사용하는데 '피치 못할'의 형태로 쓰이지요.

예) **피치 못할** 일 때문에 그날 회의에 참석할 수 없었습니다.

핍박을 받다   괴로움을 당하다.

'핍박逼迫(협박할 핍, 다그칠 박)'은 다그쳐서 몹시 괴롭게 만든다는 뜻입니다. 그래서 핍박을 받으면 당연히 몹시 괴롭고 힘듭니다.

예) 온갖 **핍박을 받으면서도** 우리 겨레는 결코 좌절하지 않고 일제에 맞서 싸웠다.

행색이 초라하다   겉모습이 보잘것없고 초라하다.

'행색行色(갈 행, 모양 색)'은 겉으로 보이는 차림새나 태도를 말합니다. '행색이 남루하다' 또는 '초라한 행색'이라는 표현도 자주 쓴답니다.

예) **행색이 초라해서** 그가 재상을 지낸 사람이라고는 꿈에도 생각하지 않았다.
예) **초라한 행색을** 하고 나타난 이몽룡을 보자 월매는 한숨부터 쉬었다.

허리가 휘청거리다   경제적으로 무척 힘들다.

허리는 사람의 몸을 지탱하는 기둥과도 같습니다. 그러니 허리가 휘청거리면 몸 또한 가누기 힘들겠죠. 이 뜻이 확장되어 경제적으로 어려운 상태에 놓였을 때 '허리가 휘청거리다'라고 합니다.

예) 안 그래도 힘든데 장사까지 안 되니 **허리가 휘청거릴** 수밖에 없지.

홍역을 치르다   감당하기 어려운 일을 겪다.

'홍역紅疫(붉을 홍, 전염병 역)'은 주로 어린아이에게 생기는 전염병으로, 열이 나고 온몸에 빨간 열꽃이 생기는 병이에요. 예전에는 어린이들 대부분이 이 병을 앓았답니다. 그래서 이런 표현이 생겼지요.

예) 우리 집은 밀려드는 손님들로 한바탕 **홍역을 치러야** 했다.

위험한 상황에 대한 표현들입니다.

경각에 달리다　매우 위험한 상황에 놓이다.
'경각頃刻(기울 경, 시각 각)'은 매우 짧은 시간을 뜻하지요. 그래서 '경각에 달렸다'는 말은 매우 짧은 시간에 운명이 결정된다는 뜻입니다.

예) 적이 코앞까지 다가왔다. 이제 우리 목숨은 **경각에 달렸다**.

경종을 울리다　위험을 알리거나 잘못된 것을 일깨워 주다.
'경종警鐘(경계할 경, 쇠북 종)'은 비상사태나 위험 등을 알리기 위해 울리는 종입니다. 어떤 일을 할 때 무언가 위험한 일에 대비해서 경계하도록 주의를 주거나 충고를 할 때 이 말을 비유적으로 많이 씁니다.

예) 연이어 **경종을 울렸지만** 어느 누구도 귀를 기울이지 않았고, 결국 멸망하고 말았다.

곤두박질치다　몸이 뒤집혀 갑자기 거꾸로 떨어지다. / 안 좋은 상태로 갑자기 떨어지다.
'곤두박질'은 몸이 갑자기 거꾸로 떨어지는 것을 말합니다. 그래서 상태나 상황이 갑자기 급격하게 나빠졌을 때 '곤두박질치다'라는 표현을 자주 씁니다.

예) 바삐 달려오던 철수는 돌부리에 걸려 **곤두박질쳐** 크게 다쳤다.
예) 하루아침에 배추 가격이 **곤두박질쳐** 농부들이 울상을 짓고 있었다.

긴장감이 돌다　어떤 장소에 뭔지 모를 힘과 주의가 집중되다.
'긴장감緊張感(오그라들 긴, 펼 장, 느낌 감)'은 어떤 위험한 일에 대해 마음을 놓지 못하고 온 힘과 주의를 집중하고 있는 느낌을 뜻합니다. '긴장감이 돈다'고 하면 상황이나 장소가 불안한 상태라는 뜻이지요. '긴장감이 감돌다'라고도 합니다.

예) 처음부터 회의장에 **긴장감이 돌아** 참석자 모두 손에 땀을 쥐었다.

깎아지른 듯하다   몹시 가파르고 험하다.

'깎아지르다'는 반듯하게 깎아 바로 세우다란 뜻입니다. 그러니 경사가 90도 가까이에 이르겠지요. 만일 산이나 절벽 따위의 경사가 90도라면? 생각만 해도 아찔합니다.

예) **깎아지른 듯한** 절벽이 우리 앞을 가로막고 있었다.

누란의 위기에 처하다   매우 위태로운 상황에 놓여 있다.

'누란累卵(쌓을 누, 달걀 란)'은 달걀을 쌓아 놓은 상태를 뜻합니다. 달걀을 높이 쌓으면 당연히 위태롭겠지요. 자칫 무너져서 다 깨져 버릴 테니까요.

예) 지금 조선은 **누란의 위기에 처해** 있습니다.

불의의 사고   뜻밖에 일어난 사고.

'불의不意(아니 불, 뜻 의)'는 뜻하지 않게, 또는 미처 생각하지 못한 상황을 의미예요. 따라서 '불의의 사고'는 전혀 예상하지 않았는데 발생한 사고를 가리킵니다.

예) 그 시인은 **불의의 사고를** 당해 세상을 뜨고 말았다.

살얼음판 위를 걷다   매우 위태롭고 아슬아슬하다.

'살얼음'은 얼음이 얇게 살짝 얼어 있는 상태로, 이런 얼음 위를 걷다가는 물에 빠져 죽기 쉽습니다. 그래서 매우 위험하고 아슬아슬한 상황을 비유적으로 '살얼음판 위를 걷는다'라고 표현합니다.

예) 우리 모두는 **살얼음판 위를 걷듯** 조심하며 한 걸음 한 걸음 앞으로 나아갔다.

실낱같은 희망   아슬아슬한 희망.

'실낱'은 아주 작고 가는 실을 뜻해요. 그래서 '희망'이 아주 가는 실처럼 약한 상태를 비유적으로 나타낼 때 '실낱같은 희망'이라고 표현해요.

예) 우리는 절망 속에서도 **실낱같은 희망을** 버리지 않았다.

악화일로를 걷다   어떤 일이나 상태가 계속 나빠지다.

'악화일로惡化一路(나쁠 악, 될 화, 한 일, 길 로)'는 점점 나빠지는 길이란 뜻이에요. 그러니까 어떤 일이 계속 나빠진다는 표현입니다.

예 오늘날 한국과 일본, 두 나라 관계는 **악화일로를 걷고** 있습니다.

유혈이 낭자하다   피가 여기저기에 흩어져 있다.

'유혈流血(흐를 유, 피 혈)'은 피가 흐르는 것이고 '낭자하다'는 여기저기 묻거나 흩어져 있어 어지럽다는 뜻입니다. 그래서 전쟁터 같은 곳에서 피 흘리는 병사들이 여기저기 쓰러져 있는 참혹한 모습을 나타낼 때 '유혈이 낭자하다'고 합니다.

예 시위대를 향해 군대가 총을 쏜 광장은 지금도 **유혈이 낭자한** 상태입니다.

줄행랑을 치다   피하여 도망가다.

'행랑'은 예전 한옥에서 대문 양쪽이나 문간에 붙어 있는 방 또는 하인들이 머물던 방입니다. 이런 '행랑'이 왜 '도망'을 뜻하게 되었는지 그 유래가 명확하지는 않지만, 행랑들이 줄지어 늘어서 있는 모양처럼 누군가가 끊이지 않고 계속 도망치는 모습을 표현한 것으로 추측됩니다. '줄행랑을 놓다'도 같은 뜻이에요.

예 우리가 들어서자 복면을 쓴 괴한이 갑자기 **줄행랑을 치기** 시작했다.

치명상을 입다   목숨을 잃을 만큼 심한 상처를 입다.

'치명상致命傷(보낼 치, 목숨 명, 상처 상)'은 목숨을 저세상으로 보낼 만한 상처를 말합니다. 그래서 목숨을 잃을 정도로 다친 상태를 '치명상을 입다'라고 합니다.

예 그는 이번 전투에서 **치명상을 입었다**. 아마 살아나기 힘들 것 같아.

풍전등화의 위기에 처하다   매우 위태롭고 급한 상황에 놓이다.

'풍전등화風前燈火(바람 풍, 앞 전, 등잔 등, 불 화)'는 바람 앞의 등불이라는 뜻입니다. 바람 앞에 등불이 놓여 있으면 불꽃이 꺼질 듯 말 듯 위태롭겠지요. 그래서 아주 위급한 상황에 처했을 때 '풍전등화의 위기에 처하다'라고 표현합니다.

예 지금 조선은 왜적의 침략으로 **풍전등화의 위기에 처해** 있습니다.

화염에 휩싸이다 불꽃이 세차게 타오르다.

'화염火焰(불 화, 불꽃 염)'은 타고 있는 불에서 생겨나는 붉은빛을 띤 기운을 가리킵니다. '불에 타고 있다'는 말보다 상황을 훨씬 더 심각한 상태로 묘사할 때 흔히 쓰는 표현이지요.

예 소방차가 도착했을 때는 이미 공장 전체가 **화염에 휩싸인** 상태였다.

먹는 것과 관련한 처지나 상황을 나타내는 표현들입니다.

걸신들리다 굶주려 음식을 마구 욕심내다.

'걸신乞神(빌 걸, 귀신 신)'은 빌어먹는 귀신이란 뜻이에요. 그러니 음식만 보면 게걸스럽게 덤벼들겠지요.

예 며칠 동안 굶더니 밥 먹는 모습이 마치 **걸신들린** 사람 같구나.

게걸스럽다 음식을 욕심내서 마구 먹어 대다.

'게걸'은 체면도 차리지 않고 마구 먹거나 가지려고 하는 것을 말해요.

예 창피하지도 않나. 음식을 저렇게 **게걸스럽게** 먹어 대다니!

게눈 감추듯 음식을 매우 빨리 먹어 치우는 모습.

게들은 평소에 눈자루를 밖으로 빼고 있다가 조금만 위험을 감지해도 재빨리 눈을 감추고 숨어 버린답니다. 그래서 음식을 아주 빨리 먹거나 일을 순식간에 해치우는 상황을 비유적으로 이를 때 '게눈 감추듯'이라고 해요.

예 이 도령은 향단이가 밥상을 차려오자 **게눈 감추듯** 먹어 치웠다.

구미가 당기다 먹고 싶은 생각이 나다. / 어떤 일이나 물건에 흥미를 느끼다.

'구미口味(입 구, 맛 미)'는 '입맛'의 한자어입니다. '구미'는 먹는 것과 관련해서도 쓸 수 있지만, 욕심이나 흥미가 생길 때도 사용할 수 있는 말이에요. '구미가 돌다', '구미를 돋우다' 등이 모두 자주 쓰입니다.

- 예) 저 사람이 맛있게 먹는 모습을 보니 갑자기 **구미가 당기는데**.
- 예) 그림을 배울 수 있다니 갑자기 **구미가 당기는데**.

구수하다 맛이나 냄새가 입맛을 끌다. / 마음을 끄는 매력이 있다.

'구수하다'는 보리차나 숭늉처럼 입맛이 당기도록 좋다는 뜻입니다. 그리고 말이나 이야기가 사람의 마음을 잡아끄는 매력이 있을 때에도 쓸 수 있는 표현입니다.

- 예) 된장찌개 냄새가 참으로 **구수하구나**.
- 예) 할머니 이야기는 언제 들어도 **구수하다**.

군침이 돌다 음식이 먹고 싶다. / 이익이나 물건을 갖고 싶은 마음이 생기다.

'군침'은 본래 구미가 당겨 입안에 생기는 침을 가리킵니다. 그래서 맛있는 음식을 보았을 때 '군침이 돈다'거나 '군침을 삼킨다'라고 합니다. 그리고 이 뜻이 확장되어, 이익이나 귀한 물건을 탐낼 때도 이 표현을 씁니다.

- 예) 사람들이 떡볶이 먹는 모습을 보자 나도 모르게 입안에 **군침이 돌았다**.
- 예) 흥부네 집에서 멋진 장롱을 본 놀부는 자기도 모르게 **군침을 삼켰다**.

기갈이 들다   먹지 못하여 몹시 배가 고프다.

'기갈飢渴(주릴 기, 목마를 갈)'은 배고픔과 목마름을 이르는 말입니다. 그러니까 몸속에 '기갈이 들었다'는 것은 아무것도 먹지 못해 몹시 힘든 상태겠죠.

- 예) 얼마나 못 먹었기에 저리도 **기갈이 들었나**?

기근이 들다   식량이 모자라 굶주리게 되다.

'기근饑饉(주릴 기, 흉년 들 근)'은 흉년으로 식량이 모자라 굶주리는 상태를 뜻합니다. 기근이 들면 모든 사람들이 굶주림의 고통을 겪게 되죠.

- 예) 조선 팔도에 **기근이 들자** 식량을 찾아 유랑하는 사람들이 부쩍 늘었다.

더위를 먹다   더위 때문에 병에 걸리다.

여름철 땡볕에 오래 서 있어서 몸에 병이 온 상태를 '더위를 먹다'고 표현해요. 여기서 '먹다'는 어떤 일을 당하다는 뜻을 갖는답니다.

- 예) 내가 아무래도 **더위를 먹은** 것 같아. 소화도 안 되고 힘이 하나도 없어.

맛보다   음식 맛을 보다. / 느낌 따위를 경험하다. / 몹시 혼나다.

- 예) 내가 끓인 찌개 **맛** 좀 **보렴**.
- 예) 오늘은 너무 바빠 영화를 다 보지 못하고 **맛만 보았다**.
- 예) 늘 남을 괴롭히는 너희들, 오늘은 **맛** 좀 **봐야겠어**.

맛이 가다   음식이 상하다. / 판단력이 흐려지다.

- 예) 이 우유는 **맛이** 완전히 **갔어**. 너무 오래되었군.
- 예) 저 친구 아무래도 **맛이 간** 것 같아. 이렇게 쉬운 것도 알지 못하다니!

맛이 들다 음식이 제맛을 찾다. / 어떤 일에 재미를 붙이다.
비 맛을 붙이다
- **예** 김치가 제대로 **맛이 들었군**. 정말 맛있어.
- **예** 저 친구 야구에 **맛이 들은** 게 분명해. 밤낮을 가리지 않고 야구장에 간다니까.
- **예** 요즘 독서에 **맛을 붙였어**. 시간 가는 줄 모르겠다니까.

밥 먹듯이 하다 어떤 행동을 자주 하다.
밥은 하루에 세 번 먹습니다. 그러니까 '밥 먹듯이 하다'라고 하면 자주 하는 행동을 가리킵니다.
- **예** 그는 거짓말을 **밥 먹듯이 한다**.

밥술이나 먹다 살림살이가 여유가 있다.
예전에는 양식이 귀했기 때문에 밥 먹고 사는 일이 매우 힘들었습니다. 그래서 밥 굶을 걱정이 없으면 잘사는 집이었답니다. '밥술'은 적은 양의 밥을 가리킵니다. '밥술이나 먹는다'는 말은 적으나마 성공을 거두었다는 말이지요.
- **예** 허 진사네는 **밥술이나 먹고** 살았기에 별걱정이 없었다.

배가 출출하다 배가 약간 고픈 느낌이 나다.
'출출하다'는 배가 약간 고픈 느낌을 말합니다. 그래서 이 표현은 홀로 쓰이는 경우는 거의 없고 '배가 출출하다' 또는 '속이 출출하다'라고 쓰입니다.
- **예** 오후가 되니 **배가 출출하구나**. 뭐 먹을 게 없나?

상을 물리다 식사를 마치다.
'물리다'는 사람이나 물건을 다른 자리로 옮겨 놓는다는 뜻입니다. 옛날 어르신들이 차려 놓은 밥상을 다시 내가라고 말할 때 상을 물리라고 합니다. 반대말은 '상을 차리다'입니다.
- **예** 아버지께서는 밥맛이 없으신지 몇 숟갈 뜨지 않으시곤 **밥상을 물리셨다**.
- **예** 월매는 이 도령을 위해 서둘러 **상을 차리기** 시작했다.

식음을 전폐하다　아무것도 먹지 않다.

'식음食飮(먹을 식, 마실 음)'은 먹고 마시는 것을 말해요. '전폐全廢(완전 전, 닫을 폐)'는 모든 것을 다 그만둔다는 뜻이고요. 그러니 '식음을 전폐하다'라고 하면 아무것도 먹지 않고 굶는다는 뜻입니다.

📙 아이를 잃은 이웃집 아주머니는 그날부터 **식음을 전폐하고** 자리에 드러누우셨다.

양이 차다　만족스럽다.

'양量(헤아릴 양)'은 분량이나 수량을 뜻하죠. 그래서 양이 충분할 때 '양이 차다'라고 합니다.

📙 한참을 허겁지겁 먹은 이몽룡은 그제야 **양이 찬** 듯 배를 쓰다듬었다.

요기를 하다　배고픔을 면하기 위해 조금만 먹다.

'요기'는 시장기를 면할 만큼만 먹는 것입니다. 그러니까 배불리 먹을 때는 '요기를 하다', '요기하다'라고 하지 않습니다.

📙 일이 하도 바빠 식사도 거른 그는 잠깐 **요기를 하고** 다시 일에 몰두했다.

입맛을 다시다　음식을 먹고 싶어 하다.

'입맛'은 입에서 느끼는 맛을 뜻하지요. 그러니 '입맛을 다신다'는 것은 뭔가를 먹고 싶어 하는 것입니다. 이와 반대되는 표현으로 '입맛이 떨어지다'가 있습니다. 아무것도 먹고 싶지 않다, 또는 어떤 행동이나 사람에 대한 흥미를 잃었다는 뜻이지요.

📙 나는 밥이 나오지도 않았는데 **입맛부터 다셨다**.

📙 우리 편이 졌다는 소식을 듣자 **입맛이** 싹 **떨어져** 버렸다.

03
마음을 나타내는 표현

마음 사람의 감정이나 생각, 기억 따위가 깃들거나 생겨나는 곳.

마음은 다양한 뜻을 가지고 있습니다. 그만큼 사람이 가지고 있는 요소 가운데 가장 중요한 것이라 할 수 있죠.

마음 쓰다 깊이 생각하거나 걱정하다.
예 그 일에 너무 **마음 쓰지** 마라. 걱정한다고 되는 일이 아니니까.

마음을 붙이다 대상을 향해 마음을 주거나 어떤 일에 몰두하다.
예 그는 아직도 이 학교에 **마음을 붙이지** 못하고 있다.

마음을 주다 좋아하는 마음을 품다.
예 이몽룡은 춘향이를 처음 본 순간 **마음을** 다 **주고** 말았다.

마음이 내키다 마음으로 하고 싶어 하다.
예 나는 내 **마음이 내키지** 않으면 어떤 일도 하지 않아.

마음이 쓰이다 어떤 대상에 생각이나 주의가 미치다.
예 어머니께서는 몸이 약한 막냇동생에게 늘 **마음이 쓰이시는** 모양이다.

마음에 걸리다 꺼림칙하여 마음이 놓이지 않다.
예 그를 두고 온 것이 영 **마음에 걸린다**. 함께 왔으면 좋으련만.

마음에 두다 잊지 않고 기억하다.
예 그 이야기는 **마음에 두지** 마라. 별 뜻 없이 한 말이니까.

마음에 들다 어떤 사물이나 사람, 일 등이 좋게 여겨지다.
🅱 마음에 차다
㉠ 난 저 꽃이 정말 **마음에 들어**.
㉠ 이번에 들어온 후배는 정말 **마음에 찬다**. 무엇이든 열심히 하거든.

마음에 맺히다 마음속에 잊히지 않고 응어리처럼 남다.
㉠ 그가 내게 한 말이 지금도 **마음에 맺혀** 있다.

마음에 없다 무엇을 갖고 싶거나 하고 싶은 생각이 없다.
🅱 마음이 있다
㉠ 난 그 물건 전혀 **마음에 없어**. 그러니 갖고 싶은 사람이 가져가.

마음에 짚이다 짐작이 가다.
㉠ 그의 행동을 보니 내 **마음에 짚이는** 게 있어.

마음은 굴뚝같다 하고 싶은 생각이 간절하다.
㉠ 가고 싶은 **마음은 굴뚝같지만** 도저히 갈 수가 없어.

마음을 끌다 관심을 갖게 하다.
㉠ 저 책이 며칠 전부터 내 **마음을 끈다**. 아무래도 읽어야겠어.

마음을 놓다 마음을 편안하게 하다.
㉠ 이 일이 성공적으로 끝난 후에야 비로소 나는 **마음을 놓았다**.

마음을 먹다 무엇을 하려고 마음속으로 작정하다.
㉠ 나는 훌륭한 정치가가 되겠다고 굳게 **마음을 먹었다**.

마음을 비우다　욕심을 버리다.
예 지금부터는 **마음을 비우고** 경기에 임할 것입니다.

마음을 빼앗기다　상대방에게 마음이 사로잡히다.
예 나는 그 그림을 보는 순간 완전히 **마음을 빼앗기고** 말았다.

마음을 사다　상대방의 관심을 끌거나 호감을 갖게 하다.
예 저 친구는 선생님의 **마음을 산** 게 분명해.

마음을 졸이다　긴장이 되어 조바심이 나다.
예 시험 결과가 나올 때마다 나는 늘 **마음을 졸이게** 된다.

마음의 문을 열다　상대방을 경계하지 않고 자신의 속마음을 드러내 보이다.
예 우리는 **마음의 문을 열고** 이야기를 주고받은 끝에 서로를 이해하게 되었다.

마음이 가다　관심이나 생각이 쏠리다.
예 아무리 안 그러려고 해도 자꾸 저 물건에 **마음이 간다**.

마음이 돌아서다　틀어졌던 마음이 정상적인 상태로 되다. / 애정이나 관심이 사라져 냉랭해지다.
예 그가 울면서 애원하자 내 **마음이 돌아섰다**.
예 그의 무례한 대도에 내 **마음이** 차갑게 **돌아서고** 말았다.

마음이 맞다　서로 생각이 같아 잘 어울리다.　비 마음이 통하다
예 우리 팀원 모두는 **마음이 맞아서** 무슨 일을 해도 잘해 낸다.
예 너와 나는 정말 **마음이 통하는구나**.

마음이 무겁다 걱정이 많다.
예) 나라의 미래만 생각하면 늘 **마음이 무겁다**.

마음이 콩밭에 가 있다 생각이나 관심이 다른 곳으로 향하다.
예) 누가 뭐라 해도 아무 소리도 안 들렸다. 내 **마음이 콩밭에 가 있었기** 때문이다.

마음잡다 들뜬 마음을 안정시킨 후 바로잡다.
예) 이제부터는 **마음잡고** 열심히 공부해야겠어요.

물건의 안. 마음이나 느낌, 생각 따위.

본래 물건의 안을 나타내는 '속'은 그 뜻이 확장되어 '사람의 속, 즉 마음이나 느낌, 생각' 등을 나타내게 되었습니다.

속 빈 강정   겉은 그럴듯하지만 속은 텅 비다.
예) 그 정당의 공약은 그럴듯하지만 알고 보면 **속 빈 강정이야**.

속을 긁다   상대방의 비위를 건드리다.
예) 넌 늘 내 **속을 긁어** 놓아야만 좋겠니?

속을 끓이다   좋지 않은 일 때문에 마음을 썩이다.
예) 숙제를 해낼 뾰족한 방법이 없어 홀로 **속만 끓이고** 있었다.

속을 떠보다   남의 마음을 알아보기 위해 넘겨짚다.
예) 그가 무슨 생각을 하는지 나는 넌지시 그의 **속을 떠보았다**.

속을 썩이다   마음을 상하게 하다.
예) 그는 평생 동안 부모님 **속을 썩이기만** 했다.

속을 태우다   몹시 걱정이 되어 마음을 졸이다.
비) 마음을 태우다, 가슴을 태우다
예) 그가 제시간에 오지 않자 우리 모두는 **속을 태워야만** 했다.

속이 뒤집히다   매우 못마땅하다.   비) 속이 뒤틀리다
예) 그가 하는 거짓말을 듣고 있자니 **속이 뒤집힐** 것 같다.

속이 드러나다　감추고 있던 음흉한 마음이 드러나다.
예) 그는 이야기를 나누던 중 자기도 모르게 **속을 드러내고** 말았다.

속이 보이다　음흉한 마음이 상대방에게 알려지다.
예) 야, **속 보이는** 짓 좀 그만해라.

속이 터지다　속이 무척 상하다.
예) 어이구, **속 터져** 죽겠네. 이 일을 이렇게밖에 못 하겠니?

속이 편하다　마음에 걸리는 것이 없다.
예) 모두들 바쁜데 너는 **속 편하게** 게임이나 하고 있니?

속이 풀리다　위장이 편해지다. / 화가 난 감정이 누그러지다.
예) 아침에 해장국을 먹고 나자 밤새 뒤틀리던 **속이 풀리는** 듯하다.
예) 그가 사과해도 내 **속이 풀릴** 것 같지 않다.

속도 모르다　일이 돌아가는 내막을 모르다.
예) **속도 모르고** 사람들은 그를 비난하였다.

속에 품다　어떤 생각을 마음속에 간직하다.
예) 그는 자신의 꿈을 꼭 이루겠다는 굳은 다짐을 늘 **속에 품고** 살아갔다.

속을 달래다　마음을 가라앉히다.
예) 그의 거짓말을 들으면서 나는 치밀어 오르는 **속을 달래느라** 애를 먹었다.

속을 터놓다　상대방에게 자신의 속마음을 드러내다.
예) **속을 터놓고** 이야기할 수 있는 친구가 있다면 얼마나 행복할까.

속이 깊다　생각하는 폭이 넓고 어른스럽다.
예 그는 어리지만 **속이 깊어서** 우리 모두 그를 믿고 따랐다.

속이 꺼림칙하다　마음이 편치 않다.
예 말로는 그를 비난했지만 사실 내 **속도 꺼림칙했어**.

속이 끓다　화가 나거나 마음이 틀어지다.
예 그가 하는 거짓말을 듣고 있으려니 **속이 끓는군**.

속이 넓다　마음이 너그럽다.
예 그는 **속이 넓은** 사람이라 그런 일로 화를 내지는 않을 거야.

속이 없다　자기만의 생각이 없다.　반 속이 있다
예 넌 **속도 없니**. 다른 사람이 하는 말이라면 무조건 옳다고 여기니 말이다.
예 너무 걱정 마. 윤희도 **속이 있을** 테니까.

속이 좁다 마음이 넓지 못하다.
예) 이런 **속이 좁은** 녀석 같으니라고. 그 정도도 이해하지 못하고 화를 내다니!

속이 좋다 남을 너그럽게 이해하다.
예) 현수는 정말 **속이 좋아**. 누가 뭐라고 해도 웃어넘기거든.

속이 차다 생각이 바르고 성숙하다.
예) 그 젊은이는 **속이** 꽉 **찬** 친구야. 나이보다 훨씬 어른스럽지.

속이 켕기다 마음에 꺼리거나 걸리는 것이 있다.
예) 저 녀석 **속이 켕기는** 게 분명해. 아무래도 무언가 속이는 것 같아.

속이 후련하다 답답하게 엉켰던 마음이 편해지다.
예) 범인이 잡혔다니 **속이 후련하다**.

속마음, 의지.

속으로 품은 마음 또는 어떤 일이 지닌 가치를 의미하는 '뜻'은 생각하는 인간에게는 매우 중요하지요. 그래서 이 말이 들어가는 표현도 꽤 많답니다.

뜻이 맞다 서로 마음이 통하다. 생각이 같다.
예) 우리 반 친구들은 모두가 **뜻이 맞아요**. 그래서 반 분위기가 화기애애하답니다.

뜻을 받들다   훌륭한 뜻을 헤아려 따르다.
예) 우리는 3.1운동의 **뜻을 받들어** 독립 정신을 잊지 말아야 한다.

뜻깊다   지닌 가치나 의의가 높다.
예) 독립운동에 일생을 바친 분들의 행동은 참으로 **뜻깊은** 것이었다.

뜻있다   가치나 의미가 있다.
예) 윤봉길 의사의 의거는 참으로 **뜻있는** 행동이었다.

정신
감각, 감정, 생각 등을 판단하고 다스리는 의식. 영혼.

정신이 없으면 큰일 납니다. 그만큼 사람에게 중요한 게 정신이지요.

정신을 차리다   잃었던 정신을 되찾다. / 집중해서 일을 처리하다.
예) **정신을 차리고** 보니 내 곁에서 호랑이 한 마리가 어슬렁거리고 있는 게 아닌가!
예) **정신** 바짝 **차려서** 시험공부에 열중해야겠어.

정신이 나다   사리분별을 할 수 있게 되거나 의식이 돌아오다.
비) 정신이 들나

예) 엄마가 큰소리로 야단치시자 그제야 **정신이 났다**.
예) 이제야 **정신이 드십니까**?

정신이 빠지다   제대로 판단하지 못하다.   비 넋이 빠지다, 얼빠지다
예 이런 **정신 빠진** 녀석 같으니라고.

정신을 놓다   제대로 생각하거나 감각을 느끼지 못하다.
비 정신을 잃다
예 아들이 다쳤다는 소식을 들은 아주머니는 그 자리에서 **정신을 놓고** 쓰러지셨다.
예 나는 갑자기 나타난 곰을 보는 순간 그 자리에서 **정신을 잃고** 말았다.

정신을 팔다   다른 데 신경 쓰느라 중요한 일을 생각하지 못하다.
예 장사꾼이 떠드는 소리에 **정신을 팔다가** 나는 일행을 잃고 말았다.

정신이 나가다   정신을 잃거나 미치다.
예 너, 정말 **정신이 나갔니**? 열쇠를 두고 오다니!

정신이 말짱하다   정신이 맑고 또렷하다.
예 나, **정신 말짱해**. 왜 나를 미친 사람 취급하는 거야?

정신이 사납다   정신을 집중하기 힘들 만큼 혼란스럽다.
예) 제발 조용히 좀 해라. **정신이 사나워서** 아무 일도 할 수 없다.

정신이 팔리다   다른 것에 신경을 쓰다.
예) 맛있는 냄새가 나자 우리는 거기에 **정신이 팔려서** 학교 가는 것조차 잊었다.

정신없다   몹시 바쁘다. / 제대로 판단할 여유가 없다.
예) 밀려오는 손님을 맞느라 부모님께서는 **정신이 없으셨다**.
예) 철수는 친구들과 노느라 **정신없어서** 엄마와의 약속을 까맣게 잊고 있었다.

사람의 혼이나 정신. 영혼.

넋은 육체와 대비되는 정신적인 것으로 눈에 보이지 않는 마음이나 혼을 뜻합니다. 우리 조상들은 몸이 죽어도 넋은 영원히 남아 세상에 전한다고 여겼지요.

넋을 놓다   의욕을 잃고 아무 생각도 하지 못한 채 멍한 상태가 되다.
예) 우리가 병원에 도착했을 때 선영이는 **넋을 놓고** 앉아 있었다.

넋을 잃다   제정신을 잃다.   비) 넋이 나가다
예) 아버지의 사고 소식을 접한 철수는 **넋을 잃고** 말았다.
예) 이 녀석은 완전히 **넋이 나갔군**. 해야 할 일도 하지 못한 채 멍하니 있는 꼴이라니!

넋을 달래다   죽은 이의 마음이나 혼을 위로하다.
예) 억울하게 숨져 간 희생자들의 **넋을 달래기** 위해 꽃을 바쳤다.

마음이나 정신 상태를 나타내는 표현들입니다.

개의치 말다 기분 나쁜 일을 마음속에 간직하지 않다.

'개의介意(끼어들 개, 뜻 의)'는 기분 나쁜 일을 마음속에 간직한다라는 뜻입니다. 이 말은 '개의치 않다'로도 쓰이지요. 언짢은 일을 마음속에 간직하지 않는다는 뜻입니다.

예 너와 상관없는 일이니 **개의치 마**. 알았지?
예 난 그의 행동에 **개의치 않으니까** 너무 신경 쓰지 마라.

경의를 표하다 존경하는 마음을 나타내다.

'경의敬意(공경할 경, 뜻 의)'는 공경하는 마음이나 존경하는 마음을 뜻해요.

예 우리는 소방대원 아저씨들의 희생에 **경의를 표했다**.

괘념치 말다 마음에 두지 않거나 신경 쓰지 않다.

'괘념掛念(걸어 둘 괘, 마음 념)'은 마음속에 잊지 않고 간직해 둔다는 뜻입니다. 여기서의 '마음'은 언짢거나 불편한 마음입니다. 그래서 이 표현은 주로 '괘념치 않다', '괘념치 말다'처럼 부정형으로 쓰여서 신경 쓰지 말라거나 마음에 두지 말고 잊으라는 뜻이 됩니다.

예 그의 말에 **괘념치 마십시오**. 화가 나서 순간적으로 내뱉은 말일 뿐이니까요.

긍지를 갖다 자신의 재능이나 능력 등을 자랑스럽게 여기다.

'긍지矜持(자랑할 긍, 가질 지)를 갖다'는 자신의 능력을 믿고 자랑스럽게 여긴다는 뜻이죠.

예 너희는 자랑스러운 대한민국 사람으로서 **긍지를 가져야** 한다.

다시 보다(다시 보이다) 새롭게 생각되다.

늘 보던 것이 다시 보이는 것은 보는 사람의 생각이나 관점이 변했기 때문이지요. 그래서 이 말은, 사람이 변해서 예전과는 달리 생각한다는 뜻을 갖습니다.

예) 죽을 고비를 넘기고 나자 모든 것이 **다시 보이기** 시작했습니다.

독기를 품다 사나운 기운을 마음에 가지다.

'독기毒氣(독 독, 기운 기)'는 사납고 독한 기운을 뜻합니다. 그러니 독기를 품으면 평소와는 달리 성품이 강해지겠지요.

예) 그는 방학 내내 **독기를 품고** 수학 공부에 열중했다.

신경을 끊다 더 이상 상관하지 않다.

'신경神經(정신 신, 길 경)'은 우리 몸 안에서 일어나는 여러 가지 정보를 전달하는 구실을 하는 세포 조직입니다. 또한 어떤 일에 대한 생각이나 느낌을 뜻하기도 하지요. 그래서 '신경을 끊는다'고 하면 더는 생각하지 않겠다는 뜻입니다.

예) 나는 그에 관해서 **신경을 끊기로** 했다. 아무리 생각해도 뾰족한 수가 없기 때문이다.

알게 모르게 자기도 모르는 사이에.

'알게 모르게'는 알 것 같지만 사실은 모른다는 뜻을 품고 있지요. 그래서 자기도 모르는 사이에라는 뜻이랍니다.

예) 사람은 **알게 모르게** 속마음을 드러내기 마련이다.

알다가도 모르겠다 애매하고 헷갈리다.

알 것 같지만 결국 모른다는 뜻입니다. '알나가도 모를'이란 표현도 자주 씁니다.

예) 책을 읽으라는 건지 읽지 말라는 건지 엄마 말씀은 정말 **알다가도 모르겠어**.

어찌 된 셈인지 무슨 까닭인지.

여기서 '셈'은 어떤 형편이나 까닭 또는 결과를 뜻하는 말입니다. '어찌 된 영문인지'도 비슷한 뜻이에요.

- 예 **어찌 된 셈인지** 누구 한 사람 나타나지 않았다. 일이 틀어진 게 분명했다.
- 예 약속한 사람이 하나도 오지 않았으니 **어찌 된 영문이냐**?

인상에 남다 사람이나 사물에 대한 기억이 매우 강해 잊히지 않다.

'인상印象(박힐 인, 모양 상)'은 직접 겪어서 마음에 새겨진 느낌을 말합니다. '인상이 깊다'도 비슷한 뜻입니다.

- 예 그는 평범한 얼굴이었지만 행동이 워낙 강렬해 **인상에 남는다**.
- 예 나는 그를 처음 보았지만 **인상이 깊었다**.

직성이 풀리다 바라는 바를 이루어 마음이 흡족하다.

'직성'은 타고난 성질이나 운명 등을 말합니다. 그런 직성이 풀렸으니 마음이 편안해질 게 분명하죠.

- 예 나는 할 말은 해야만 **직성이 풀리는** 성미다.

진의를 파악하다 상대방의 진짜 뜻이 무엇인지 확인하다.

'진의眞意(참 진, 뜻 의)'는 진짜 뜻이라는 의미지요. 그러니까 상대방의 말이 진짜인지 가짜인지 알아본다는 말입니다.

- 예 상대방의 **진의를 파악하는** 게 중요해. 그런 다음에 적절히 대비를 해야겠지.

촉각을 곤두세우다 정신을 집중해서 즉각 대응할 태세를 취하다.

'촉각觸角(닿을 촉, 뿔 각)'은 곤충의 감각 기관인 더듬이를 가리킵니다. 더듬이는 먹이를 찾고 적이 다가오는지 확인할 때 사용하지요. 그러니 촉각이야말로 상대방에게 대응하는 데 없어서는 안 될 중요한 기관입니다.

- 예 혹시라도 있을 적의 기습에 대비하기 위해 우리는 **촉각을 곤두세운** 채 경계에 나섰다.

큰마음을 먹다 힘들게 결심하다.

'큰마음'은 크고 넓게 생각하는 마음씨 또는 힘들게 하는 결심을 뜻합니다. 실제로는 '큰맘 먹고'처럼 쓰인답니다.

예) 이번에 **큰맘 먹고** 책상 하나 장만했지.

터럭만큼도 없다 생각이 조금도 없다.

'터럭'은 사람이나 짐승에 난 털을 가리킵니다. 그래서 매우 작은 것, 적은 양 등을 나타낼 때 쓰지요. 털 한 올은 눈에 잘 보이지 않을 만큼 보잘것없으니까요.

예) 나는 반장을 할 마음이 **터럭만큼도 없어**.

한시름 덜다 큰 근심과 걱정을 하지 않게 되다.

'한시름'은 큰 근심과 걱정을 가리킵니다. 그런 걱정을 덜어 냈으니 마음이 편해지겠지요. '한시름 놓다'도 비슷한 뜻입니다.

예) 딸아이가 취직을 했으니 이제 **한시름 덜었습니다**.
예) 아들이 무사히 돌아왔다는 소식을 들은 그는 **한시름 놓은** 표정이었다.

회포를 풀다 마음속에 간직한 생각이나 정을 나누다.

'회포(懷抱, 품을 회, 안을 포)'는 마음속에 품은 생각이나 정을 가리킵니다. 그러니 '회포를 푼다'는 말은 친한 사람들이 오랜만에 만나 이야기를 나누는 모습을 나타냅니다.

예) 몇십 년 만에 만난 이산가족들은 쌓인 **회포를 풀면서** 밤새는 줄도 몰랐다.

01 사이와 관계를 나타내는 표현
02 눈치 보기, 속이기와 관련한 표현
03 칭찬, 아부와 관련한 표현
04 다양한 성격에 대한 표현

좋은 사이 나쁜 사이

- 하나
- 둘
- 셋
- 넷
- 다섯
- 여섯
- 일곱

01
사이와 관계를 나타내는 표현

좋은 사이를 나타내는 표현들입니다.

각별한 사이　유달리 친밀한 사이.

'각별各別(각기 각, 다를 별)'은 유달리 특별하다란 뜻입니다. 다른 누구와도 특별히 차이가 나는 사이니까 매우 친한 사이겠지요. 또 '각별히 신경 쓰다'는 특별히 배려한다는 뜻입니다.

- 예) 우리는 **각별한 사이랍니다**. 그래서 어디를 가건 함께 가죠.
- 예) 이번 손님 대접에는 **각별히 신경을 써야** 한다. 매우 중요한 분들이거든.

공감대를 형성하다　서로 느낌을 함께하는 부분을 만들다.

'공감대共感帶(함께 공, 느낄 감, 띠 대)'는 같은 느낌으로 하나의 띠를 이루는 것입니다. 즉 여러 사람이 뜻을 함께하는 모양을 나타내지요. 그런 행동에 이르는 것을 '공감대를 형성하다', '공감대를 이루다'라고 합니다.

- 예) 남한과 북한 당국은 평화적 통일을 추진한다는 데 **공감대를 형성했다**.

끼고 돌다　편을 들며 변호하다.

'끼다'라는 말은 팔이나 손에 걸거나 끼운다는 뜻으로, 가장 가까이 두고 함께 다닌다는 말입니다. '끼고 돌다'라고 하면 '늘 함께 따라다니며 보호하다'라는 의미로 확장해서 쓰입니다. 이 표현은 누군가를 지나치게 '과잉보호한다'는 부정적인 뜻으로 쓰는 경우가 많아요.

- 예) 저 아줌마는 온종일 자기 아이만 **끼고 돈다니까**.

대인 관계가 원만하다　남과의 관계가 부드럽고 좋다.

'대인 관계對人關係(대할 대, 사람 인, 빗장 관, 이을 계)'는 사람과 사람 사이의 관계를 뜻합니다. '대인 관계가 원만하다'고 하면 사람들과 부딪히거나 싸우지 않고 좋은 관계를 유지한다는 뜻입니다.

- 예) 종현이는 **대인 관계가 원만해서** 친구가 많다.

우호적인 분위기   사이가 좋은 분위기.

'우호적友好的(벗 우, 좋을 호, ~의 적)'은 친구처럼 사이가 좋다는 뜻입니다. 우호적인 분위기를 이끌어 내는 대화를 나누려고 노력하면 다른 사람과의 관계에서 공감대가 더 잘 형성될 거예요.

> 예 두 나라 사이의 회담은 **우호적인 분위기** 속에서 진행되었다.

정이 들다   친밀한 관계나 가까운 사이가 되다.

'정情(정 정)'은 오랫동안 사귀거나 함께 지내면서 생기는 친근함이나 사랑하는 감정을 뜻합니다. '들다'는 밖에서 안으로 들어오거나 물드는 모양을 뜻하는 동사인데, 어떤 마음이나 느낌이 생기는 상태를 나타낼 때 많이 쓴답니다.

> 예 두 사람은 오랫동안 함께 일하면서 **정이 들었다**.

친목을 도모하다   친밀한 관계를 맺기 위해 노력하다.

'친목親睦(친할 친, 화목할 목)'은 친하고 사이가 좋다는 뜻입니다. '도모하다'라고 하면 대책과 방법을 세우는 것을 말해요. 그래서 '친목을 도모하다'라고 하면 서로 더 친해지기 위한 자리나 행사를 마련할 때 자주 쓰는 표현이랍니다. '친선親善(친할 친, 좋을 선)을 도모하다'라는 표현도 있는데, 이는 나라와 나라, 또는 큰 단체와 단체가 좋은 사이를 유지하기 위해 노력하는 것을 가리킵니다.

> 예 이번 캠프는 여러 나라에서 온 친구들끼리 **친목을 도모할** 수 있는 좋은 기회입니다.
> 예 두 나라가 이번 경기를 통해 **친선을 도모할** 수 있게 된 것을 기쁘게 생각합니다.

한배를 타다   같은 입장이나 처지가 되다.

'한'이라는 말은 수량이 하나라는 뜻도 있지만, '같다'라는 뜻도 있습니다. 그래서 '한배'라고 하면 같은 배를 탔다는 말이에요. 같은 배를 탔으면 당연히 같은 처지에 놓인 것이지요. 그래서 이 말은 힘을 합쳐 어떤 일을 처리하거나 성과를 내고자 할 때 자주 쓰는 표현입니다.

> 예 이제 우리는 **한배를 탄** 겁니다. 그러니 힘을 합쳐 최선을 다합시다.

한솥밥을 먹다 함께 생활하며 지내다.

'한솥밥'은 같은 솥에서 푼 밥을 뜻하는데, 주로 '먹다'와 함께 쓰여서 어떤 일을 함께 하기 위해 같은 공동체에 소속된다는 의미를 지녀요. 위에서 살펴본 '한배를 타다'와 비슷하면서도 다른 의미를 지닌 표현이지요.

예 우리가 **한솥밥을 먹은** 지도 벌써 일 년이 다 되어 가네.

혼연일체가 되다 여러 사람의 마음과 행동이 하나가 되다.

'혼연일체渾然一體(모두 혼, 그러할 연, 한 일, 몸 체)'는 생각과 행동, 의지 등이 한 몸처럼 완전히 하나가 되는 것을 말해요. 서로 이해관계가 조금씩 차이가 나는 개인들이나 집단이 힘을 합쳐 모두에게 도움이 되는 방향으로 일이 이루어지도록 할 때 이 표현을 자주 쓴답니다.

예 우리 모두 **혼연일체가 되어** 이 어려움을 극복하자꾸나.

흉금을 터놓다   마음을 솔직하게 터놓다.

'흉금胸襟(가슴 흉, 마음 금)'은 본래 앞가슴의 옷깃을 이르는 말인데, 겉으로 드러내지 않고 마음속으로만 품은 생각을 비유해서 쓰는 말이기도 해요. '터놓다'는 막힌 통로나 문을 통하도록 하다라는 뜻을 지니고 있습니다. 그러니까 '흉금을 터놓다'는 생각을 숨김없이 내보이고 털어놓다라는 의미를 지닌 표현이에요.

예 두 사람은 **흉금을 터놓고** 이야기를 나눈 끝에 서로를 이해하게 되었다.

흉허물이 없다   흉이나 허물이 될 일을 가리지 않을 만큼 친근하다.

'흉'은 상처가 아문 뒤에 남는 자국인데, 모자라는 점이나 결점을 이르는 말이기도 해요. '허물'은 파충류나 곤충들이 자라면서 벗는 껍질로, 흉과 마찬가지로 모자란 점이나 결점을 뜻하지요. 그래서 '흉허물이 없다'라고 하면 흉이나 허물이 크게 문제가 되지 않을 만큼 서로 마음을 터놓는 사이라는 의미이지요.

예 우리는 **흉허물이 없는** 사이야. 그러니 아무리 이간질을 시키려 해도 소용없어.

나쁜 사이를 나타내는 표현들입니다.

거들떠보지 않다   알은척하지 않거나 관심을 갖지 않다.

'거들떠보다'는 눈을 위로 크게 뜨다의 '거들뜨다'와 '보다'가 합쳐진 말입니다. 주로 부정어와 함께 쓰여, 관심조차 갖지 않는다는 의미로 많이 쓰이지요.

📌 나는 자기 욕심만 챙기는 그런 사람들은 **거들떠보지도 않아**.

거리가 멀다   둘 사이에 관계가 거의 없다.

어떤 대상이나 사람 사이의 거리가 멀다면 말이나 마음이 통하기가 쉽지 않아요. '거리가 멀다'는 물리적 거리가 멀다는 뜻이지만, 주로 어떤 대상과 대상 사이, 사람이나 대상 사이의 관계가 멀거나 관련성이 적다는 뜻이랍니다.

📌 네 말은 정답과는 **거리가 멀다**. 다시 한 번 생각해 보렴.

고압적인 태도   남을 힘으로 억누르려고 하는 태도.

'고압적高壓的(높을 고, 누를 압, ~의 적)'은 힘이나 권력 따위로 억누른다는 뜻이죠. '고압적 태도'는 상대방을 힘이나 권력 따위로 억누르는 좋지 않은 태도를 가리켜요.

📌 그는 나를 보자마자 눈에 힘을 주고 **고압적 태도로** 나왔다.

골이 깊다   둘 사이가 멀다.

'골'이란 산과 산 사이에 깊숙이 움푹 팬 골짜기를 뜻해요. 골짜기가 아주 깊으면 산과 산 사이 거리도 멀고 산세도 아주 험하지요. 그래서 사람과 사람 사이의 관계가 나쁘거나 멀어졌을 때 '골이 깊다'라는 표현을 써요.

📌 두 사람은 마음의 **골이** 너무 **깊어** 쉽게 화해할 수 없을 것 같아.

골탕을 먹이다 크게 손해를 입히거나 곤란하게 만들다.

'골탕'은 크게 손해를 보거나 곤란을 당하는 것입니다. 그러니 골탕을 먹이면 상대방은 당연히 큰 손해를 입거나 곤란하게 되겠죠. '골탕을 먹이다'는 내가 상대를 곤란하게 만들 때 쓰고, '골탕을 먹다'는 내가 곤란해질 때 씁니다.

예) 친구를 그렇게 **골탕 먹이다니**! 그럼 언젠가 너도 **골탕 먹게** 돼.

균열이 생기다 거북이 등딱지처럼 갈라지다. / 갈등이 생기다.

'균열龜裂(터질 균, 찢어질 열)'은 거북 등딱지처럼 터지고 갈라진 것을 가리킵니다. 그러니까 균열이 생기면 당연히 이곳저곳이 터지고 갈라졌겠지요. 이 표현은 물건이 터지고 갈라졌을 때도 쓰고, 두 사람 또는 단체 등의 사이에 갈등이 일어날 때도 씁니다.

예) 벽에 **균열이 생겼다**. 하루라도 빨리 보수를 해야겠다.
예) 두 친구 사이에는 이미 **균열이 생겼기** 때문에 화해하기가 쉽지 않아.

금이 가다 벌어지거나 틈이 생기다.

그릇 등이 깨지려고 가늘게 벌어진 모습을 가리켜 '금이 갔다'고 하지요. 이 뜻이 확장되어 사람 사이에 틈이 생겨 관계가 서먹서먹해질 때도 씁니다.

예) 어제까지만 해도 함께 사업을 하던 둘 사이에 **금이 가고** 말았다.

담쌓고 지내다 일이나 사람과의 관계를 끊고 살다.

담을 쌓는다는 것은 안과 밖, 이쪽과 저쪽을 구분지어 자신만의 영역을 지키는 것입니다. 그래서 '담쌓고 지내다'라는 말은 다른 사람과의 관계나 어떤 일과 관련을 끊고 지낼 때 많이 쓰는 표현이랍니다.

예) 우리는 서연이와 다툰 후부터 서로 **담쌓고 지낸다**.

마찰을 피하다   사이가 좋지 않은 경우 충돌하지 않도록 피하다.

'마찰摩擦(문지를 마, 비빌 찰)'은 무엇에 대고 문지르다는 말인데 이 뜻이 확장되어, 서로 맞지 않는 사람끼리 부딪치거나 갈등을 일으키는 상황에서 쓰이는 표현입니다. '마찰을 빚다'라고도 씁니다.

- 예 나는 규빈이와 **마찰을 피하기** 위해 일부러 그 모임에 가지 않았다.
- 예 두 사람은 만나자마자 **마찰을 빚기** 시작했다.

면박을 주다   얼굴을 맞대고 꾸중하다.

'면박面駁(얼굴 면, 논박할 박)'은 얼굴을 마주 대한 채 꾸짖는 것을 말합니다. 반대말은 '면박을 당하다'입니다.

- 예 희정이는 선빈이를 만나자마자 화를 내며 **면박을 주었다**.
- 예 **면박을 당한** 선빈이는 부끄러워 어쩔 줄 몰랐다.

미운털이 박히다   누군가에게 몹시 미움을 받다.

털이라는 것은 살갗에 콕 박혀 드러나 보이는 것이지요. 그래서 '미운털이 박히다'라고 하면, 상대방에게 좋지 않은 선입견이 생겨서 무슨 행동을 해도 밉게 보일 때 쓰는 재미있는 표현입니다.

- 예 아무래도 사장님께 **미운털이 박힌** 게 분명해. 나만 보면 인상을 찌푸리시니 말이야.

색안경을 쓰고 보다   편견을 가지고 보거나 판단하다.

'색안경'은 색깔이 들어간 알을 끼운 안경을 말해요. 보통 안경알은 투명해서 사물을 있는 그대로의 색으로 볼 수 있지만, 색이 들어간 안경알로 보면 사물이 안경알의 색깔로 보이겠지요? 그래서 '색안경을 쓰고 보다'라는 말은 어떤 치우친 관점이나 편견을 가지고 사람이나 사물을 대할 때 많이 사용하는 표현인데 주로 부정적인 의미로 쓴답니다.

- 예 사람을 판단할 때 **색안경을 쓰고 보면** 안 돼. 그럼 그 사람의 본모습을 알 수 없으니까.

어긋장을 놓다   상대의 뜻에 따르지 않고 거부하거나 트집 잡다.

'어긋장'은 본래 넓고 평평한 나무를 짜서 문을 만들 때, 이어 붙인 나무들이 일그러지는 걸 막기 위해 대각선으로 덧대는 굵은 나무를 말해요. 어긋장은 대각선으로 비스듬하게 기울여 대고 붙이기 때문에 어떤 일을 삐딱한 시선으로 바라보거나 잘못되도록 훼방을 놓는다는 의미로 자주 쓰이는 표현이에요. '어긋장을 부리다'도 비슷한 뜻이랍니다.

예 윤수는 우리 일에 사사건건 **어긋장을 놓으며** 방해했다.
예 제발 **어긋장** 좀 **부리지** 마라.

예의에 벗어나다   지켜야 할 말씨와 몸가짐을 지키지 않다.

'예의禮義(예의 예, 도의 의)'는 다른 사람과의 관계에서 지켜야 할 말씨와 몸가짐을 말합니다. '예의에 어긋나다'도 같은 뜻입니다.

예 식당이나 공공장소에서 떠들고 뛰어다니는 것은 **예의에 벗어난** 행동이다.

인연을 끊다 이제까지 맺어 온 관계를 없던 것으로 하다.

'인연(因緣)(까닭 인, 묶일 연)'이란, 사람과 사람 사이 또는 사람과 어떤 일 사이에 관련성이 생기거나 관계가 맺어지는 것을 뜻해요. 그래서 '인연을 끊다'라고 하면 이제까지 맺어 온 관계를 없던 일로 해 버린다는 뜻이지요. 반대되는 말은 '인연을 맺다'입니다.

예 그는 그 일을 계기로 현주와의 **인연을 끊어** 버렸다.
예 이렇게 **인연을 맺었으니** 앞으로 영원히 아름다운 관계를 이어 나가도록 합시다.

정나미가 떨어지다 남아 있던 정까지 모두 사라지다.

'정'은 앞서 배운 대로 오랫동안 사귀거나 함께 지내며 생긴 친근감을 뜻하며, '나미'란 그 친근함이 마지막까지 남아 있는 것을 뜻하지요. '정나미'는 '정'보다 훨씬 더 깊은 애착의 뜻을 지니지만 '떨어지다'와 함께 쓰면 주로 부정적인 표현이 돼요. '정나미가 떨어지다'란 한마디로, 마지막 남은 정까지 모두 사라질 정도로 마음이 멀어졌다는 의미예요.

예 그와 함께 있다 보면 **정나미가 떨어진다니까**.

02
눈치 보기, 속이기와 관련한 표현

눈치를 보거나 눈치를 주는 표현들입니다.

관망하다 돌아가는 상황을 멀리서 바라보다.

'관망觀望(볼 관, 바라볼 망)'은 멀리서 바라본다는 뜻입니다. 옆에 비켜서서 상황을 바라볼 때 쓰는데, 어떻게 하는 것이 유리할지 눈치를 본다는 의미를 지녀요. '사태의 추이를 관망하다'로도 자주 씁니다. '추이推移(밀 추, 바라볼 망)'는 일이나 형편이 시간에 따라 변해 나가는 모습을 뜻해요.

- 예) 그는 어느 편도 들지 않고 회의가 어떻게 진행되는지 **관망만 하고** 있었다.
- 예) 우리는 회의에 참석했지만 발언을 삼간 채 **사태의 추이를 관망하기로** 했다.

낌새를 엿보다 어떤 일이 되어 가는 형편을 조심스레 살피다.

'낌새'는 어떤 사건 또는 두 사람 사이 관계에서 어느 쪽으로 일이 진행될지 가늠하고 재어 보는 '눈치'의 의미로 확장되어 씁니다. 그래서 어떤 일이 되어가는 형편을 알아차리거나 눈치채는 것을 '낌새를 엿보다'라고 표현한답니다. '기미'도 '낌새'와 같은 뜻입니다.

- 예) **낌새를 엿보다가** 기회가 왔다 싶으면 네 주장을 펼치거라.
- 예) 내가 키우는 병아리가 살아날 **기미가 보이지** 않는다.

냄새가 나다 어떠한 일의 낌새나 조짐을 미리 알아채다.

'냄새'는 생존 능력과 직결되는 예민한 감각입니다. 냄새를 잘 맡아야 음식이 상했는지 알 수 있고 악취나 탄 냄새 같은 조짐을 본능적으로 알아채서 위험을 미리 피할 수 있기 때문이지요. 그래서 '냄새가 나다'라고 하면 코로 맡을 수 있는 기운을 뜻하기도 하지만, 일이 어떻게 진행될지 낌새나 분위기를 눈치로 알아챈다는 뜻으로 확장되어 쓰여요.

- 예) 이 사건에는 어쩐지 수상한 **냄새가 난단** 말이야. 단순한 사건이 아닌 것 같아.

동정을 살피다   일이 어떻게 돌아가는지 조심스럽게 알아보다.

'동정動靜(움직일 동, 고요할 정)'은 상황이 전개되는 낌새나 상태를 가리켜요. 그러니까 상대방이 움직이는지 가만있는지 알아보는 것을 '동정을 살피다'라고 하지요. '동태를 살피다', '동태를 파악하다'도 같은 뜻이랍니다.

- 예 적의 **동정을** 유심히 **살펴야** 한다.
- 예 적의 **동태를 파악하라**!

동향을 살피다   행동이나 일이 되어 가는 형세를 알아보다.

'동향動向(움직일 동, 향할 향)'은 사람이나 일이 움직이는 방향을 살피는 것입니다. 그래서 상황이 어떻게 되어 가는지 알아볼 때 '동향을 살피다', '동향을 파악하다'라고 합니다.

- 예 사람들이 이 일에 대해 어떻게 생각하는지 **동향을** 잘 **살펴보자**.
- 예 이 일이 어떻게 전개될지 **동향을 파악해서** 보고하시오.

못 이기는 척   하고 싶은 마음을 겉으로 드러내지 않고 행하다.

'못 이기는 척'은 마음속으로 하고 싶은 마음은 있지만 마치 자기 뜻이 아닌 듯 행동하는 것을 말합니다.

- 예 우리가 함께 가자고 이끌자 철수는 **못 이기는 척** 우리를 따라왔다.

설설 기다   다른 사람 앞에서 눈치를 보며 굽실대다.

'설설'은 두려움에 떨며 순종하는 모습을 나타냅니다. 그래서 이 표현은 눈치를 보며 비굴한 모습을 나타낼 때 사용하는 표현입니다.

- 예) 비열한 사람일수록 약한 사람 앞에서는 으스대고 강한 사람 앞에서는 **설설 긴다**.

안면을 바꾸다   이제까지와는 전혀 다른 태도를 보이다.

'안면顔面(얼굴 안, 낯 면)'은 눈, 코, 입 등이 있는 사람 머리의 앞쪽 면을 말하는데, 얼굴을 익혀 알고 지낼 만한 친분이라는 뜻으로도 쓰여요. 그래서 '안면을 바꾸다'라고 하면 친분이 있었지만 갑자기 모른 척하거나 뻔뻔스럽게 행동하는 것을 말합니다. '안면을 몰수하다'도 같은 뜻입니다. '몰수하다'는 가지고 있던 물건 등을 다시 거둬들인다는 뜻이에요.

- 예) 그는 어제까지와는 달리 오늘은 우리를 향해 **안면을** 싹 **바꾸었다**.
- 예) 아무리 이익이 중요해도 그렇게 친하던 사람에게 갑자기 **안면을 몰수할** 수 있느냐?

팔짱을 끼다   눈앞에서 벌어지는 일에 상관하지 않고 지켜보다.

'팔짱'은 두 팔을 마주 걸어 양손을 다른 쪽 팔 위로 올려놓는 것, 또는 다른 사람의 팔을 옆에서 끼거나 부축하는 행동을 뜻합니다. 해결해야 할 문제가 있을 때 두고 보며 더 생각하는 과정에서 자연스레 나오는 자세예요. 그래서 눈앞의 일을 나서서 하려 하지 않고 지켜보고만 있는 상황에서 자주 써요. '간섭하거나 거들지 않고 그대로 내버려 두다'라는 뜻의 '수수방관袖手傍觀(소매 수, 손 수, 곁 방, 바라볼 관)'도 같은 의미입니다.

- 예) 아빠와 엄마가 **팔짱을 끼고** 걷는 모습을 보면 기분이 좋다.
- 예) 그는 **팔짱을 낀** 채 우두커니 서서 창문 밖만 바라보고 있었다.
- 예) 넌 우리가 이렇게 어려움을 겪고 있는데도 **수수방관만** 하고 있을 셈이냐?

속고 속이는 표현들입니다.

구워삶다 여러 가지 방법으로 상대편을 자기 말대로 움직이게 만들다.

'구워삶다'는 '굽다'와 '삶다'가 합쳐진 말로, 고기를 굽고 삶으면 질긴 고기라도 먹기 좋게 부드러워지겠지요. 그래서 어떻게 해서든 상대방을 구슬러서 자기 생각대로 행동하게 만드는 것을 '구워삶다'라고 표현합니다.

예) 그를 어떻게 **구워삶았는지** 하루 만에 우리 편으로 돌아섰다.

그럴싸하다 상대방이 그렇다고 여길 만하다.

겉으로 드러난 것만 보았을 때 사람이나 사물, 말이 꽤 번듯하다는 뜻입니다. 하지만 이 표현은 그 말이나 글을 그렇다고 여길 만하지만, 사실은 실속이 없거나 속이려는 의도를 담고 있다는 뜻이지요. '그럴듯하다', '그럴싸하게 여기다'라는 말도 같은 뜻으로 자주 씁니다.

예) 네 거짓말이 **그럴싸하다만** 나를 속이지는 못한다.
예) 네 말을 들어 보니 참으로 **그럴듯하구나**. 그러나 이미 네 배신행위를 모두 알고 있어.

내숭 떨다 속은 엉큼하면서 겉으로는 순해 보이도록 행동하다.

'내숭'은 겉으로는 순해 보이는 척하지만 속은 엉큼하다는 뜻이에요. 본래 '내흉(內凶(안 내, 흉할 흉))'이란 한자어인데, 시간이 흘러 우리말 '내숭'으로 바뀐 것이지요. '내숭하다'라는 형용사도 있지만, 어떤 동작이나 성질을 겉으로 나타내는 모습을 강조하는 동사인 '떨다'와 함께 써서 '내숭 떨다'라는 표현을 더 많이 씁니다.

예) 이제 그만 **내숭 떨고** 솔직하게 행동하면 어떻겠니?

농간을 부리다 남을 속여 피해를 주는 간사한 짓거리를 일삼다.

'농간弄奸(가지고 놀 농, 범할 간)'은 다른 사람을 속여 피해를 주는 짓을 말합니다. 그런 짓을 일삼는 것을 '농간을 부리다'라고 하며, 그런 짓에 속아 넘어가는 것은 '농간에 넘어가다'라고 표현해요.

- 예) 장사꾼들이 시민들을 상대로 **농간을 부려** 큰 이익을 거두었다.
- 예) 시민 여러분께서는 저들의 **농간에 넘어가지** 않도록 주의하시기 바랍니다.

농락하다 사람을 교묘한 꾀로 속여 제 마음대로 놀리다.

'농락籠絡(조롱 농, 고삐 락)'는 본래 새장과 고삐라는 뜻으로, 고삐를 이용해 새장 속의 새를 마음대로 가지고 논다는 의미로 확장해서 쓰이게 되었지요.

- 예) 아무리 힘없는 사람이라고 이렇게 **농락하다니**! 천벌을 받을 것이다.
- 예) 돈 없는 사람은 집주인에게 **농락당할** 수밖에 없다니까요.

능청맞다 마음속에는 딴생각을 품고 있으면서도 겉으로는 아무렇지도 않은 듯 행동하다.

'능청'은 마음속은 엉큼하면서도 겉으로는 천연덕스럽게 꾸미는 태도를 가리킵니다. '능청스럽다', '능청 떨다', '능청 부리다' 등도 같은 뜻입니다.

- 예) 저 녀석 하는 행동 좀 봐라. 정말 **능청맞구나**.
- 예) 선영이는 정말 **능청스럽게** 연기를 잘하네.

밑천이 드러나다 재산이나 재주 등이 겉으로 드러나거나 궁해지다.

'밑천'은 어떤 일을 할 때 필요한 기본적인 돈이나 물건, 재능 등을 가리킵니다. 그런데 '밑천이 드러나다'라고 하면, 평소에 숨겨져 있던 자신의 부족한 바탕이나 성격이 겉으로 드러난다는 의미로 확장되어 쓰여요.

- 예) 이제 내 능력의 **밑천이** 다 **드러났으니** 나는 물러나야겠다.

속셈이 드러나다   몰래 꾸미던 생각이 밝혀지다.

'속셈'이란 머릿속으로 수를 따져 센다는 의미인데, 자신에게 이익이 되는지 안 되는지 따진 뒤 속으로 가늠해 본다는 부정적인 의미가 담겨 있기도 해요. 이러한 '속셈'이 드러났다는 것은, 마음속으로 몰래 계획한 일이나 궁리를 들켰다는 말이지요.

예) 그 친구의 **속셈이** 무엇인지 다 **드러났으니** 얼마나 다행인지 몰라.

엄살을 부리다   아픈 척하거나 과장되게 괴롭다고 하다.

'엄살'은 거짓으로 꾸미거나 실제보다 부풀리는 태도를 말합니다. '엄살을 피우다', '엄살을 떨다'도 '엄살을 부리다'와 비슷한 뜻입니다.

예) 이제 그만 **엄살을 부리고** 일어나라. 아프지 않다는 사실을 다 안다.
예) 언제까지 **엄살 피우며** 학교에 안 갈 거니?

오리발을 내밀다   자기 잘못을 감추고 딴전을 부리다.

'닭 잡아먹고 오리발을 내밀다'는 속담에서 앞 구절이 빠진 말입니다. 이 속담과 관련해서 재미있는 이야기가 전해오고 있어요. 오리발은 물갈퀴가 있기 때문에 닭발과 확실히 구별돼요. 그런데 어떤 사람이 남의 닭을 잡아먹고는 닭발 대신 오리발을 내밀며 자신은 닭을 잡아먹지 않았다고 뻔뻔하게 거짓말을 했다고 해요. 그래서 일을 저질러 놓고도 시치미를 뚝 떼며 거짓말하는 사람의 태도를 '오리발을 내밀다'라고 표현하지요.

예) 분명히 자기가 한 짓인데도 모른 척 **오리발을 내밀다니**!

요령을 부리다   적당히 꾀를 피우다.

'요령要領(필요할 요, 요긴할 령)'은 본래 경험에서 배운 이치를 뜻하는데, 이것이 적당히 꾀를 피우다라는 부정적인 의미로 쓰이기도 해요. '요령을 피우다'도 같은 뜻입니다.

예) 그는 이리저리 **요령을 부리며** 다른 사람들이 열심히 일할 때 편히 지냈다.

잔재주를 피우다 남을 속이려고 약삭빠르게 행동하다.

'잔재주'는 자질구레한 일을 잘 해내는 재주를 뜻해요. 이 말이 부정적으로 쓰여서 '잔재주를 피우다'라고 하면 다른 사람을 속이는 약은 재주를 의미하는 표현으로 자주 쓰이지요. '잔재주를 부리다'도 같은 표현입니다.

예 그는 어느 직장을 가건 **잔재주를 피우곤** 하는데, 금세 들통나서 오래 다니질 못한다.

흑심을 품다 음흉한 마음을 갖다.

'흑심黑心(검을 흑, 마음 심)'은 검은 마음, 즉 음흉하고 올바르지 않은 마음을 뜻합니다. 그래서 '흑심을 품다'라고 하면 다른 사람을 속이거나 부정한 일을 할 기미가 있는 사람에게 쓸 수 있는 표현이지요.

예 네가 **흑심을 품고** 접근한다는 사실을 모두 알고 있어. 그러니 스파이 노릇일랑 그만둬.

단호한 의지를 나타내는 표현들입니다.

결단을 내리다   결정을 짓다.

'결단決斷(결정할 결, 끊을 단)'은 딱 잘라 결정한다는 뜻이에요. 그러니까 중요한 결정을 내릴 때 쓰는 표현이죠. '결단을 짓다'도 같은 뜻입니다.

예) 빨리 **결단을 내리십시오**. 적이 코앞까지 닥쳐왔습니다.

딱 부러지다   분명하고 정확하다.

'부러지다'는 무엇이 꺾이거나 두 동강이 난다는 말이죠. 그런데 '딱' 소리를 내며 부러진다면 확실히 부러진 것이겠지요. 이 표현은 사람의 성격이나 행동이 분명하고 단호할 때 사용합니다.

예) 영규는 무슨 일을 하든 **딱 부러지게** 해낸다.

못을 박다   분명히 다짐하다.

못을 박으면 다시 빼기가 힘들죠. 그래서 '못을 박다'라고 하면 약속이나 말, 행동 등을 절대 바꾸지 않는다는 뜻입니다.

예) 그는 언제든 말을 바꾸면서 약속을 지키지 않으니 단단히 **못을 박아** 두어야 해.

사활을 걸다   죽음과 삶을 결정지을 만큼 중요한 일에 온 힘을 기울이다.

'사활死活(죽을 사, 살 활)'은 죽음과 삶을 의미합니다. 이 뜻이 확장되어 사업이 흥하느냐 망하느냐, 일이 성공하느냐 실패하느냐의 기로에서 결정적인 선택을 하는 상황을 나타내게 되었답니다. 그래서 '사활을 건다'고 하면 죽느냐 사느냐를 결정지을 만큼 중요한 결단을 내리는 것입니다.

예) 우리는 이번 시험에 **사활을 걸었다**. 성적이 더 떨어지면 절대로 안 돼.

서슴지 않다 주저하지 않다.

'서슴다'는 머뭇거린다는 뜻으로, 부정형인 '서슴지 않다', '서슴지 말다'로만 쓰인답니다. 서슴지 않고 행동한다면 당연히 다른 사람의 눈치를 보는 일은 없겠죠.

예) 무엇이든 **서슴지 말고** 이야기하렴. 네 말이라면 다 들어줄 테니까.

심지가 굳다 마음에 품은 뜻이 강하다.

'심지(心志)(마음 심, 뜻 지)'는 마음에 품은 뜻을 말합니다. 그러니 심지가 굳다면 마음에 품은 뜻을 반드시 이루려고 노력하겠죠. 반대로 심지가 약하면 쉽게 뜻을 포기할 것입니다.

예) 그는 정말 **심지가 굳은** 사람이야. 어떤 일이 있어도 결코 포기하지 않을걸.

어림 반 푼어치도 없다 절대 가능하지 않다.

'반 푼'은 옛날 돈인 엽전 한 푼의 절반을 가리키는데, 매우 적은 돈이라는 뜻이에요. '어림'은 대강 짐작으로 헤아리는 것이고요. 그래서 '어림 반 푼어치도 없다'라는 말은 대략 짐작으로 판단할 정도의 적은 돈조차 없다, 즉 아무것도 없다는 뜻이에요. 이 뜻이 확장되어 '절대 안 된다', '말도 안 된다'라는 의미를 담은 표현이 되었답니다.

예) 네 숙제를 나더러 대신해 달라고? **어림 반 푼어치도 없는** 말 하지도 마.

유감없이 발휘하다 불만족한 부분이 없이 마음껏 뜻을 펼치다.

'유감遺憾(남길 유, 서운할 감)'은 마음에 남아 있는 서운함을 말합니다. '유감없이 발휘하다'고 하면 재능이나 능력을 마음껏 떨친다는 뜻이에요.

예 윤식이는 자기 능력을 **유감없이 발휘하고는** 만족한 표정을 지었다.

이론의 여지가 없다 더 논의할 필요조차 없다.

'이론異論(다를 이, 논의 논)'이란 서로 다른 의견을 뜻합니다. '여지餘地(남을 여, 땅 지)'는 무슨 일을 하거나 생각할 여유를 가리키고요. 그래서 '이론의 여지가 없다'고 하면 다른 의견을 생각할 필요도 없다는 말입니다. '재론再論(다시 재, 논의할 논)의 여지가 없다'도 비슷한 뜻이에요.

예 그가 배신자라는 데 대해서는 **이론의 여지가 없다**.
예 이 결정에 대해서는 **재론의 여지가 없을** 만큼 모든 회원이 동의했다.

주사위는 던져졌다 어떤 일이 이미 결정되다.

주사위 게임을 할 때 주사위를 한번 던지면 그것으로 끝이죠. 그래서 '주사위는 던져졌다'라고 하면 어떤 일이 이미 결정되었음을 뜻합니다.

예 이미 **주사위는 던져졌어**. 그러니 물러설 생각 하지 말고 최선을 다하자고.

줏대가 있다 자신만의 뜻이나 의지가 분명하다.

'줏대'는 일을 처리할 때 갖는 단호하고 분명한 뜻과 의지를 뜻합니다. 그래서 일을 소신껏 할 때는 '줏대가 있다'고 하지만, 눈치를 보며 이랬다저랬다 하면 '줏대가 없다'고 합니다.

예 그는 무슨 일이건 **줏대 있게** 해낸다. 반대로 그 아우는 **줏대가 없어**.

지조를 지키다   원칙과 신념을 끝까지 굽히지 않고 굳게 지니다.

'지조志操(뜻 지, 잡을 조)'는 원칙과 신념을 꿋꿋이 지키려는 의지를 말합니다. 그래서 중간에 자신의 뜻을 굽히지 않는 사람을 일러 '지조 있는 사람'이라고 해요.

🔴 옛 선비들 가운데 죽음 앞에서도 **지조를 지키는** 분들이 많았다.

천하없어도   무슨 일이 있어도. 반드시.

'천하天下(하늘 천, 아래 하)'는 하늘 아래 모든 것을 말해요. '천하없어도'는 하늘 아래 모든 것이 사라진다 해도, 즉 무슨 일이 있어도라는 뜻입니다.

🔴 올해는 **천하없어도** 게임을 끊을 거야.

혼신의 힘을 다하다   온몸의 힘을 다 쓰다.

'혼신渾身(모두 혼, 몸 신)'은 '온몸'이라는 뜻입니다. 그러니까 '혼신의 힘을 다하다'는 있는 힘을 다해 노력하는 것을 뜻해요.

🔴 나는 구덩이에서 빠져나오기 위해 **혼신의 힘을 다했다.**

03
칭찬, 아부와 관련한 표현

칭찬하는 표현들입니다.

갈채를 보내다 크게 소리치며 칭찬하다.
'갈채喝采(외칠 갈, 벼슬 채)'는 크게 소리쳐 칭찬한다는 뜻입니다. 주로 '박수갈채'라는 표현으로 자주 쓰여요.

예 관중들은 모두 일어나 패했지만 최선을 다한 선수들을 향해 **갈채를 보냈다**.

견문이 넓다 보고 들은 게 많다.
'견문見聞(볼 견, 들을 문)'은 보고 듣는다는 뜻으로, '견문이 넓다'고 하면 보고 들은 게 많아 아는 게 많다는 의미예요. 반대말은 '견문이 좁다'입니다.

예 우리 선생님께서는 **견문이** 무척 **넓으셔**. 안 가 본 곳이 없을 정도라니까.
예 그렇게 **견문이 좁은데** 어떻게 외교관이 되겠다는 거니?

금싸라기 같은 매우 소중한.
'싸라기'는 부스러진 쌀 부스러기를 뜻해요. 그래서 아주 귀하거나 비싼 것을 비유적으로 '금싸라기'라고 표현한답니다.

예 **금싸라기 같은** 땅을 팔아 마련한 돈으로 사업을 했으나 결국 망하고 말았다.

금이야 옥이야 몹시 아끼고 귀하게 여기다.
금과 옥은 아주 귀한 보물입니다. 보통 아이를 매우 아끼고 귀하게 기르는 것을 비유적으로 이를 때 '금이야 옥이야'라는 표현을 자주 써요.

예 너를 **금이야 옥이야** 키웠는데 다 커서는 이렇게 부모 속을 썩이다니!

본을 보이다 모범이 되다.

'본本(근본 본)'은 남이 배워서 그대로 따라 할 만한 대상을 가리켜요. 그래서 '본 뜨다'고 하면 어떤 것을 본보기로 해서 그대로 만들거나 행동한다는 뜻이지요. '본을 보이다'라고 하면 따라 할 만한 모범이 되는 행동을 다른 사람에게 보인다는 표현이고, '본받다'라고 하면 바람직한 행동을 따라 한다는 뜻이에요.

- 예 동생을 야단치기 전에 네가 먼저 **본을 보이거라**.
- 예 혼자 못 만들겠으면 선생님께서 만든 것을 **본떠서** 만들어 봐.
- 예 모든 일에 최선을 다하시는 선생님을 **본받는** 게 어떻겠니?

성에 차다 결과가 기대한 만큼 좋아서 만족하다.

'성'은 사람의 본성이나 마음을 뜻합니다. 그러니까 '성에 차다'는 마음에 찬다는 뜻이지요. 반대로 기대한 만큼 결과가 좋지 않을 때는 '성에 안 차다'라고 합니다.

- 예 스승님의 **성에 차려면** 아직도 멀었습니다. 더욱 열심히 하겠습니다.
- 예 고작 이 정도니 **성에 안 차는** 게 당연하지.

쌍수를 들어 환영하다 앞장서서 적극적으로 환영하다.

'쌍수雙手(쌍 쌍, 손 수)'는 오른손과 왼손 두 손을 가리켜요. 우리가 어떤 일이나 소식을 지지하거나 누군가를 환영할 때 두 손을 높이 들어 흔들거나 박수를 치지요. 그런 상황에서 흔히 '쌍수를 들어 환영하다'라고 표현합니다.

- 예 우리나라 선수들이 입장하자 운동장에 모인 모든 사람들이 **쌍수를 들어 환영했다**.

장내가 떠나갈 듯하다 실내에 모인 사람들의 환호가 매우 크다.

'장내場內(장소 장, 안 내)'는 장소의 안쪽, 즉 실내와 비슷한 뜻입니다. 이 표현은 등장하는 사람을 크게 환영할 때 사용합니다. 그러니 칭찬 중에서도 으뜸가는 칭찬이지요.

- 예 교장 선생님께서 입장하시자 **장내가 떠나갈 듯한** 환호성이 터져 나왔다.

전도가 양양하다   앞날이 매우 밝고 기대되다.

'전도前途(앞 전, 길 도)가 양양洋洋(바다 양, 바다 양)하다'는 앞길이 바다처럼 드넓고 밝다는 뜻입니다. 앞으로 잘될 것 같은 희망 또는 전망이 있다는 뜻의 '유망하다'를 써서 '전도가 유망하다'라고 표현하기도 해요.

- 예 철수는 그야말로 **전도가 양양한** 젊은이다.
- 예 이 사건 때문에 **전도가 유망한** 젊은이들이 큰 상처를 입고 말았다.

전폭적인 지지   온 힘을 다해 남김없이 보내는 지지.

'전폭적全幅的(완전 전, 너비 폭, ~의 적)'은 모든 힘을 다해서라는 뜻입니다. 그래서 '전폭적인 지지를 보내다'라고 하면 온 힘을 다해 돕는다는 뜻이지요. '전폭적으로 성원을 보내다'라는 표현도 자주 씁니다.

- 예 나는 모험을 무릅쓰고 도전하는 네게 **전폭적인 지지를 보낸다**.
- 예 여러분의 **전폭적인 지지와 성원을** 부탁드립니다.

정평이 나다   세상 사람들에게 좋은 평가를 받다.

'정평定評(정할 정, 평할 평)'은 세상 사람들이 모두 인정하는 평가를 뜻하죠. 그러니까 당연히 좋은 평가를 받은 것입니다.

예 그 제품은 세계적으로 **정평이 난** 것이니까 믿고 사도 괜찮다.

천금 같다   매우 소중하다.

'천금千金(일천 천, 금 금)'은 금 천 냥을 가리킵니다. '냥'도 예전에 사용하던 무게 단위인데 가볍지만 귀한 것을 가리킬 때 주로 사용했답니다. 그래서 '동전 닷 냥', '금 열 냥' 등처럼 썼습니다. 천금은 천 냥의 금을 뜻하니까 매우 귀한 것이지요.

예 **천금 같은** 시간을 헛되이 낭비하면 되겠니?

효성이 지극하다   부모님을 섬기는 태도가 매우 정성스럽다.

'효성孝誠(효도 효, 정성 성)'은 부모님을 섬기는 정성을 뜻합니다. '지극至極(이를 지, 다할 극)'은 끝이 없다는 뜻이고요. 그러니 '효성이 지극하다'고 하면 부모님을 섬기는 정성이 끝이 없다는 말이지요.

예 심청이의 **효성이 지극한** 것이야 모르는 사람이 없지.

아부와 관련한 표현입니다.

비위를 맞추다 다른 사람의 마음에 들도록 아부하다.

'비위脾胃(지라 비, 밥통 위)'는 우리 몸속 기관인 지라와 위를 가리키는데, 이 뜻이 확장되어, 어떤 음식을 먹고 싶어 하는 기분 또는 어떤 일을 하고 싶거나 하기 싫은 기분을 뜻합니다. 그래서 '비위를 맞추다'라고 하면 자신의 뜻과는 관계없이 상대방 기분에 맞춘다는 말입니다.

예 그는 남의 **비위를** 정말 잘 **맞추지**. 그래서 결국 출세한 거 아닐까.

비행기를 태우다 남을 칭찬해서 한껏 치켜세우다.

'비행기飛行機(날 비, 갈 행, 기계 기)'를 탈 때 몸이 붕 떠오르면 꼭 놀이 기구를 타는 기분이 들지요. 그래서 다른 사람이 크게 칭찬하며 치켜세워 줄 때 기분이 좋은 감정을 비유해서 '비행기를 태우다'라고 표현하는데, 이 말에도 '아부하다'는 뜻을 담고 있습니다.

예 너무 **비행기 태우지** 마라. 그러다가 갑자기 마음이 변하면 실망이 크니까.

선심을 쓰다 남에게 좋은 일을 하다.

'선심善心(착할 선, 마음 심)'은 남에게 도움을 베푸는 것을 뜻합니다. '선심을 베풀다'도 같은 뜻이랍니다. 그러나 이 표현은 본심과는 달리 다른 사람에게 잘 보이려고 행동한다는 부정적인 뜻으로 쓰이기도 합니다.

예 현빈이는 친구들에게 **선심을 쓰는** 척하지만 알고 보면 다 자기 이익을 챙기려는 속셈이다.
예 **선심을 베푸는** 것도 자칫하면 오해를 살 수 있으니까 조심해야 한다.

입에 발린 말 진실한 말이 아니라 거짓이나 아부하는 말.

'발림'이란 겉으로 비위를 맞추어 달래는 일을 가리킵니다. 그러니까 '입에 발린 말'은 입으로만 비위를 맞추는 태도를 표현하는 말이에요.

예 **입에 발린 말로** 변명하려고 하지 말고 정직하게 이야기해 보렴.

잘 보이다 상대방의 마음에 들도록 하다.

상대에게 '잘 보이고 싶다'는 것은 상대방이 나를 마음에 들어 해서 원하는 것을 얻고자 하는 마음이 담겨 있는 표현입니다. 이와 반대되는 말은 '잘못 보이다'입니다.

- 예) 나는 누구에게나 **잘 보이려고** 예의 바르게 행동했다.
- 예) 그에게 **잘못 보이면** 좋을 게 하나도 없어. 알겠니?

장단을 맞추다 박자를 맞추다. / 상대방의 행동이나 생각에 동의를 표하다.

'장단長短(길 장, 짧을 단)'은 본래 노래의 박자를 뜻합니다. 이 표현이 확장되어 다른 사람의 행동에 호응하거나 동의를 해 줄 때도 쓴답니다. 상대방의 말이나 행동에 맞장구를 잘 쳐 주면 기분이 좋아져서 상대방에게 긍정적인 이미지를 심어 줄 수 있지요.

- 예) 지휘자가 지시하는 대로 **장단을** 잘 **맞추어야** 한다. 그래야 노래가 어긋나지 않아.
- 예) 윤희는 선생님 말씀에 **장단을** 잘 **맞추는구나**. 그러니 귀여움을 받지.

환심을 사다 남의 마음에 들려고 노력하다.

'환심歡心(기뻐할 환, 마음 심)'은 좋게 여기는 마음이지요. 그러니까 다른 사람이 나를 좋게 여기도록 하는 것이 '환심을 사는 행동'입니다. 이 표현은 진심이 아니라 겉으로만 상대방 마음을 얻으려고 할 때 사용한답니다.

예 물건을 팔려면 우선 손님의 **환심을 사야** 해.

04
다양한 성격에 대한 표현

자신의 뜻을 어떻게든 이루겠다는 의지.

배짱은 어떤 일 앞에서도 굽히지 않고 꿋꿋하고 자신감 넘치게 버티는 성품이나 태도, 어떤 일을 이루겠다는 강한 의지를 말합니다.

배짱을 부리다 양보하지 않고 자기주장을 강하게 내세우다.
예 더 이상 **배짱 부리지** 말고 그의 의견을 받아들여라.

배짱을 튕기다 제멋대로 행동하거나 결정하다.
예 태풍 때문에 물고기가 귀해지자 생선 장수들은 **배짱을 튕기며** 장사했다.

배짱이 좋다 자신만만하게 행동하다.
예 너 정말 **배짱이 좋구나**. 이런 상황에서도 할 말을 다하다니!

배짱이 두둑하다 남을 의식하지 않고 자신만만하다.
예 희영이는 정말 **배짱이 두둑해**. 누구 앞에서도 겁먹지 않는다니까.

사람 힘으로 어쩔 수 없이 타고난 운명.

사람의 성격은 잘 고쳐지지 않기 때문에 그런 타고난 성격이나 운명을 팔자에 비유해서 많이 표현해요. '팔자八字(여덟 팔, 글자 자)'는 '태어난 해, 달, 날, 시간을 나타내는 간지干支의 여덟 글자'를 가리킵니다.

팔자 사납다 기구한 운명을 타고나다.
예) 참 **팔자도 사납지**. 이런 일을 끊임없이 겪는단 말이냐.

팔자가 늘어지다 상황이 매우 좋아서 걱정 없이 편히 지내다.
예) 얼굴빛을 보니 너 요즘 **팔자가 늘어졌구나**.

팔자를 고치다 예전과는 달리 잘살게 되다.
예) 평생 고생만 했는데, 자식들이 효도를 해서 늙어 **팔자를 고쳤구나**.

팔자가 세다 운명이 편치 않아서 힘겹게 살아가다.
예) **팔자가 세서** 그런지 하는 일마다 쉬운 일이 없네그려.

팔자에 없다 분수에 넘쳐 어울리지 않다.
예) 아무래도 벼슬은 내 **팔자에 없나** 봐.

팔자소관이다 타고난 운수 때문이니 어쩔 수 없는 일이다.
예) 이미 지난 일이니 **팔자소관이라** 생각하고 너무 신경 쓰지 말거라.

성격과 관련한 특성을 나타내는 표현들입니다.

강짜를 부리다   질투하거나 시기하다.

'강짜'란 자신이 좋아하는 상대방이 다른 사람을 좋아할 때 질투나 시기심을 느끼는 것을 말해요. '강샘' 또는 '질투'와 같은 말이랍니다.

- 예) 장희빈이 **강짜를 부리면** 임금도 어쩌지 못했다지.

객쩍다   말이나 하는 짓이 실없고 싱겁다.

'객쩍다'는 손님을 뜻하는 한자인 '객客(손님 객)'과 '그런 것을 느끼게 하는 데가 있다'는 의미의 접사 '쩍다'가 합쳐진 말입니다. 손님이 주인집 일에 참견하듯, 별로 귀담아들을 말이 없을 때 쓸 수 있는 표현이에요.

- 예) **객쩍은** 소리 그만하고 돌아가거라. 지금 매우 심각하니까.

게으름을 피우다   게으르게 행동을 하다.

'게으름'은 일하기 싫어하는 성미나 버릇을 뜻하죠. 그래서 이 단어가 들어가는 단어는 대부분 뜻이 좋지 않아요. 그 대표적인 것이 '게으름을 피우다'입니다. 그 외에도 '게으름 부리다', '게을러빠지다', '게을러터지다'로도 쓸 수 있습니다.

- 예) 너처럼 **게으름만 피우는** 학생은 처음 본다.
- 예) 지금부터는 **게으름 부리지** 말고 열심히 일하자, 알았지?
- 예) 저 녀석은 정말 **게을러빠졌어**. 무슨 일을 시키건 제대로 한 적이 없다니까.
- 예) **게을러터진** 친구들만 모아 놓았으니 일이 제대로 될 리가 없지.

구김살이 없다 성격이나 표정에 어두운 느낌이 없이 밝고 해맑다.

'구김살'은 구겨져서 생기는 잔주름이나 잔금을 뜻해요. 뭔가 언짢거나 슬픈 일이 있을 때 얼굴을 찌푸리는 경우가 많은데, 이럴 때 얼굴에 구김살이 생기겠지요. 하지만 이 말은 주로 '없다'라는 부정어와 함께 쓰여 '구김살이 없다'라고 표현합니다. 아무리 힘들고 슬픈 일이 생겨도 얼굴을 찌푸리지 않고 견디는 긍정적인 성격을 뜻하는 말이지요.

- 예) 그 친구는 늘 **구김살 없는** 행동으로 주위 사람을 기쁘게 만든다.
- 예) 옷에 **구김살 가지 않게** 조심해서 다루거라.

그릇이 작다 사람의 능력이나 마음씨가 너그럽지 못하다.

'그릇'은 음식이나 물건 등을 넣어 두는 용기죠. 그런데 이것을 사람의 능력이나 마음 씀씀이에 비유해서 자주 표현해요. 반대말은 '그릇이 크다'입니다.

- 예) 그 사람은 **그릇이** 너무 **작아**. 절대 지도자로 뽑으면 안 돼.

꼬장꼬장하다 성미가 강하고 꼿꼿하다.

'꼬장꼬장'은 물건이 가늘고 곧거나, 노인이 허리가 굽지 않고 꼿꼿한 모양을 나타내는 말이에요. 이것이 확장되어, 성미가 곧아서 남의 말을 잘 듣지 않는 고집 센 성미를 뜻하는 표현으로 자주 쓰여요.

- 예) 우리 선생님께서는 성격이 워낙 **꼬장꼬장하셔서** 옳지 않은 건 용납하지 않으신다.

늑장을 부리다 느릿느릿 꾸물거리다.

'늑장'은 느릿느릿 꾸물거리는 태도나 행동을 가리킵니다. '늑장을 피우다'도 같은 뜻입니다.

- 예) 그렇게 **늑장 부리다가는** 비행기를 놓칠 텐데.
- 예) 그렇게 **늑장 피우더니** 결국 홀로 남고 말았다.

모나다   성격이나 태도가 부드럽지 못하고 까다롭다.

'모'는 물건 가운데 겉으로 튀어나온 귀퉁이나 날카로운 부분을 가리킵니다. 그러니까 '모'가 나면 눈에 띌 뿐 아니라 다루다가 부딪히기도 쉽겠죠. 이를 까다롭거나 날카로운 성격에 비유해서 자주 사용해요.

🅔 그는 비록 **모난** 성격이지만 불의와 타협하지 않는 바른 사람이다.

변덕이 죽 끓듯 하다   마음이 이리저리 자주 바뀌다.

'변덕'은 마음이 불안정하여 자주 변하는 것이죠. 죽은 밥보다 훨씬 부드러워서 쉽게 끓고 쉽게 식는답니다. 그래서 이런 표현이 생겼어요.

🅔 **변덕이 죽 끓듯 하니** 어떻게 네 비위를 맞출 수 있겠니. 네 마음대로 해라.

분위기 있다   그윽하고 멋있는 느낌이 나다.

'분위기雰圍氣(안개 분, 둘레 위, 기운 기)'는 어떤 장소나 사람 주위에서 나는 느낌이지요. 그래서 장소나 사람에게서 나는 느낌이 좋으면 '분위기 있다'고 하는데 '분위기가 좋다'도 같은 뜻이랍니다.

🅔 겨울 바닷가는 정말 **분위기 있어**. 늘 나를 기다리고 있는 느낌이거든.

오지랖이 넓다   남의 일에 참견을 잘하다.

'오지랖'은 웃옷의 앞자락을 가리키는 말입니다. 오지랖이 넓으면 움직일 때마다 펄럭여서 주위 사람들에게 닿겠지요. 그래서 남의 일에 이러쿵저러쿵 참견하는 성격을 비유해서 '오지랖이 넓다'고 표현해요.

🅔 그런 일에까지 참견하는 걸 보니 너 정말 **오지랖이 넓구나**.

주변머리가 없다 일을 융통성 있게 처리하는 능력이 부족하다.

'주변'이란 일이 잘되도록 여러 가지 방법을 써서 잘 처리하는 재주를 이르는 말이에요. '주변머리'라고 하면 일을 융통성 있게 해결할 수 있는 머리, 즉 능력을 뜻하지요. 이 '주변머리'는 주로 '없다'라는 부정어와 함께 쓰여서, 융통성 없는 성격을 의미하는 표현이 되었어요. '고지식하다'라는 표현과 비슷한 말입니다.

예 서연이는 **주변머리가 없어서** 이런 일을 해내기 힘들 거예요.
예 기연이는 참으로 **고지식하기** 그지없다니까.

철딱서니 없다 세상일을 판단할 줄 모르다.

'철'이란 사리를 분별할 수 있는 지혜나 생각을 뜻해요. '딱서니'는 몇몇 명사 뒤에 붙어 비하하는 말을 만들 때 자주 쓰이는 접사인데, '철'을 속되게 이르는 말이 '철딱서니'예요. '철딱서니'는 주로 '없다'라는 부정어와 함께 쓰여서, 사리를 분별할 능력이 없는 성격을 일러 '철딱서니 없다'고 한답니다.

예 넌 어쩌면 나이가 들어도 그렇게 **철딱서니 없는** 짓만 일삼는 거니?

철이 들다 세상일에 대해 판단할 줄 알다.

나이를 먹어 가며 경험이 쌓이고 공부를 통해 지혜를 습득해 나가는 것을 '철이 들다'라고 표현해요. 미숙했던 성격이 좋아진 것을 칭찬하거나, 반대로 여전히 미숙한 것을 비판하는 의미를 담고 있지요. '철이 나다'도 비슷한 뜻입니다.

예 이제야 **철이 들었는지** 규칙적인 생활을 하는구나.
예 너는 언제나 **철이 날** 거니. 아직도 저렇게 시간을 허송하고 있으니 말이야.

통이 크다 마음 씀씀이가 너그럽다.

'통'은 옷의 소매나 바짓가랑이 따위의 속 넓이를 이르기도 하고, 허리나 다리 등의 굵기도 '통'이라고 하지요. 또한 무엇을 담기 위해 만든 그릇을 뜻하기도 해요. 그래서 속에 담고 있는 마음 씀씀이가 아주 클 때를 비유해서 '통이 크다'라고 표현해요. 앞서 살펴본 '그릇이 크다'와 비슷한 뜻입니다.

예 우리 선생님은 역시 **통이 크셔**. 전교 학급에 피자를 사 주셨다니까.

> 잘난 체하거나 거만한 태도에 대한 표현입니다.

거드름을 피우다 거만한 태도를 보이다.

'거드름'은 잘난 체하며 남을 업신여기는 성격이나 태도를 말해요. 이 말은 행동이나 태도를 강조하는 동사인 '피우다'와 함께 써서 '거드름을 피우다'라고 표현하지요. '거드름을 빼다'라고 쓰기도 해요.

예 저 **거드름을 피우는** 모습이라니! 꼴불견이군.

건방지다 젠체하며 주제넘은 행동을 하다.

'건방'은 젠체하는 주제넘은 태도를 뜻하는 말이에요. 이 말은 독립적으로는 쓰이지 않고 '건방지다', '건방을 떨다', '건방을 부리다', '건방을 피우다'와 같이 쓰인답니다. 뜻은 다 비슷해요.

예 태도가 너무 **건방지구나**. 어른 앞에서 함부로 행동하다니!
예 이번 시험을 조금 잘 봤다고 저렇게 **건방을 떨다니**!

도도하다 몹시 잘난 체하여 거만하다. / 막힘없이 기운차다.

'도도滔滔(물 넘칠 도, 물 넘칠 도)하다'는 막힘이 없이 기운차다는 뜻을 가지고 있습니다. 이 말이 성격과 관련하여 부정적으로 쓰이면, 남을 배려하지 않고 저 혼자 잘난 체하여 거만하다는 의미를 나타내기도 해요.

예 선희는 늘 으스대며 **도도하게** 군다. 정말 꼴불견이다.
예 역사의 **도도한** 흐름 앞에서는 그 어떤 독재자도 피해 갈 수 없다.

독차지하다 혼자서 다 갖다.

'독차지하다'는 '독獨(홀로 독)'과 '차지하다'가 합쳐진 말입니다. 남을 배려하지 않고 혼자 다 갖겠다는 욕심과 거만함을 나타내는 표현이지요.

예 영수는 선생님께 받은 과자를 친구들과 나누지 않고 혼자 **독차지했다**.

비싸게 굴다   으스대며 거만하게 행동하다.

'비싸다'는 말은 어떤 대상의 값어치가 높다는 의미지요. 본래 사물의 값어치를 논할 때 쓰는 말인데, 이것이 그렇게 행동하거나 대하다라는 뜻의 동사인 '굴다'와 함께 쓰여서, 자신의 가치를 아주 높게 여겨 도도하게 굴거나 잘난 체하는 성격이나 태도를 표현할 때 흔히 쓰는 말이랍니다.

예 누가 도움을 요청할 때 너무 **비싸게 굴지** 마라. 너도 남들 도움이 필요할 때가 있을 테니.

아랑곳하지 않다   남이 하는 일에 아무 관심을 갖지 않다.

'아랑곳하다'는 남의 일에 관심을 갖고 참견하는 일을 뜻해요. 주로 '않다'와 같은 부정어와 함께 쓰여서 '아랑곳하지 않다'라고 표현하는데, 남의 사정에 무관심하고 무심한 태도나 성격을 나타내는 말이지요.

예 철희는 교실에서 어떤 소동이 벌어져도 **아랑곳하지 않고** 자기 일에만 몰두했다.

안중에도 없다   전혀 관심이 없거나 무시하다.

'안중眼中(눈 안, 가운데 중)'은 눈의 안, 즉 '시야' 또는 '관심'을 나타냅니다. 그러니 '안중에도 없다'는 것은 바라보지도 않는다는 뜻이죠.

예 그는 이제 우리들은 **안중에도 없는** 듯했다.

얼굴에 철판을 깔다   염치나 체면도 없이 몹시 뻔뻔스럽다.

'철판鐵板(쇠 철, 널빤지 판)'은 쇠로 만든 넓은 판입니다. 아주 단단하고 잘 변하지 않는 철판을 얼굴에 깔았다는 말은, 어떤 짓을 해도 얼굴빛이 변하지 않겠다는 의미겠지요. 그래서 체면 따위 아랑곳하지 않고 뻔뻔스럽게 행동하는 태도나 성격을 가리킬 때 '얼굴에 철판을 깔다'라고 표현합니다.

예 부끄러운 줄 모르는 것을 보니 **얼굴에 철판을 깔았나** 보군.

콧방귀를 뀌다   대수롭지 않게 여기며 비웃다.

'콧방귀'는 코로 바람을 내보낼 때 나는 '흥' 하는 소리입니다. 남을 비웃거나 하찮게 여길 때 자주 쓰는 표현이지요.

예 그는 누가 뭐라고 해도 **콧방귀를 뀔** 뿐이었다.

01 함께 생활하는 데 필요한 표현
02 죄와 벌에 대한 표현
03 직업과 경제 활동에 대한 표현

함께 사는 사회

- 하나
- 둘
- 셋
- 넷
- 여섯
- 일곱

01
함께 생활하는 데 필요한 표현

어떤 일이 이루어지기를 바라는 마음.

'기대期待(기약할 기, 기다릴 대)'는 하는 일이 이루어지기를 바라고 기다리는 마음을 뜻합니다. 아직 오지 않은 때에 일어날 일에 대한 무언의 약속이 담긴 말이지요.

기대를 걸다 어떤 일이 이루어질 것이라고 믿다.
예 아버지께서는 내가 이번 시합에서 좋은 성적을 낼 거라는 **기대를 걸고** 계신다.

기대를 저버리다 어떤 일을 해낼 것이라고 생각했으나 전혀 해내지 못하다.
예 너는 부모님의 **기대를** 완전히 **저버렸다**. 참으로 마음이 아프구나.

기대에 못 미치다 어떤 일이 이루어질 것이라고 생각한 것에 이르지 못하다.
예 우리나라 선수단의 성적은 국민들의 **기대에 못 미쳤다**.

기대에 어긋나다 어떤 일이 이루어질 것이라고 바랐으나 이루어지지 못하다.
예 내 아우는 안타깝게도 부모님의 **기대에 어긋난** 생활을 하고 있다.

사람이나 동식물이 나서 살아온 햇수.

나이는 세상에 존재하는 모든 동식물이 1년에 한 살씩 먹는 것입니다.

나이가 아깝다   말이나 행동이 나이에 비해 성숙하지 못하다.
예) 고작 그렇게밖에 생각하지 못하다니 네 **나이가 아깝구나**.

나이가 들다   나이가 꽤 많다.   비) 나이를 먹다
예) 그만큼 **나이가 들었으면** 이제 철 날 때도 됐는데, 아직도 그렇게 철이 없니?
예) 하루하루 **나이를 먹으니** 점점 건강이 나빠지는 것 같다.

나이가 차다   혼인할 만큼 나이를 먹다.
예) 너도 이제 **나이가 찼으니** 결혼을 생각해 보려무나.

나잇값을 하다   나이를 먹은 만큼 성숙한 행동을 하다.
예) 제발 **나잇값** 좀 **해라**. 다 큰 녀석이 아직도 아이들처럼 행동하다니 한심하다.

나잇살이나 먹다   꽤 많은 나이가 되다.
예) **나잇살이나 먹은** 사람이 하는 행동은 꼭 어린애 같구나.

하루의 낮 동안.

날은 해가 떠 있는 낮 동안, 또는 지구가 한 번 자전하는 새벽 0시부터 24시까지의 시간을 말합니다. '특정한 시절이나 때'를 의미하기도 합니다.

날을 받다 결혼 날짜를 정하다.
예 우리 삼촌은 드디어 **날을 받았어**. 이제 정말 결혼하는 거지.

날이 새다 하던 일이 잘 안 되거나 헛되이 되고 말다.
예 에이, 이번 일은 **날이 새고** 말았어. 잘되어 가는 듯했는데.

날이면 날마다 늘, 언제나.
예 **날이면 날마다** 게임이나 하고 있으니 네 머릿속에 무엇이 들어 있겠니?

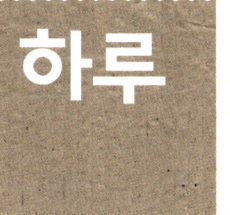

한 번의 낮과 한 번의 밤이 지나는 시간.

하루는 우리가 살아가는 데 기본이 되는 시간인 24시간을 말합니다.

하루가 다르게 빠른 속도로 상태가 변하는 모습.
예 그는 **하루가 다르게** 어른이 되어 갔다.

하루가 멀다 하고 거의 날마다, 자주.
예 연애를 하는 우리 오빠는 **하루가 멀다 하고** 애인을 찾아간다.

하루가 새롭다 하루하루가 소중해 시간이 매우 아쉽다.
예 죽음의 문턱에서 살아난 그는 **하루가 새롭다며** 무슨 일에든 최선을 다했다.

하루에도 열두 번 어떤 일이 매우 빈번하다.
예 너는 **하루에도 열두 번** 마음이 변하니 도대체 믿을 수가 없구나.

서로 돕는 행동에 대한 표현들입니다.

가려운 데를 긁어 주다 남들이 필요로 하는 일을 도와주다.
몹시 가렵지만 손이 닿지 않아서 긁지 못하면 견디기 힘들죠. 그때 누군가 그곳을 긁어 주면 얼마나 시원할까요? 그래서 어떤 개인이나 집단에서 꼭 필요한 욕구를 때마침 적절히 만족시켜 줄 때 '가려운 데를 긁어 주다'라는 표현을 비유적으로 쓴답니다.

예 그는 상대방의 **가려운 데를** 잘 알아 **긁어 주곤** 한다.

고충을 털어놓다 어려운 사정을 상대방에게 솔직히 이야기하다.
'고충苦衷(쓸 고, 속마음 충)'은 개인의 고통스러운 속마음을 뜻합니다. 그래서 '고충을 털어놓다'고 하면, 고민이나 속마음을 상대방에게 솔직히 이야기한다는 뜻이에요. 고충은 털어놓는 것이 좋습니다. 그래야 주변에서 어려움을 알고 도움을 줄 수 있으니까요.

예 그는 나를 만나자마자 외국인 근로자로 사는 **고충을 털어놓기** 시작했다.

관용을 베풀다 너그럽게 용서하다.

'관용寬容(너그러울 관, 용서할 용)'은 너그럽게 용서한다는 뜻입니다. 관용을 베푸는 마음이야말로 상대방을 가장 크게 도와주는 일일지도 모르지요.

예) 이번에 **관용을 베풀어** 주신다면 새로운 사람으로 거듭 태어날 것을 다짐합니다.

다름이 아니라 다른 뜻이 있는 것이 아니라.

'다름이 아니라'에는 특별한 뜻이 있다기보다는 어떤 말을 꺼내기 위해 먼저 하는 말입니다.

예) **다름이 아니라** 긴히 드릴 부탁이 있어 찾아왔습니다.

물심양면으로 물질적인 것과 정신적인 것을 동시에.

'물심物心(물건 물, 마음 심)'은 물질과 마음을 가리키죠. '양면'은 두 가지 모두를 가리킵니다. 도와줄 때는 물심양면으로 도와주면 가장 좋겠지요.

예) 선생님께서는 우리를 **물심양면으로** 도와주셨다.

신의 가호가 함께하시길 신이 늘 보살펴 주시길.

'가호加護(더할 가, 보호할 호)'는 보살피고 돌본다는 뜻이죠. 이 표현은 인사말로 쓰이는 경우가 대부분입니다.

예) 늘 **신의 가호가 함께하시길** 바랍니다.

융숭한 대접 극진하고 정성스러운 대접.

'융숭隆崇(극진할 융, 존중할 숭)'은 극진하고 정성스럽다는 뜻입니다. 그러니 '융숭한 대접'은 매우 정성스러운 대접을 뜻하지요.

예) 우리는 도착하자마자 그곳 시민들로부터 **융숭한 대접을** 받았다.

음으로 양으로   알게 모르게.

'음陰(어두울 음)'은 어두움, '양陽(밝을 양)'은 밝음을 가리킵니다. 어두우면 잘 보이지 않고 밝으면 잘 보이죠. 그래서 '음으로 양으로'라고 하면, '보이게도, 보이지 않게도'라는 뜻이에요. 남이 알든 모르든 여러 가지 방법으로 다른 사람을 도와준다는 의미로 자주 쓰는 표현입니다.

예 우리 집안은 선생님으로부터 **음으로 양으로** 큰 도움을 받았습니다.

인심을 쓰다   남에게 도움을 주다.

'인심人心(사람 인, 마음 심)'은 사람의 마음 또는 남의 딱한 사정을 도와주는 마음을 가리킵니다.

예 여유가 있는 네가 이웃들을 위해 **인심** 한 번 **써라**.

인정을 베풀다   상대방에게 도움이나 은혜 등을 주다.

'인정人情(사람 인, 뜻 정)'은 남을 생각하고 도와주는 따뜻한 마음씨입니다. 인정을 베푸는 것은 남에게 도움을 주거나 은혜를 베푸는 것이죠.

예 자신도 어려울 텐데 앞장서서 **인정을 베풀다니** 정말 훌륭한 분이죠.

청을 들어주다 　다른 사람의 부탁을 들어주다.

'청請(청할 청)'은 다른 사람에게 어떤 일을 부탁한다는 말입니다. 그래서 '청하다'라고 하면 다른 사람에게 부탁을 한다는 말이고, '청을 들어주다'라고 하면 다른 사람의 부탁을 들어준다는 뜻입니다.

예 청하는 사람이 많아서 힘들겠지만 내 **청만은 들어주렴**.

호의를 베풀다 　친절한 마음을 베풀다.

'호의好意(좋을 호, 뜻 의)'는 친절한 마음씨를 뜻하죠. 그래서 상대방에게 친절하게 대하는 것을 '호의를 베풀다'라고 합니다. 반면에 다른 사람의 친절을 거절하는 것은 '호의를 거절하다'라고 합니다.

예 그는 어려움에 처한 사람에게는 늘 **호의를 베풀곤** 했다.
예 요즘 사회는 워낙 무서워서 다른 사람의 **호의를 거절하는** 사람들이 늘어나고 있다.

약속과 책임에 대한 표현들입니다.

가차 없다 　결코 사정을 봐주는 일이 없다.

'가차假借(임시 가, 빌릴 차)'는 임시로 빌린다는 뜻으로, 어려울 때 잠깐 사정을 봐준다는 뜻이죠. 대부분 '가차 없다'라는 표현으로 쓰입니다.

예 친일파들은 **가차 없이** 처벌해야 우리 겨레의 앞날이 바로 설 수 있습니다.

구호에 그치다   주장을 말로만 드러낼 뿐 실천에 옮기지 않다.

'구호口號(입 구, 부르짖을 호)'는 요구나 주장을 호소하는 말이나 글을 가리킵니다. 그래서 주장을 나타내기 위해 구호를 내걸지요. 반면 구호만 외칠 뿐 실천에 옮기지 않는 것을 '구호에 그쳤다' 또는 '구호만 요란하다'라고 합니다.

- 네 주장이 **구호에 그치지** 않으려면 지금보다 훨씬 치밀하게 준비해야 할 것이다.
- 그들의 주장은 **구호만 요란할** 뿐 현실성이 전혀 없다.

양심의 가책을 느끼다   자신의 잘못을 깨닫고 뉘우치다.

'양심良心(좋을 양, 마음 심)'은 옳고 그름을 판단하는 도덕적인 마음입니다. '가책呵責(꾸짖을 가, 꾸짖을 책)'은 잘못을 깨닫고 책임을 느낀다는 말이고요.

- 그래도 **양심의 가책을 느꼈는지** 그는 돌아와 자신의 잘못을 빌었다.

제동을 걸다(제동이 걸리다)   일을 할 수 없도록 중지시키다.

'제동制動(다스릴 제, 움직일 동)'은 기계의 움직임이나 운동을 멈추게 한다는 뜻입니다. 그래서 '제동을 걸다'라고 하면 어떤 집단 또는 개인이 하는 일이나 활동을 하지 못하도록 제한할 때 자주 쓰는 표현이에요.

- 학교에서는 우리 스스로 활동하는 것에 **제동을 걸고** 나섰다.
- 거침없이 나아가던 우리 병사들의 앞에 적이 나타나 갑자기 **제동이 걸렸다**.

중책을 맡다   중요한 책임을 지다.

'중책重責(무거울 중, 책임 책)'은 무겁고 중요한 책임이지요. 주로 나라나 조직의 중요한 일을 앞두고 문제를 해결해야 하는 상황을 나타낼 때 자주 쓰는 표현입니다. '중책을 띠다'라는 표현도 같은 뜻입니다.

- 이번 사신 일행은 특별히 왜와의 관계를 개선시켜야 할 **중책을 맡았다**.

차일피일 미루다   날짜를 자꾸 바꾸며 약속을 지키지 않다.

'차일피일此日彼日(이 차, 날 일, 저 피, 날 일)'은 이 날 저 날이란 뜻인데, 약속한 날짜를 자꾸 미루며 시간을 끄는 행동을 할 때 쓰는 표현이에요.

- 그는 빌려 간 돈을 갚기로 한 날짜만 되면 **차일피일 미루며** 약속을 지키지 않았다.

책무를 다하다 자기에게 주어진 책임과 의무를 완수하다.

'책무責務(책임 책, 의무 무)'는 책임과 의무를 뜻합니다. '다하다'는 어떤 일의 뜻한 바를 이루거나 다 해내다라는 뜻의 동사예요. 책임과 의무를 다하면 어떤 경우에도 당당하지요.

예) 나는 내게 주어진 **책무를 다하는** 것을 좌우명으로 삼고 있습니다.

책임을 통감하다 책임을 절실하게 느끼다.

'통감痛感(아플 통, 느낄 감)'은 강하게 느낀다는 말입니다. 그래서 '책임을 통감하다'라고 하면 마음이 아플 정도로 책임을 느낀다는 뜻이지요.

예) 저는 이번 사태에 **책임을 통감하고** 장관직에서 물러나기로 했습니다.

총대를 메다 어떤 일에 앞장서다. / 어떤 일의 결과에 책임지다.

'총대'는 총의 몸통을 말합니다. 그러니 전쟁터에 나가기 위해서는 우선 총대부터 어깨에 메야겠지요. 그래서 어떤 일에 앞장서거나 책임을 지는 모습을 비유적으로 나타내는 말로 '총대를 메다'라는 말을 씁니다.

예) 학교 폭력을 없애는 데 제가 **총대를 메고** 앞장서겠습니다.
예) 영수는 자기 잘못도 아닌데 그 일에 **총대를 메고** 회장직에서 물러났어.

시간을 나타내는 표현들입니다.

금명간 오늘 내일 사이.

'금명간今明間(오늘 금, 내일 명, 사이 간)'은 오늘과 내일 사이란 의미로, 가까운 시일 안이라는 뜻입니다. 보통 '금명간에'로 자주 쓰입니다.

예) **금명간에** 결론이 날 것입니다. 잠깐만 기다려 주십시오.

단숨에   쉬지도 않고 한 번에.

'단숨'이란 말은 숨을 한 번 쉴 동안을 뜻합니다. 그러니까 아주 짧은 순간을 뜻하지요.

ⓔ 그는 쓰디쓴 약을 **단숨에** 들이켰다.

어느 세월에   얼마나 긴 시간이 지나야.

'어느'라는 관형사는 명사 앞에 쓰여서 막연한 정도나 수량을 이르는 말이에요. '세월歲月(해 세, 달 월)'이란 해나 달을 단위로 흘러가는 시간을 가리키고요. 그래서 '어느 세월에'라고 하면 햇수나 시간을 가늠할 수 없을 정도라는 의미를 담고 있지요. '어느 천년에'도 같은 뜻이랍니다.

ⓔ 네가 성공해서 부모에게 보답한다고? 그런 일이 **어느 세월에** 가능하겠니?
ⓔ **어느 천년에** 세상 사람 모두가 행복하게 살 수 있겠니? 그런 건 꿈도 꾸지 말거라.

어제오늘의 일이 아니다   예전부터 늘 그래 왔던 일이다.

'어제오늘'이란 어제와 오늘이라는 뜻인데, 본래는 최근이나 요 며칠 사이를 이르는 말이에요. 이 말이 어제와 오늘만 있었던 일이 아니라 이전부터 계속되어 왔던 일이라는 의미를 지닌 표현으로 자주 쓰여요.

ⓔ 정치인이 선거에서 이기고 나면 시민들은 안중에도 없는 것은 **어제오늘의 일이** 아니다.

여념이 없다   다른 생각할 겨를이 없다.

'여념餘念(남을 여, 생각 념)'은 다른 생각을 뜻하는데, 주로 '없다'와 함께 쓰입니다. 그래서 '여념이 없다'고 하면 몹시 바빠서 지금 하고 있는 일 외에 다른 생각을 할 틈이 없다는 뜻이 담긴 표현이에요.

ⓔ 지금은 손님을 맞이하느라 **여념이 없으니** 다음에 오거라.

유구한 역사   매우 오랜 역사.

'유구悠久(멀 유, 오랠 구)'는 매우 아득하게 오래되었다는 뜻입니다. 이 말은 주로 '역사'나 '전통', '세월' 등 역사적 시간과 관련한 말들 앞에 놓여서, 오랜 시간이 흘렀음을 강조할 때 자주 쓰는 표현이에요.

예 우리 겨레는 **유구한 역사를** 가진 자랑스러운 민족이다.

촌각을 다투다   시간적으로 매우 급하다.

'촌각寸刻(마디 촌, 새길 각)'은 아주 적은 시간의 마디를 나타냅니다. '다투다'라는 것은 다른 사람과 대립하거나 승부를 가리는 것이지요. 그래서 '촌각을 다투다'라고 하면 매 초마다 승부를 가려야 하는 것처럼 다급한 일을 대할 때 쓰는 표현이에요. '촌음寸陰(마디 촌, 응달 음)'도 촌각과 같은 뜻이지만 촌음은 '아끼다'와 함께 써서 '촌음을 아끼다'라고 표현합니다.

예 이 일은 **촌각을 다투는** 일입니다. 조금이라도 지체하면 성공할 수 없습니다.
예 젊은 시절에는 **촌음을 아껴** 학문에 힘을 쏟아야 하느니라.

타이밍을 놓치다 적절한 시간을 맞추지 못하다.

'타이밍'은 영어 timing을 우리말로 쓴 것인데, 좋은 결과를 얻기 위해 정해진 시간을 말합니다. 그래서 타이밍을 맞추면 좋은 결과를 얻는 데 비해 타이밍을 놓치면 좋은 결과를 얻지 못한답니다.

- 예) 일출을 보기 위해서는 **타이밍을 놓치지** 않는 게 중요하니 시간에 늦지 마세요.

소식을 나타내는 표현들입니다.

감감무소식이다 아무런 소식이 없다.

'감감무소식無消息(없을 무, 사라질 소, 숨 쉴 식)'은 소식이 전혀 없다라는 말입니다. '깜깜무소식'은 센말이고요.

- 예) 떠나간 서방님은 **감감무소식이구나**, 향단아.
- 예) 지방에 여행 간 네 형은 어째 **깜깜무소식이냐**?

그림자도 보이지 않다 사람의 흔적이 전혀 없다.

그림자는 사람이나 물체가 있을 때만 나타나죠. 그래서 '그림자도 보이지 않다', '그림자도 없다'라고 하면 사람이나 사물이 온데간데없이 사라졌을 때 쓰는 말이에요.

- 예) 현경이는 말도 없이 사라진 후 **그림자도 보이지 않는구나**.

소식이 깡통이다 소식을 전혀 모르다.

깡통은 속이 텅 비어 있죠. 그러니 '소식이 깡통'이라는 말은 소식을 아는 게 없다는 뜻입니다.

- 예) 너 정말 **소식이 깡통이구나**. 주혁이는 벌써 외국으로 이민 갔어.

씨가 마르다   하나도 남김없이 모두 사라지다.

씨를 심어야 곡식이건 나무건 자라지요. 그런데 씨가 사라졌으니 아무것도 없는 것과 마찬가지지요. '씨를 말리다'라고 하면 적극적으로 없앤다는 뜻입니다.

예) 우리 마을에서 아기 울음소리 **씨가 마른** 지 오래다. 젊은이가 있어야 아기가 태어나지.
예) 몽골 병사들은 고려인들의 **씨를 말리려는** 듯 잔인한 살육을 일삼았다.

온데간데없다   감쪽같이 사라져 찾을 수가 없다.

온 데도 없고 간 데도 없군요. 그러니 찾을 수 없는 것은 당연합니다.

예) 분명히 홍길동이 여기 있었는데 어느새 **온데간데없어졌다**.

자취를 감추다   어떤 곳에서 사라지다.

'자취'는 남아 있는 흔적을 뜻해요. 그러니 자취를 감추기 위해서는 사라져야겠죠. '자취도 없이 사라지다'라는 표현도 자주 쓴답니다. 반대말은 '자취를 남기다'죠.

- 예) 기용이는 어느새 **자취를 감추어** 버렸다.
- 예) 분명히 모습을 드러냈던 범인이 어느새 **자취도 없이 사라져** 버렸다.
- 예) 임꺽정은 어디를 가건 자신의 **자취를 남기고** 사라졌다.

작별을 고하다   헤어진다는 사실을 알리다.

'작별作別(만들 작, 헤어질 별)'은 인사를 나누고 헤어진다는 뜻의 한자어예요. 어떤 사실을 알린다는 뜻의 '고하다'라는 동사와 함께 써서, 헤어지자고 상대방에게 말할 때 '작별을 고하다'라고 표현해요.

- 예) 이 도령은 춘향이를 만나 **작별을 고할** 수밖에 없었다.

종적을 감추다   사라지다.

'종적蹤迹(자취 종, 자취 적)'은 사라진 후에 남은 자취를 가리킵니다. 그런데 그 자취마저 감추었군요. 그러니 어떻게 되었는지 찾을 수 없는 건 당연합니다. '종적이 끊기다'라는 표현도 자주 씁니다.

- 예) 홍길동은 그날로 **종적을 감추어** 버렸으므로 아무도 그를 찾을 수 없었다.
- 예) 서울로 간 윤칠이는 그곳에서 **종적이 끊기고** 말았다.

코빼기도 안 보이다   전혀 모습을 나타내지 않다.

'코빼기'는 '코'를 낮추어 부르는 말입니다. 그러니까 '코도 안 보이다'와 같은 표현인 셈이지요.

- 예) 그는 요즘 **코빼기도 안 보인다**. 다른 곳으로 간 게 분명하다.

펜을 놓다　편지를 끝내다. / 더 이상 글을 쓰지 않다.

'펜'은 영어 pen을 우리말로 쓴 것입니다. '펜을 놓다'고 하면 일반적으로는 편지를 마칠 때 쓰는 인사말인데, 작가가 더 이상 글을 쓰지 않을 때도 씁니다. 반대말은 '펜을 들다', 즉 편지를 쓰기 시작한다는 말입니다.

- 예 하고 싶은 말은 많으나 이제 **펜을 놓겠습니다**.
- 예 하고 싶은 말이 많았으나 막상 **펜을 드니** 무슨 말부터 해야 할지 생각이 나지 않네요.

행방이 묘연하다　어디로 갔는지 전혀 알 수 없다.

'묘연杳然(어두울 묘, 그러할 연)'은 전혀 알 수 없다는 뜻입니다.

- 예 그날 후로 그의 **행방이 묘연하다**.

흔적을 남기다　자신의 자취를 남겨 두다.

'흔적痕迹(흉터 흔, 자취 적)'은 무엇이 지나가고 남은 자취를 뜻합니다.

- 예 범인은 아무 **흔적도 남기지** 않았다.

02
죄와 벌에 대한 표현

규제와 처벌에 대한 표현들입니다.

경을 치다 호된 꾸지람을 당하다.

'경黥(자자할 경)'은 고대 중국의 형벌 가운데 하나인데, 얼굴이나 팔뚝의 살을 파서 그 안에 먹물로 죄명을 찍어 넣는 무시무시한 형벌입니다. '묵형'이라고도 하지요. 그래서 잘못한 일로 혹독한 벌을 받아야 하는 상황에서 '경을 치다'라는 말을 씁니다.

예 다른 사람에게 그토록 큰 피해를 입히다니. 참으로 **경을 칠** 일이구나.

낙인찍다 불명예스러운 평가나 판정을 내리다.

'낙인烙印(지질 낙, 도장 인)'은 불에 달구어 찍는 쇠도장인데, 옛날에 노예나 죄인들의 몸에 표식으로 찍던 것이에요. 한 번 찍히면 몸에서 지워지지 않기 때문에 평생 범죄자라는 불명예를 안고 살아야 하지요. 이것이 오늘날 죄인, 나쁜 사람, 무능력한 사람 등 어떤 대상을 나쁘게 인식하거나 부정적인 평가를 내리는 것을 비유적으로 이르는 말이 되었답니다.

예 그의 이야기를 들어 보기 전에 섣불리 그를 배신자로 **낙인찍는** 것은 위험하다.
예 그는 전과자라는 **낙인이 찍혔기** 때문에 이 사회에서 살아 나가기가 힘들게 되었다.

누명을 쓰다 억울하게 죄나 불명예를 뒤집어쓰다.

'누명陋名(더러울 누, 이름 명)'은 이름을 더럽히다라는 뜻입니다. 억울하게 죄를 뒤집어써서 이름을 더럽히는 나쁜 평판을 받게 되었다는 뜻이지요. 반대로 억울함이 밝혀지는 것을 '누명을 벗다'라고 합니다.

예 그는 간첩이라는 **누명을 쓰고** 감옥에 갇히고 말았다.
예 후에 그는 간첩이 아니라는 사실이 밝혀져 **누명을 벗게** 되었다.

덜미가 잡히다 좋지 않은 일을 꾸미다가 발각되다.

'덜미'는 목의 뒤쪽 부분과 그 아래 근처를 가리키는데, 보통 '목덜미' 또는 '뒷덜미'라고 해요. 덜미는 손으로 잡기 아주 쉬운데, 목 부분을 잡히면 몸을 꼼짝할 수 없겠지요. 그래서 못된 일이나 범죄를 꾸미다가 발각되었을 때 '덜미가 잡히다'라고 표현한답니다.

예 은행 강도를 모의하던 일당은 한 사람의 배신으로 결국 **덜미가 잡히고** 말았다.

도마 위에 오르다 다른 이들로부터 비판의 대상이 되다.

'도마'는 음식을 자르거나 다질 때 밑에 대는 도구죠. 채소건 고기건 도마 위에 오르면 칼질을 당하게 됩니다. 그래서 어떤 대상이나 사물이 비판의 대상이 되는 상황을 비유적으로 '도마 위에 오르다'라고 표현합니다.

예 정치권에 만연한 부정부패 문제가 연일 언론의 **도마 위에 올랐다**.

법에 저촉되다 법에 위반되다.

'저촉抵觸(거스를 저, 부딪힐 촉)'은 서로 부딪치거나 모순되는 일을 뜻해요. 어떤 일이 법률에 위반될 때 '법에 저촉되다'라고 합니다.

예 네 행동은 **법에 저촉되는** 것이니 다시는 해서는 안 된다.

생사람을 잡다 아무 잘못도 없는 사람에게 누명을 씌워 곤란하게 만들다.

'생사람'은 어떤 일이나 사건에 대해 아무 관련도 없고 잘못도 없는 사람을 뜻합니다. '생사람을 잡다'고 하면, 아무 잘못도 없는 사람을 헐뜯고 비난하는 일을 이르는 말이에요.

예 **생사람 잡지** 마세요. 나는 그곳에 가기는커녕 어디 있는지도 몰라요.

쇠고랑을 차다 죄를 지어 감옥에 가다.

'쇠고랑'이란 죄인이 자유롭게 움직이지 못하도록 양 손목에 채우는 수갑을 말해요. '쇠고랑을 차다'라고 하면 감옥에 갈 정도로 범죄를 저지른 일을 비유적으로 이르는 표현이지요.

예 나쁜 짓만 일삼더니 결국 **쇠고랑을 차는** 신세가 되었구나.

족쇄를 채우다 자유롭게 활동할 수 없게 만들다.

'족쇄足鎖(발 족, 쇠사슬 쇄)'는 옛날에 죄인의 발목에 채우던 쇠사슬을 가리킵니다. 그러니 족쇄를 채우면 꼼짝도 할 수 없겠지요. 이 말이 오늘날에는 자유롭게 활동할 수 없도록 만드는 것을 뜻하는 표현으로 확장되어 쓰인답니다. '재갈을 물리다'라는 말이 표현의 자유를 막는 거라면, '족쇄를 채우다'라는 말은 행동의 자유를 막는 짓이죠.

예 그들은 우리를 따라다니면서 자유로운 활동을 할 수 없도록 **족쇄를 채웠다**.
예 그 법은 청년들의 미래에 **족쇄를 채우는** 일이 될 것이다.

죗값을 치르다   죄를 저지른 만큼 그에 해당하는 벌을 받다.

'죗값'은 벌을 받을 만한 잘못을 뜻하는 '죄罪(죄 죄)'와, 어떤 일에 합당한 가치를 뜻하는 '값'이 합쳐진 말이에요. '죗값을 치르다'라고 하면 범죄를 저질러 남에게 피해를 입힌 만큼 대가를 치른다는 의미입니다. '죗값을 달게 받다'도 같은 뜻이랍니다.

- 예) 죄를 저질렀으면 **죗값을 치르는** 것이 당연하다.
- 예) 저는 제가 지은 **죗값을 달게 받겠습니다**.

철퇴를 가하다   매우 강한 벌을 내리거나 제재를 하다.

'철퇴鐵槌(쇠 철, 망치 퇴)'는 옛날에 전쟁에서 사용하던 무기로, 쇠몽둥이를 말해요. 오늘날에는 찾아볼 수 없는 물건이지만, 어떤 대상을 엄격하게 처벌하거나 강력하게 제재하는 것을 '철퇴를 가하다'라고 합니다. 호되게 처벌을 당할 때는 '철퇴를 맞다'라고 하지요.

- 예) 나라에서는 불법 고리대금업자들에게 **철퇴를 가했다**.
- 예) 불법적으로 고리대금업을 일삼던 자들이 **철퇴를 맞았다**.

콩밥을 먹다   감옥에 갇히다.

옛날에는 쌀이 굉장히 비싼 곡식이었기 때문에 감옥에서 죄인들은 쌀밥 대신 콩을 많이 섞은 밥을 먹어야 했습니다. 그래서 감옥살이하는 일을 속된 말로 비유해서 '콩밥을 먹다'라고 많이 표현합니다. 앞서 살펴본 '쇠고랑을 차다'라는 말도 같은 뜻이에요.

- 예) 저런 폭력배들은 **콩밥을 먹어야** 정신을 차릴 것이다.

허물을 벗다   누명이나 죄에서 벗어나다.

'허물'이란 본래 파충류나 곤충들이 성장하면서 벗는 껍질을 가리키는데, 성장하기 위해 버려야 할 것이기 때문에 '잘못이나 결점'을 의미하기도 해요. 그래서 누명을 벗거나 죄에서 벗어나게 되는 일을 비유적으로 '허물을 벗다'라고 표현합니다.

- 예) 그는 경찰 조사를 통해 **허물을 벗을** 수 있었다.

형장의 이슬로 사라지다   사형 당하여 죽다.

'형장刑場(형벌 형, 마당 장)'은 형을 집행하는 장소를 말합니다. '이슬'은 금방 증발해서 사라지기 때문에 덧없는 것을 비유해서 종종 쓰여요. 형을 집행하는 장소에서 이슬이 되어 사라진다는 말은 곧 사형 당해 죽는다는 말이겠지요.

예 안중근 의사께서는 결국 **형장의 이슬로 사라지셨다**!

03
직업과 경제 활동에 대한 표현

사물이나 사람이 차지하는 장소.

'자리가 사람을 만든다'는 말이 있어요. 보잘것없는 사람도 왕이 앉는 자리에 앉으면 귀해 보이고, 귀한 사람도 거리에 앉아 있으면 초라해 보이기 마련입니다. 그래서 자리는 '직업 또는 생계 수단'을 나타낼 때 자주 써요.

자리가 나다 취업할 곳이 생기다.
예 그 회사에 **자리가 났단다**. 빨리 알아보아라.

자리를 잡다 앉을 자리를 차지하다. / 생활의 기반을 마련하다.
예 출근길 지하철에서 **자리를 잡는** 것은 참 어려운 일이다.
예 수철이는 그곳에서 **자리를 잡자마자** 가족들을 초청했다.

자리를 굳히다 기반을 마련하다.
예 저 선수는 팀을 옮긴 후에 주전 선수로 **자리를 굳혔군요**.

자리를 뜨다 다른 데로 옮기려고 일어나다.
예 결혼식이 끝나자 사람들은 서둘러 **자리를 떴다**.

자리를 맡다 남들에 앞서 자리를 차지하다.
예 나는 조금 늦게 도착할 테니 내 **자리도 맡아** 주렴.

자리를 털고 일어나다 자리에서 일어나다. / 병석에서 일어나다.
예 자, 시간이 늦었으니 그만 **자리를 털고 일어납시다**.
예 입원한 지 한 달여 만에 선규는 **자리를 털고 일어났다**.

자리를 피하다 누군가와 함께 있기를 꺼리다.
예 우리는 현철이가 들어오자 약속이나 한 듯 모두 **자리를 피했다**.

자리를 함께하다 어떤 모임이나 회의에 참석하다.
예 이 **자리를 함께해** 주신 모든 분들께 감사드립니다.

자리에 들다 자려고 눕다.
예 자, 밤이 늦었습니다. 이제 **자리에 드시지요**.

한몫

어떤 일의 결과 한 사람에게 돌아가는 몫. 한 사람에게 부여된 임무.

한몫은 한 사람이 받게 되는 몫이라는 뜻도 있지만 '어떤 일을 할 때 한 사람이 해내야 할 일의 양이나 역할'이라는 뜻도 있습니다.

한몫 끼다   함께 참가하다.
예 윤수도 이번 일에 **한몫 끼려고** 한다네. 그러니 끼워 주자고.

한몫 잡다   큰 이익을 보다.   비 한몫 보다, 한몫 챙기다
예 이번 기회에 **한몫** 단단히 **잡으려고** 최 사장은 내심 기대하고 있어.
예 너도 **한몫 보려면** 지금부터 준비하고 있어야 해.
예 이번이 **한몫 챙길** 마지막 기회야. 그러니 단단히 각오하라고.

한몫하다   어떤 일에서 자기 임무를 충실히 하다.
예 이번 일이 성공하기까지 모두들 **한몫해** 주었어.

직업에 대한 표현들입니다.

감투를 쓰다   벼슬이나 지위에 오르다.
'감투'는 옛날 벼슬아치들이 머리에 쓰던 것입니다. 그래서 '감투를 쓰다'라는 말은 오늘날에도 벼슬이나 높은 지위에 오른 것을 나타냅니다.
예 갑자기 **감투를 쓰니** 얼떨떨한데.

관복을 벗다 관리의 일을 그만두다.

'관복官服(벼슬 관, 옷 복)'은 예전 벼슬아치들이 입던 옷으로, '관복을 벗다'라고 하면 관직에서 물러나는 것을 뜻하죠. 같은 표현으로 '관직에서 물러나다'가 있고, 직위에서 물러나는 것을 비유적으로 이르는 말인 '옷을 벗다'도 비슷한 뜻입니다.

예 홍 판서 어른께서는 올해 **관복을 벗고** 고향으로 돌아오셨다.
예 이율곡 선생께서는 그해에 **관직에서 물러나** 어머니가 계신 강릉으로 돌아갔다.
예 교육부장관은 학교 폭력 사태에 책임을 지고 **옷을 벗었다**.

관운이 트이다 벼슬을 할 운이 생기다.

'관운官運(벼슬 관, 운수 운)'은 벼슬을 할 운수를 뜻합니다. '관운이 열리다', '관운이 트이다'라고 하면 처음 벼슬을 하게 되었음을 의미해요.

예 그는 마흔 살이 넘어서면서 드디어 **관운이 트이기** 시작했다.

권세를 부리다 권력과 세력을 내세워 상대를 억압하다.

'권세權勢(권력 권, 기세 세)'는 권력과 세력을 뜻합니다. 그래서 힘없는 사람을 함부로 대하는 모습을 가리켜 '권세를 부리다'라고 합니다.

예 왕의 총애를 받는 그는 대단한 **권세를 부리며** 지냈다.

낙점하다 여러 대상 가운데서 고르다.

'낙점落點(떨어질 낙, 점 점)'은 조선 시대에 이품(二品) 이상의 벼슬아치를 뽑을 때 임금이 이조(吏曹, 인사를 담당하던 관아)에서 추천한 세 명의 후보자 가운데 적당한 사람 이름 위에 점을 찍던 일을 말해요. 오늘날에도 어떤 직위의 사람을 뽑을 때 '낙점하다'라고 합니다.

예 대통령은 그를 국무총리로 **낙점했습니다**.

녹을 먹다 나라에서 벼슬을 하며 월급을 받다.

'녹祿(녹봉 녹)'은 본래 '녹봉祿俸(녹봉 녹, 봉급 봉)'인데, 예전에 벼슬아치들이 나라에서 받는 월급을 가리킵니다. 그 말이 오늘날까지 전해져 나랏일을 담당하는 공무원들이 받는 월급을 말해요. 예전에는 월급을 오늘날처럼 돈으로 주지 않고 곡식이나 필수품 등으로 주었기 때문에 '녹을 받다'라고 하지 않고 '녹을 먹다'라고 했답니다.

예) 나라의 **녹을 먹고** 일하는 사람이라면 맡은 바 책임을 성실히 수행해야 한다.

물망에 오르다 직위에 임명될 후보자 가운데 한 사람이 되다.

'물망物望(만물 물, 바랄 망)'은 많은 사람이 인정하거나 우러러보는 것을 뜻합니다. 물망에 올랐다고 해서 모두 벼슬아치가 되는 것은 아니지만 물망에 오르면 그런 자리에 앉을 가능성이 높은 것이죠.

예) 아버지께서는 이번 인사에서 장관 **물망에 오르셨다**.

밥줄이 끊기다 생계 수단이나 직업을 잃다.

'밥'은 쌀이나 보리로 익힌 음식이라는 뜻 외에, 생명을 유지하기 위해 일정한 시간에 먹어야 할 끼니를 의미하기도 해요. '줄'이란 길게 이어진 것, 어떤 것을 묶거나 연결하는 물건으로 '밥줄'이라고 하면, 생계를 잇는 방법이나 직업을 비유적으로 이르는 말이지요. '밥줄이 끊기다'라는 것은 생계를 이을 수단이나 직업이 없어졌다는 뜻이겠지요.

예) 우리 모두는 **밥줄이 끊길** 위기에 처했습니다.

보따리를 싸다 일을 그만두고 떠나다.

'보따리'란 요즘의 가방과 같이 보자기로 물건을 싸서 묶은 뭉치를 말해요. 옛날에는 먼 길을 떠나거나 물건을 가지고 갈 때 보자기에 물건을 싸서 짊어지고 다녔답니다. 이 말이 오늘날에 와서는 직업으로 삼아 하던 일을 그만두고 직장을 떠날 때를 비유해서 '보따리를 싸다'라고 표현합니다.

예) 그렇게 불성실하게 일하려면 **보따리를 싸는** 편이 낫다.

외길을 걷다 한 가지 일에만 전념하다.

'외길'은 한군데로 난 길을 뜻합니다. 외길을 걸으면 한 방향으로만 가게 되겠지요. 그래서 평생 한 가지 일에 전념하는 것을 '외길을 걷다'라고 해요. '한 우물을 파다'라는 표현도 있습니다. 평생 하나의 우물만 판다는 것으로, 한 가지 일에 일생을 바치는 것을 가리키는 표현입니다.

예 선생님은 평생 목공예의 **외길을 걸으셨고**, 그 공을 인정받아 인간문화재로 지정되셨다.
예 그는 평생 학문이라는 **한 우물만 판** 끝에 큰 업적을 이루게 되었다.

이력이 나다 어떤 일을 실컷 겪은 뒤 익숙해지다.

'이력履歷(밟을 이, 지낼 력)'은 한 사람이 지금까지 거쳐 온 학업이나 직업 등 겪어 온 여러 가지 일들을 말합니다. 그래서 그런 여러 가지 경험들을 기록한 문서를 '이력서履歷書'라고 하지요. '나다'란 어떤 일이 생기는 것을 뜻하고요. 이력이 많이 생기려면 어떤 일을 오랫동안 해야겠지요? 그래서 습관이 될 정도로 오래 일을 많이 한 것을 '이력이 나다'라고 해요.

예 하도 이사를 많이 다녀서 이삿짐 싸는 데는 **이력이 났다**.

일복이 터지다 할 일이 많아지다.

'일복'은 일거리가 많아지는 것을 복에 비유하여 이르는 말입니다. 일거리가 많으면 그만큼 대가도 커지겠죠. 그래서 '일복'이라고 부른답니다. 대가 없이 일만 많아지면 '일복'이라고 하지 않겠죠.

예 모두 불경기라는데 너는 **일복이 터졌으니** 힘들어도 열심히 일하거라.

일생을 바치다 평생 동안 한 가지 일에 온 힘을 다하다.

'일생一生(한 일, 살 생)'은 사람의 한평생을 말합니다. 그러니 '일생을 바치다'라고 하면 온 삶을 모두 바친다는 뜻이죠.

예 김구 선생께서는 우리 겨레의 자주독립에 **일생을 바치셨다**.

일손을 놓다   하던 일을 그만두다.

'일손'은 일하는 손, 일하는 사람 등을 뜻합니다. 그래서 '일손을 놓다'라고 하면 일을 그만두는 것을 말하고, '일손을 구하다'라고 하면 일할 사람을 구하는 것입니다. '일손이 잡히지 않다'라는 표현도 자주 쓰는데, 마음이 복잡해서 일할 마음이 들지 않는다는 뜻이지요.

예 아버지께서 **일손을 놓고** 쉬기 시작하신 지 벌써 몇 달 되셨습니다.

예 그는 집안 걱정 때문에 **일손이 잡히지 않았다**.

잔뼈가 굵다   어려서부터 같은 환경에서 일을 하면서 자라다.

'잔뼈'는 아직 다 자라지 않은 자잘하고 가는 뼈를 가리켜요. 그런 잔뼈가 어른 뼈처럼 굵어질 때까지 어떤 일을 아주 오랜 시간 해서 몸에 밸 정도로 익숙하다는 것을 '잔뼈가 굵다'라고 표현합니다.

예 우리 삼촌은 밭에서 **잔뼈가 굵으셨다**. 그래서 농사라면 누구에게도 지지 않으신다.

장원 급제하다   옛날 과거 시험에서 일등으로 선발되다.

'장원 급제壯元及第(씩씩할 장, 으뜸 원, 이를 급, 차례 제)'에서 '장원'은 과거 시험에서 으뜸이 되는 것이고, '급제'는 시험에 합격하는 것을 뜻합니다. 결국 '장원 급제'는 과거 시험에서 으뜸으로 합격함을 뜻하죠. 그냥 '급제하다'라고 하면 일등은 아니지만 과거 시험에 합격한 것을 뜻합니다.

예 이몽룡은 이듬해 과거 시험에서 **장원 급제하였다**.

점을 찍다 어떤 대상을 마음속으로 정하다.

옛날에는 책을 읽다가 중요한 부분이 나오면 붓으로 점을 찍어 두었습니다. 그래서 '점을 찍다', '점찍다'라고 하면 마음속으로 미리 결정해 두었다는 뜻이랍니다.

⑩ 저 작품은 내가 **점을 찍어** 두었어. 아무도 손대지 마.

경제 활동에 대한 표현들입니다.

값이 나가다 값이 꽤 비싸다.

'값'은 물건을 사기 위해 지불해야 하는 대가를 뜻합니다. 그래서 '값이 비싸다', '값비싸다'라거나 '값이 싸다', '값싸다'라는 말을 자주 씁니다. '값이 나가다', '값나가다'라는 말은 '값이 비싸다'라는 말과 비슷한 표현입니다.

⑩ 이 작품은 다른 작품에 비해 **값**이 꽤 **나갑니다**.
⑩ 우리 집에 **값나가는** 물건은 없다.

경영난에 처하다 기업이나 사업 등이 어려워지다.

'경영난經營難(다룰 경, 운영할 영, 어려울 난)'은 기업이나 사업을 경영하는 것이 어려워졌다는 뜻이죠. 그래서 회사가 어려움에 처했을 때 '경영난에 빠지다', '경영난에 허덕이다', '경영난에 봉착하다' 등의 표현을 씁니다.

⑩ **경영난에 처한** 회사를 구하기 위해 새로운 경영자를 영입했다.
⑩ 그 기업은 지금 **경영난에 허덕이고** 있습니다.
⑩ 세계적인 금융 위기가 닥친 후 우리 회사는 갑자기 **경영난에 봉착했다**.

구색을 갖추다　필요한 물건을 골고루 차려 놓다.

'구색具色(갖출 구, 색상 색)'은 물건 등을 골고루 갖추어 놓았다는 뜻이지요. '구색을 맞추다'도 같은 뜻입니다.

예) 장사를 하려면 우선 물건 **구색부터 갖추어야** 합니다.

문을 닫다　사업을 그만두다.

'문을 닫다'는 집이나 건물의 문을 닫는다는 뜻입니다. 하루 영업시간이 끝났거나, 하던 사업이나 장사를 그만둘 때도 자주 쓰는 표현입니다.

예) 김 사장은 불경기를 이기지 못하고 결국 공장 **문을 닫고** 말았다.

밑져야 본전　일이 잘못되어도 손해 볼 것은 없다.

'본전本錢(바탕 본, 돈 전)'은 본래 가지고 있던 돈을 가리켜요. '밑지다'는 손해를 보다라는 뜻이고요. 그러니까 아무리 손해를 보아도 본전은 남아 있으니 잃은 것은 없다는 말입니다.

예) 어차피 우리는 **밑져야 본전이야**. 그러니 한번 도전해 보자고.

본전도 못 찾다　어떤 일을 하지 않은 것만 못하게 되다.

'본전本錢(본디 본, 돈 전)'은 본래 가지고 있던 돈이죠. 어떤 일을 하면서 들인 노력에 비해 결과가 좋지 않거나 오히려 손해를 입을 때 '본전도 못 찾다'라고 표현합니다.

예) 돈 좀 빌려 달라는 말을 꺼냈다가 **본전도 못 찾고** 나와야 했다.

부르는 게 값이다　파는 사람이 마음대로 값을 매기다.

물건 값이라는 게 정해져 있는데, 이 물건은 장사치가 부르는 게 값이군요. 물건이 얼마나 귀하면 그럴까요? 품귀 현상을 빚는 상품이야말로 부르는 게 값입니다.

예) 몇 달째 비가 오지 않아 요즘은 채소건 과일이건 **부르는 게 값이야**.

잔금을 치르다   갚아야 할 나머지 돈을 갚다.

'잔금殘金(남을 잔, 돈 금)'은 남은 돈을 뜻하죠. 그래서 갚아야 할 나머지 돈을 주는 것을 '잔금을 치르다'라고 합니다.

예 **잔금만 치르면** 이 집은 우리 집이 된다.

장을 보다   시장에 가서 물건을 사다.

'장場(시장 장)'은 시장을 가리키는데, '시장市場(저자 시, 시장 장)'은 장보다 약간 큰 곳을 가리키는 게 일반적입니다.

예 우리 엄마는 토요일마다 **장을 보신다**.

장이 서다   장이 열리다.

예전에는 매일 장이 열리지 않고 며칠마다 한 번씩 장이 열렸답니다. 그래서 지금도 시골에 가면 오일장(닷새에 한 번 열리는 장)이 열리는 곳이 많지요. 이로부터 '장이 서다'라는 표현이 생겼습니다.

예 오늘은 읍내에 **장이 서는** 날이니까 함께 장을 보러 가자꾸나.

전화통에 불이 나다   전화가 쉴 새 없이 오다.

'전화통電話筒(전기 전, 말할 화, 통 통)'은 전화를 달리 이르는 말입니다. 전화는 전기를 이용하니까 전화를 오래 쓰면 뜨거워집니다. 그래서 '전화통에 불이 나다'라는 말은 전화가 끊임없이 온다는 말이지요.

예 텔레비전에서 통닭 관련 프로그램이 나가자마자 우리 가게 **전화통에 불이 나기** 시작했다.

제값을 받다   정당한 가격을 받다.

'제값'은 어떤 제품이 지닌 자기만의 값어치를 말합니다. 그러니까 제품은 제값을 받는 게 마땅하지요. 그런데도 이런 표현이 있는 걸 보면 제품 가운데 제값을 받지 못하는 것이 많은가 봅니다.

예 가진 물건들을 급히 처분하다 보니 **제값을 받을** 수가 없었다.

천정부지로 치솟다   물건 값이 갑자기 매우 비싸지다.

'천정부지天井不知(하늘 천, 우물 정, 아닐 부, 알 지)'는 '끝을 알 수 없다'라는 뜻의 사자성어로, 물건 값이 계속 오르기만 하거나 아주 비쌀 때 '천정부지로 치솟다'라고 합니다. '천정부지로 오르다'도 같은 뜻입니다.

예 한가위를 앞두고 과일값이 **천정부지로 치솟고** 있습니다.

판로를 개척하다   물건 팔 곳을 새로 찾다.

'판로販路(팔 판, 길 로)'는 물건이 팔려 나가는 곳을 말하지요. 그래서 '판로가 막히다'라고 하면 팔 곳이 없다는 말이고, '판로가 무궁무진하다'라고 하면 팔 곳이 무척 많다는 말입니다.

예 우리 회사는 새로운 **판로를 개척해야** 합니다.
예 조류독감이 유행하자 갑자기 닭과 오리의 **판로가 막히고** 말았다.
예 물건만 잘 만들어. **판로는 무궁무진하니까.**

폭리를 취하다 옳지 않은 방법으로 지나친 이익을 얻다.

'폭리暴利(사나울 폭, 이익 리)'는 사나운 이익이라는 뜻이에요. 그래서 옳지 않은 방법으로 장사하여 지나치게 이익을 많이 남길 때 '폭리를 취하다'라고 합니다.

- 예) 태풍으로 집을 잃은 사람들을 상대로 건설업자들이 **폭리를 취하고** 있습니다.

폭삭 망하다 다시 일어설 수 없을 만큼 완전히 망하다.

'폭삭'은 매우 심하게 내려앉거나 무너진 모습을 나타내는 말입니다. 집이 '폭삭 내려앉았다'라고 하면 고칠 수 없어서 다시 지어야 할 만큼 무너진 것이고, 사업이 '폭삭 망했다'라고 하면 완전히 망해 버린 것이죠.

- 예) 그 회사는 **폭삭 망해서** 그곳에서 일하던 사람들은 모두 뿔뿔이 흩어져 버렸다.

품귀 현상을 빚다 물건을 구하기 어려운 상태가 되다.

'품귀品貴(물건 품, 귀할 귀)'는 물건을 구하기 어려운 상태를 말합니다. 어떤 결과나 현상을 만들어 내는 동사인 '빚다'를 써서, '품귀 현상을 빚다'라고 하면 물건을 구하는 것이 매우 어려운 상태가 되었다는 뜻입니다. 품귀 현상을 빚는 상품 가격은 구하기가 힘드니 당연히 오르겠죠.

- 예) 가뭄이 계속되자 채소가 **품귀 현상을 빚고** 있다.

한밑천 잡다 어떤 일을 하는 데 도움이 될 돈이나 물건을 얻다.

'한밑천'은 일을 이루는 데 필요한 돈을 뜻합니다. 한밑천이 있어야 장사를 하건 사업을 하건 할 수 있겠죠. 그래서 '한밑천 챙기다', '한밑천 생기다', '한밑천 장만하다', '한밑천 건지다' 같은 표현들이 모두 비슷한 뜻이에요.

- 예) 이번에 **한밑천 잡아서** 조그만 가게라도 내는 게 내 꿈이야.
- 예) 고추 농사를 지은 사람들은 올해 모두 **한밑천 건졌지**.
- 예) 이 일로 **한밑천 생길** 수만 있다면 얼마나 좋을까.
- 예) **한밑천 장만해서** 나랑 함께 사업을 하자꾸나.
- 예) 이번에 **한밑천 챙기면** 나는 외국으로 이민 갈 거야.

헐값에 내놓다   매우 싼값에 팔고자 하다.

'헐값'은 원래 값보다 훨씬 싼 값이라는 뜻입니다. 그래서 '헐값에 샀다'고 하면 매우 싸게 샀다는 말이지요. '헐값에 내놓는다'라는 말은 팔리지 않아서 어쩔 수 없이 싸게 파는 것입니다.

예 돈이 급해서 집을 **헐값에 내놓을** 수밖에 없었어요.

흑자가 나다   이익이 생기다.

'흑자黑字(검을 흑, 글자 자)'는 벌어들인 돈이 쓴 돈보다 많아서 생긴 이익을 뜻합니다. 예전에 장부를 직접 쓸 때 이익은 검은 글자로 쓰고, 손해는 붉은 글자로 쓴 것에서 유래한 표현이랍니다. 그러니까 '적자赤字(붉을 적, 글자 자)가 나다'라고 하면 손해를 보았다라는 의미겠지요.

예 우리 회사가 올해도 **흑자가 났습니다**. 다 여러분 덕분입니다.
예 이번 달에도 **적자가 났으니** 어떡하면 좋으냐?

01 시작과 끝, 경쟁과 승부를 나타내는 표현
02 성과와 성공에 대한 표현
03 선택과 능력, 노력에 대한 표현

정정당당 우리 사회

- 하나
- 둘
- 셋
- 넷
- 다섯
- 여섯
- 일곱

01
시작과 끝, 경쟁과 승부를 나타내는 표현

시작과 끝을 나타내는 표현들입니다.

난생처음   태어나서 처음.

'난생처음'은 세상에 난 뒤로 이제까지 처음이라는 의미를 지닌 단어입니다. 처음으로 겪은 경험을 강조할 때 흔히 쓰는 표현이지요.

예 네 덕에 **난생처음** 비행기라는 것을 타 보았구나.

대미를 장식하다   시간이나 순서상 마지막을 멋지게 마무리하다.

'대미大尾(클 대, 꼬리 미)'는 한자어로 커다란 꼬리, 즉 멋진 마무리를 가리킵니다. 그래서 어떤 행사나 일을 끝낼 때 아주 인상적으로 성대하게 끝내는 것을 가리켜 '대미를 장식하다'라고 표현합니다.

예 마지막 경기인 마라톤 우승으로 우리나라 선수단은 올림픽의 **대미를 장식했다**.

막바지에 접어들다   일이나 상황 등이 끝나 가는 단계에 이르다.

'막바지'는 일이나 현상 따위의 마지막 단계를 말합니다. '막바지에 다다르다', '막바지에 이르다' 등도 같은 뜻입니다.

예 오늘 회의도 이제 **막바지에 접어들었다**.
예 우리 모임도 드디어 **막바지에 다다랐습니다**.
예 학교 운동회가 **막바지에 이르렀을** 때는 이미 해가 저문 후였다.

막차를 타다   뒤늦게 뛰어들다.

'막차'는 마지막으로 출발하거나 도착하는 차를 말합니다. 막차를 놓치면 목적지로 갈 수 없겠지요. 그래서 어떤 일의 막바지에 뒤늦게 뛰어들어 마지막 기회를 잡는 상황을 비유적으로 '막차를 타다'라고 표현해요. 또한 결과적으로 좋지 않은 상황에 뛰어든 때도 '막차를 탔다'고 합니다.

예 경제가 호황일 시기에 **막차를 탄** 세대들은 가까스로 위기를 모면할 수 있었어.
예 그는 사업에 뒤늦게 뛰어들었는데 결과적으로 **막차를 탄** 꼴이 되고 말았다.

미증유의 이제까지 단 한 번도 없을 만큼 심한.

'미증유未曾有(아직 미, 일찍 증, 있을 유)'는 일찍이 없었다라는 뜻의 한자어입니다. 지금까지 없었다는 말이지요. 이런 표현은 많습니다. '전례 없다(이전에 사례가 없었다)', '전무후무하다(전에도 없고 후에도 없다)', '유일무이하다(오직 한 번밖에 없다)' 등이 모두 비슷한 표현입니다. 이 표현은 좋은 일에는 별로 쓰지 않고 큰 사건이나 비극에 쓰는 게 보통이랍니다.

예 지금 일본은 쓰나미라는 **미증유의** 사태를 당해 슬픔에 빠져 있다.

앞날이 창창하다 다가올 미래가 밝고 희망에 가득 차다.

'창창蒼蒼(푸를 창, 푸를 창)하다'라는 말은 바다나 하늘, 나무나 숲이 푸르고 무성하다는 말인데, 앞길이 까마득하게 멀다는 뜻도 지녀요. 그래서 드넓은 바다와 푸르고 무성한 나무처럼, 앞으로 살아갈 날들이 많고 원대한 꿈과 희망을 가질 수 있는 청년들의 미래를 비유해서 '앞날이 창창하다'라고 표현해요. '장래가 창창하다'도 같은 뜻입니다.

예 **앞날이 창창한** 젊은이들이 매일 게임에만 몰두해서 되겠니?

유례가 없다 같거나 비슷한 일이 없다.

'유례類例(무리 유, 법식 례)'는 같거나 비슷한 종류의 사례를 말합니다. 그런데 그런 사례가 없다면 처음 보는 것이겠지요. 그래서 이전에 비슷한 일들을 찾기 힘들 정도로 깜짝 놀랄 만한 일을 강조하여 표현할 때 '유례가 없다'라는 말을 씁니다. '유례를 찾기 힘든'이라는 형태로도 쓰여요.

예 이런 종류의 화석은 이제껏 **유례가 없는** 것이다.
예 한글은 **유례를 찾기 힘든** 탁월한 문자다.

유명을 달리하다 죽어서 저세상으로 가다.

'유명幽明(검을 유, 밝을 명)'은 어둠과 밝음, 저승과 이승을 뜻하는 말이에요. 옛사람들은 죽음을 의미하는 저승은 어둡고, 삶을 의미하는 이승은 밝은 것으로 여겼습니다. 그래서 삶과 죽음을 서로 달리하여 이승의 밝은 세상을 떠나 어두운 저승으로 간 것, 즉 '죽다'를 정중하고 부드럽게 표현하는 말로 '유명을 달리하다'라고 씁니다. '운명하다'도 같은 뜻이에요.

예) 그는 **유명을 달리한** 아내만 생각하면 한없이 눈물이 흘러내렸다.

유종의 미를 거두다 일의 마무리가 만족스럽게 잘되다.

'유종有終(있을 유, 끝날 종)'은 끝나다란 뜻인데, '유종의 미美(아름다울 미)'라는 표현으로 쓰입니다. 일이 아름답게 끝났다는 말이지요.

예) **유종의 미를 거둘** 수 있도록 마지막까지 최선을 다해 주시기 바랍니다.

전례가 없다 예전에는 없던 사건이나 상태이다.

앞에서 살펴본 '유례가 없다'와 비슷한 뜻이에요. '전례前例(이전 전, 법식 례)'는 과거의 사례를 뜻하는 말입니다. 그러니 '전례가 없다'고 하면 과거에 비슷한 일도 없었고 참고할 만한 사례도 없었다는 뜻이지요.

예) 이 사건은 **전례가 없는** 일이라 해결을 하는 데도 어려움을 겪고 있다.

종국에 가서는 마지막에는.

'종국終局(끝날 종, 판 국)'은 마지막 판, 끝날 무렵을 뜻합니다. '종국에 가서는' 또는 '종국에는'과 같은 표현이 모두 일의 마지막까지 이르러서란 뜻으로 쓰입니다.

예) 경기 내내 엎치락뒤치락했지만 **종국에 가서는** 우리 팀이 승리했다.

종말을 고하다   계속되어 온 일이나 현상이 끝나다.

'종말終末(끝날 종, 끝 말)'은 일이나 현상의 마지막을 뜻합니다. '고告(알릴 고)하다'는 어떤 일을 알리고 발표한다는 뜻을 지닌 말이지요. 그래서 어떤 일이나 현상이 끝났음을 알리는 것을 '종말을 고하다'라고 표현합니다.

예) 드디어 제2차 세계대전이 **종말을 고했다**.

종반에 접어들다   일이나 경기 등이 마지막 단계에 들어서다.

'종반終盤(끝날 종, 받침 반)'은 경기나 게임 등의 마무리 단계를 가리킵니다. '종반에 접어들다'고 하면 경기의 승패가 결정되는 순간이 다가왔다는 말이지요.

예) 경기는 어느덧 **종반에 접어들었습니다**.

종언을 고하다   어떤 일이나 상황이 끝났다는 사실을 알리다.

앞서 살펴본 '종말을 고하다'와 유사한 표현이에요. '종언終焉(끝날 종, 어찌 언)'은 어떤 일이나 상황이 끝나는 것을 이르는 말입니다. 그래서 '종언을 고하다'라고 하면 어떤 일이나 상황이 끝났다는 사실을 알린다는 뜻입니다.

예) 드디어 일본 제국주의는 **종언을 고했다**.

종지부를 찍다   어떤 상황이 종료되거나 일을 끝내다.

'종지부'란 어떤 글이나 문장이 끝났음을 뜻하는 부호로, 문장 끝에 찍는 온점이나 물음표, 느낌표 따위의 기호를 말하지요. 그래서 어떤 일이나 상황이 끝났음을 비유하는 말로 '종지부를 찍다'라고 표현합니다.

예) 드디어 학교생활에도 **종지부를 찍는구나**.

천수를 누리다 오래 살다.

'천수天壽(하늘 천, 목숨 수)'는 하늘이 내려 준 수명이란 뜻으로, 매우 오래 사는 것을 가리킵니다. '천수를 다하다'도 비슷한 표현입니다.

예 이율곡 선생께서는 **천수를 누리지** 못하시고 50세도 채 못 되어 돌아가셨다.
예 **천수를 다하는** 것이야말로 복 받은 삶이라고 할 수 있다.

경쟁에 대한 표현들입니다.

각축을 벌이다   이기기 위해 서로 맞서 힘을 다투다.

'각축角逐(뿔 각, 쫓을 축)'은 사냥을 하며 살던 옛날에 뿔 달린 동물을 잡으려고 여러 사람이 쫓는 데서 생긴 말입니다. 그 후 시대가 바뀌면서 한 가지 목표물을 놓고 여러 사람이 다투는 모습을 가리켜 '각축을 벌이다'라고 표현하게 되었지요.

例 우승컵을 놓고 여러 팀이 **각축을 벌이고** 있습니다.

격차가 심하다   둘 사이에 차이가 크게 나다.

'격차隔差(사이 벌어질 격, 차이 차)'는 둘 사이에 서로 다른 정도가 차이 난다는 말입니다. '격차가 심하다'라고 하면 그 차이가 아주 크다는 말이겠죠. '격차가 벌어지다'도 같은 뜻이랍니다.

例 두 팀 간에는 **격차가 심해서** 도저히 상대가 되지 않습니다.
例 더 이상 **격차가 벌어지면** 따라잡을 수가 없어.

경합을 벌이다   서로 맞서 겨루다.

'경합競合(겨룰 경, 합할 합)'은 어떤 일을 사이에 두고 서로 겨루는 것을 말합니다. 같은 목적을 두고 서로 이기거나 앞서려고 겨루는 '경쟁하다'와 같은 뜻이에요.

例 두 사람은 대통령 자리를 놓고 오랜 시간 **경합을 벌이고** 있다.

균형이 깨지다   어느 한쪽으로 기울거나 치우치게 되다.

'균형均衡(고를 균, 저울 형)'은 한쪽으로 치우치지 않은 모양을 뜻해요. 그래서 '균형을 이루다'라는 표현은 한쪽으로 치우치지 않은 평형 상태를 가리킵니다. 반대로 '균형이 깨지다', '균형이 무너지다'는 평형이 깨진 상태를 말하지요.

例 1대 0으로 두 팀 간의 **균형이** 드디어 **깨졌습니다**.
例 전반전은 두 팀이 0 대 0으로 **균형을 이룬** 채 끝났습니다.

독보적인 존재   남이 따를 수 없을 정도로 뛰어난 사람이나 사물.

'독보적獨步的(홀로 독, 걸을 보, ~의 적)'은 다른 사람이 따라올 수 없을 만큼 뛰어나다는 뜻입니다. 그러니까 '독보적인 존재'라면 당연히 다른 사람과 비교할 수 없을 만큼 뛰어난 것이죠. '독보적인 경지'라는 표현도 자주 쓴답니다.

예) 그분은 도자기 제작 분야에서 **독보적인 존재로** 이름이 높습니다.
예) 우리 선생님께서는 초상화 분야에서 **독보적인 경지를** 개척하셨습니다.

선수를 치다   남보다 앞서 일을 처리하다.

바둑이나 장기를 둘 때 상대방보다 먼저 두거나, 중요한 자리에 앞서 두는 일을 '선수先手(먼저 선, 손 수)'라고 해요. 이것이 확장되어, 경쟁 중인 사람에 앞서 하는 행동을 가리켜 '선수를 치다'라고 표현합니다.

예) 이번 경기에서 이기기 위해서는 상대가 공격하기 전에 **선수를 치는** 것이 중요하다.

우위를 점하다   상대방에 비해 높은 위치에 있다.

'우위優位(우수할 우, 위치 위)'는 남에 비해 높거나 나은 위치를 가리킵니다. '점하다'는 점령한다는 뜻이지요. 그래서 '우위를 점하다'는 상대방에 비해 높은 위치를 점령했다는 말입니다. '우위에 서다', '우위를 차지하다'도 같은 뜻입니다.

예) 우리 반이 다른 반에 비해 협동심 하나 만큼은 **우위를 점하고** 있지.

~은 고사하고   ~은 그만두고, 더 말할 나위도 없고.

'고사姑捨(잠시 고, 버릴 사)'는 잠시 버려둔다는 뜻의 한자어예요. 이 말은 주로 '~은'과 '~기는'이라는 말 뒤에 쓰여서, 이루어질 가망성이 낮은 일은 잠깐 버려두더라도, 다른 작은 일은 이루어졌으면 좋겠다는 의미지요.

예) **1등은 고사하고** 꼴찌나 면하면 좋겠다.

절세의 미인 세상에 둘도 없이 아름다운 여인.

'절세絶世(끊을 절, 세상 세)'란 이 세상에 나오는 것이 끊어졌다는 말로, 아름다운 여인을 뜻하는 '미인'과 한 몸처럼 쓰여요. 그래서 '절세의 미인'이라고 하면 세상에 둘도 없는 아름다운 사람이라는 뜻입니다.

예 황진이야말로 **절세의 미인으로** 유명하다.

종이 한 장 차이 실력이나 능력이 비슷해 차이를 느끼기 힘듦.

종이는 매우 얇지요. 그래서 종이 묶음끼리 비교할 때 한 장 정도 많거나 적으면 그 차이를 거의 알 수 없습니다. 그래서 둘 사이의 실력이나 능력이 비슷해 누가 더 낫다고 말하기 힘들 때 '종이 한 장 차이'라고 합니다.

예 두 팀의 실력은 **종이 한 장 차이에** 불과합니다.

타의 추종을 불허하다 그 누구보다도 뛰어나다.

'타他(다른 타)의 추종追從(쫓을 추, 좇을 종)을 불허不許(아니 불, 허락할 허)하다'는 다른 사람이 쫓아오는 것을 허락하지 않는다는 말입니다. 누구도 쫓아올 자가 없을 정도로 능력이 앞선다는 뜻이지요.

예 그의 달리기 실력은 **타의 추종을 불허한다**.

편을 가르다 겨루기 위해 무리를 둘로 나누다.

'편便(한쪽 편)'은 서로 대립하는 두 무리 가운데 어느 한쪽을 가리킵니다. 그래서 '편을 가르다'라고 하면 대결하여 이기기 위해 뜻이 맞는 무리를 따져 구분한다는 뜻이에요. '편을 나누다', '편을 먹다'라는 표현도 씁니다. '편을 들다'라고 하면 한쪽 무리를 응원하거나 지지한다는 뜻입니다.

예 자, 축구 시합을 하기 위해서 열한 명씩 **편을 가르자**.
예 현식이와 경철이가 **한편을 먹고**, 나와 연희가 **한편을 먹고** 시작하자.
예 너는 지금 누구 **편을 드는** 거야?

희비가 엇갈리다 기쁜 일과 슬픈 일이 동시에 일어나다.

'희비喜悲(기쁠 희, 슬플 비)'는 기쁨과 슬픔을 뜻합니다. '희비가 엇갈리다'라는 말은 같은 장소나 상황에서 기쁜 일과 슬픈 일이 동시에 일어날 때 쓴답니다.

예 선거 결과 발표 뒤 후보자들 사이에 **희비가 엇갈리는** 광경이 벌어진다.

승부에 대한 표현들입니다.

감시망을 뚫다 감시를 위해 설치한 장치나 구조를 벗어나다.

'감시망監視網(살필 감, 볼 시, 그물 망)'이란 적진이나 주위를 잘 살피기 위해 그물처럼 얽혀 있는 조직이나 시설을 뜻하지요. 그래서 '감시망을 뚫다'라고 하면, 그물에 구멍이 뚫린듯 감시가 미치지 못한 지점을 통해 달아나는 것을 뜻합니다.

예 장준하 선생과 친구들은 일본군의 **감시망을 뚫고** 탈출한 뒤 즉시 독립군에 합류했다.

강도 높은 훈련 매우 힘든 훈련.

'강도強度(굳셀 강, 정도 도)'는 굳센 정도라는 뜻입니다. 아주 단단해서 무너지지 않을 만큼 정도가 높은 훈련이니, 아주 힘든 훈련을 뜻하는 말이지요.

예 우리 선수들은 **강도 높은 훈련을** 이겨 냈기 때문에 좋은 성적을 거둘 것입니다.

개가를 올리다 큰 승리나 성과를 거두다.

'개가凱歌(승전할 개, 노래 가)'는 전쟁에서 이겨 부르는 노래를 뜻합니다. 그래서 승리했을 때 '개가를 올리다', '개가를 부르다' 같은 표현을 씁니다. '개凱'가 들어가는 단어 가운데 개선문凱旋門(승전할 개, 돌아올 선, 문 문)이 있습니다. 전쟁에서 이기고 돌아온 병사들이 지나가는 문을 말하지요. 전쟁에서 이기고 돌아온 장군은 개선장군凱旋將軍이라고 합니다.

예 우리 과학자들이 새로운 약품을 발명하는 **개가를 올렸습니다**.

고배를 마시다   아픈 경험을 하다. / 상대방에게 패하다.

'고배苦杯(쓸 고, 잔 배)'는 쓰디쓴 술이 담긴 잔을 말합니다. 그러니까 고배를 마시는 것은 매우 괴로운 일이겠지요. 이 말은 주로 어떤 일의 결과가 좋지 않거나 대결에서 패했을 때 쓰는 말로 '고배를 마시다', '고배를 들다' 모두 같은 뜻입니다.

- 예) 형님께서는 이번 국회 의원 선거에서 낙선의 **고배를 마시고** 말았다.
- 예) 우리 팀은 이번 대회 첫 경기에서 **고배를 들고** 말았다.

공방전을 벌이다   서로 공격과 방어를 이어 가는 전투를 벌이다.

'공방전攻防戰(공격할 공, 방어할 방, 싸울 전)'은 싸우는 양쪽 편의 힘이 비슷해서 어느 한쪽으로 기울지 않는 전투를 가리킵니다. 그러니까 공방전을 벌이는 경우에는 결과가 곧 나오지 않고 끊임없이 싸움이 계속되겠죠. 이 표현도 운동 경기에서 자주 사용하며, 치열한 경쟁이나 논쟁의 상황에서도 쓰입니다.

- 예) 두 팀은 처음부터 **공방전을 벌이며** 치열한 싸움을 계속했다.

공세를 취하다   공격하는 태도를 갖추다.

'공세攻勢(공격할 공, 태세 세)'는 공격할 태도나 자세를 뜻합니다. 어떤 일에 대처하는 방법과 자세를 갖춘다는 뜻의 동사 '취하다'와 함께 써서 '공세를 취하다'라고 하면, 공격을 위한 방법이나 자세를 갖춘다는 말입니다.

예 어설프게 **공세를 취했다가는** 오히려 적의 반격을 당해 어려움에 처할 수도 있습니다.

교두보로 삼다   어떤 일을 더욱 발전시키기 위한 발판으로 삼다.

'교두보橋頭堡(다리 교, 앞 두, 제방 보)'는 전쟁에서 중요한 길목이나 작전의 중심지가 되는 곳을 가리켜요. 그래서 교두보를 차지하거나 교두보를 마련해야 전쟁에서 승리할 수 있겠지요. 이 뜻이 확장되어 어떤 일을 성공시키기 위해 필요한 발판을 가리키는 표현으로 자주 쓰입니다.

예 우리 회사는 북경 지사를 중국 진출의 **교두보로 삼고** 있다.

교전을 벌이다   양측 병사들이 전투를 하다.

'교전交戰(주고받을 교, 싸울 전)'은 서로 전투를 주고받는다는 뜻입니다. 양측이 서로 병력을 맞대고 싸움을 벌이는 것을 '교전을 벌이다'라고 해요.

예 이라크는 요즘 여러 세력들이 **교전을 벌이고** 있어 여행하기에 위험하다.

구위가 떨어지다   투수가 던지는 공의 힘이 약해지다.

'구위球威(공 구, 위력 위)'란 야구에서 투수가 던지는 공의 위력, 즉 공을 던지는 세기를 뜻합니다. 투수의 공을 표현하는 단어 가운데 구질球質(공 구, 바탕 질)도 있어요. '구질'이란 투수가 던질 수 있는 공의 성질, 즉 직구, 커브, 슬라이더와 같은 종류를 말해요. '구위가 좋다'고 하면 투수가 던지는 공이 아주 힘 있고 빠르게 들어온다는 말이고, '구질이 까다롭다'고 하면 공이 날아오는 모양새가 치기에 어렵다는 말입니다.

예 저 투수의 **구위가** 많이 **떨어졌군요**. 구질도 예전 같지 않습니다.

기강을 확립하다 중요한 규율과 질서를 지키도록 만들다.

'기강紀綱(법 기, 통치할 강)'은 중요한 규율과 질서, 법 따위를 가리킵니다. 그러니까 '기강을 확립한다'는 것은 질서를 분명히 유지한다는 뜻이지요. '기강을 바로 세우다'도 같은 의미의 표현입니다.

예 앞으로 우리 부대는 **기강을** 철저히 **확립해서** 나라를 철통같이 지키도록 하자.

기록을 깨다 과거 기록보다 더 좋은 기록을 내다.

'기록記錄(기록할 기, 기록할 록)'은 생각이나 사실 등을 적은 것을 뜻하죠. '기록을 깨다'고 하면 예전 기록보다 더 나은 기록을 낸 것인데, '신기록을 세우다'라고도 합니다.

예 김형준 선수는 십 년 만에 한국 **기록을 깼습니다**.

기선을 잡다 상대보다 먼저 행동에 나서 앞서가다.

'기선機先(틀 기, 먼저 선)'은 어떤 일을 벌이려는 순간이라고 할 수 있지요. 그러니까 '기선을 잡다'라고 하면 상대보다 먼저 일을 벌인다는 뜻입니다. '기선을 제압하다'라는 표현은 이보다 더 강한 느낌을 나타냅니다.

예 우리 팀은 빠른 공격으로 **기선을 잡았다**.
예 경기가 시작되면 **기선을 제압해야만** 한다. 그렇지 않으면 끝까지 끌려가게 돼.

기염을 토하다 강한 힘으로 큰소리를 치다.

'기염氣焰(기운 기, 불꽃 염)'은 불꽃 같은 기운, 즉 대단한 기운을 가리킵니다. '기염을 토하다'라고 하면 마치 불꽃처럼 강력한 기운을 내뿜는 것을 뜻해요.

예 이정규 선수는 이번 대회에서 세계 신기록을 세우며 **기염을 토했습니다**.

대세가 기울다 대체적인 형세가 넘어가다.

'대세大勢(큰 대, 형세 세)'는 대체적인 형세를 가리키죠. 그러니까 전쟁이나 다툼의 전체적인 형세를 말합니다. 따라서 대세가 한쪽으로 기울었다면 그 전쟁은 이미 결판난 것이나 다름없죠. '대세를 따르다', '대세를 장악하다' 같은 표현도 자주 쓰입니다.

- 예) 경기는 이미 우리 쪽으로 **대세가 기울었다**. 승리가 눈앞에 있다.
- 예) 나는 **대세를 따를** 수밖에 없어. 내가 가진 힘이 약하니 말이야.
- 예) 나폴레옹이 그 전쟁에서 **대세를 장악하자** 상대방은 힘 한 번 써 보지 못하고 패했다.

배수진을 치다 마지막 승부를 겨루기 위한 준비를 갖추다.

'배수진背水陣(등 배, 물 수, 진 진)'은 등 뒤에 강을 두고 진을 쳤다는 뜻입니다. 따라서 적의 공격을 막지 못하면 당연히 물속에 빠져 죽게 됩니다. '배수진을 치다'라고 하면 목숨을 걸고 싸우겠다는 다짐을 나타냅니다.

- 예) 나는 **배수진을 치고** 이번 경기에 나섰다. 더 이상 물러설 곳이 없었다.

승세를 굳히다 승리를 결정짓다.

'승세勝勢(이길 승, 형세 세)'는 싸움에서 이기거나 성공할 것 같은 상태나 기운을 말합니다. 그러니 '승세를 굳히다'라는 말은 이길 것 같은 상황이나 분위기에서 승리의 결과를 더욱 확실히 다진다는 뜻이죠.

- 예) 우리 팀은 마지막 순간 한 점을 더 보태 **승세를** 완전히 **굳혔다**.

영패를 모면하다 한 점도 얻지 못하고 패하는 것은 피하다.

'영패零敗(영 영, 패할 패)'는 한 점도 얻지 못하고 지는 것을 뜻합니다. 그래서 '영패를 모면하다'고 하면 한 점도 얻지 못한 채 지는 것은 피한다는 뜻이지요. 이 표현은 1 대 1로 비기거나 이긴 상황에서는 쓰지 않고, 1점 이상 얻고 패배한 상황에서만 씁니다.

- 예) 우리 팀은 후반전 막판에 가까스로 한 점을 만회해 **영패를 모면하는** 데 그쳤다.

월계관을 쓰다 승리하다.

'월계관月桂冠(달 월, 계수나무 계, 관 관)'은 월계수 가지와 잎으로 만든 관으로, 옛날에 전쟁이나 경기에서 이긴 사람에게 씌워 주던 것입니다. 그래서 전쟁, 운동 경기, 승부가 벌어졌을 때 승리한 사람을 비유하여 '월계관을 썼다'고 합니다.

예 손기정 선수는 일제 강점기에 베를린 올림픽에 출전, 마라톤에서 우승해 당당히 **월계관을 썼으며**, 이를 통해 우리 겨레의 존재를 세계에 알렸다.

전세를 뒤엎다 싸움의 형세를 거꾸로 돌리다.

'전세戰勢(싸울 전, 형세 세)'는 싸움의 기세를 뜻합니다. 그러니 전세가 강한 쪽이 이길 확률이 높은데, 전세를 뒤엎으면 이기던 쪽이 지게 되겠지요. '전세를 역전시키다'도 같은 뜻입니다. 또 '전세가 기울다'라는 표현도 있는데, 이는 팽팽하던 힘이 기울어질 때 씁니다.

예 전쟁은 이미 한쪽으로 기울었다. 이제 와서 **전세를 뒤엎기는** 힘들다.
예 후반전이 시작되자마자 선수들은 최선을 다해 **전세를 역전시켰다**.

전열을 가다듬다 전투에 임하는 병사들의 태도와 마음가짐을 새롭게 하다.

'전열戰列(싸울 전, 줄 열)'은 전쟁에 나아가기 위해 줄지어 선 병사들을 가리킵니다. 그래서 '전열을 가다듬다'는 흩어진 부대나 조직의 분위기, 체계를 다시 제대로 갖춘다는 뜻입니다. '전열을 재정비하다'라는 말도 같은 뜻입니다. 반대로 '전열이 흩어지다'라는 말은 병사들의 질서가 이미 사라져 버렸다는 의미예요.

예 자, **전열을 가다듬고** 다시 한 번 도전해 보기로 하자. 이대로 물러설 수는 없으니까.
예 우리 팀은 **전열을 재정비할** 필요가 있어. 갑자기 수비 조직이 무너졌으니까 말이야.
예 적의 공격을 받자 우리 군대의 **전열이 흩어지더니** 도망가기 바빴다.

전적을 거두다   전쟁이나 경기에서 뛰어난 성적을 거두다.

'전적戰績(싸울 전, 낳을 적)'은 전쟁의 성적을 가리킵니다. 이 표현은 좋은 성적을 나타낼 때 쓰지 나쁜 성적에는 쓰지 않는답니다.

예) 이순신 장군은 어려운 여건에서도 왜군을 상대로 빛나는 **전적을 거두었다**.

접전을 벌이다   실력이 비슷해 좀처럼 승부가 나지 않는 싸움을 하다.

'접전接戰(이을 접, 싸울 전)'은 서로 비슷해서 좀처럼 승부가 나지 않는 싸움을 가리킵니다. 이와 비슷한 표현으로 '막상막하莫上莫下(누가 위인지 아래인지 알 수 없음)'라는 사자성어가 있지요.

예) 두 나라는 처음부터 치열한 **접전을 벌였다**.

진용을 짜다 어떤 단체나 팀을 구성하다.

'진용陣容(진 진, 모양 용)'은 진을 짠 모양인데, 이 뜻이 확장되어 진을 치고 있는 형편이나 짜임새 또는 한 단체를 구성하는 짜임새를 나타냅니다. '진용을 재정비하다'라는 표현도 자주 사용하는데, 이는 짜임새를 새로이 구성한다는 뜻입니다.

- 예 우리 팀은 봄을 맞아 새롭게 **진용을 짜고** 새 출발을 다짐했다.
- 예 지난해의 실패를 거울삼아 우리 조직은 **진용을 재정비하기로** 결정했다.

초토화시키다 아무것도 남기지 않고 모든 것을 파괴해 버리다.

'초토焦土(그을릴 초, 땅 토)'는 불이 나서 다 타 버린 땅입니다. 그래서 '초토화焦土化'는 아무것도 남기지 않고 모든 것을 파괴해 버린다는 뜻이지요. '초토화되다'는 당하는 쪽에서 표현한 것이랍니다.

- 예 태풍과 함께 온 쓰나미는 한 마을을 **초토화시켜** 버렸다.
- 예 쓰나미가 밀려오자 우리 마을은 **초토화되고** 말았어요.

총력전을 펼치다 자신이 가진 모든 힘을 쏟아부어 대항하다.

'총력전總力戰(모을 총, 힘 력, 싸울 전)'은 모든 힘을 다해 싸우는 전투를 가리킵니다. 따라서 총력전을 펼치면 이길 가능성도 높지만 지면 다시 일어나기 힘들 만큼 큰 타격을 입습니다.

- 예 우리에게 다음 기회란 없다. 오늘 이 순간 **총력전을 펼쳐** 이기는 길만이 있을 뿐이다.

출사표를 던지다 큰 시합이나 경쟁에 나서겠다는 뜻을 밝히다.

'출사표出師表(날 출, 스승 사, 표 표)'는 임금이나 스승에게 자신의 뜻을 적어 제출한 표인데, 중국 촉나라 재상 제갈량이 전쟁에 나아가면서 황제인 유선에게 적어 올린 글에서 비롯했습니다. 오늘날에는 중요한 시합이나 선거 등에 나서겠다고 발표하는 것을 가리키는 표현이 되었답니다.

- 예 우리 아버지께서는 이번 선거에 출마하시겠다고 **출사표를 던지셨다**.

포문을 열다 상대방에 대한 공격을 시작하다.

'포문砲門(대포 포, 문 문)'은 대포알이 나가는 입구를 말합니다. 그러니까 대포를 쏘기 위해서는 우선 포문을 열어야겠죠. 이 뜻이 변해서 토론이나 협상 따위에서 상대방을 말로 공격하기 시작하는 것을 가리켜 '포문을 열다'라고 합니다.

예 상대편은 자리에 앉자마자 우리를 향해 **포문을 열었다**.

02
성과와 성공에 대한 표현

성과와 성공에 대한 표현들입니다.

결실을 맺다 노력한 일이 성과를 거두다.
'결실結實(맺을 결, 열매 실)'은 열매를 맺는다는 뜻이죠. 열심히 농사를 지어 좋은 결과를 거둔다는 말인데, '결실을 맺다', '결실을 거두다'처럼 쓰여요.

예) 열심히 공부한 노력이 드디어 **결실을 맺었구나**. 축하한다.
예) 이번 시험에서 좋은 **결실을 거두었으니** 기쁘기 그지없다.

공전의 히트 이전에는 없던 대단한 성공.
'공전空前(빌 공, 앞 전)'은 이전에는 없다는 뜻이죠. 그래서 '공전의 히트'는 이전에는 비교할 것이 없을 만큼 대단한 성공을 가리킵니다.

예) 그의 작품은 **공전의 히트를** 기록했다.

관문을 통과하다 반드시 거쳐야 하는 과정을 무사히 통과하다.
'관문關門(빗장 관, 문 문)'은 옛날에 성을 드나들기 위해 만들어 놓은 문입니다. 성으로 들어가기 위해서는 반드시 관문을 통과해야 했지요. '관문을 통과하다'란 표현은 그로부터 나온 것이에요.

예) 여러분은 드디어 어려운 **관문을 통과하였습니다**. 축하합니다.

괄목할 만하다 생각했던 것보다 훨씬 놀라운 발전을 이루다.
'괄목刮目(비빌 괄, 눈 목)'은 눈을 비비고 다시 본다는 뜻인데, 괄목상대刮目相對(비빌 괄, 눈 목, 서로 상, 대할 대)라는 고사성어에서 나온 단어입니다. '상대방의 실력이 예전에 비해 크게 늘어 정말인가 하고 눈을 비비고 다시 본다'는 뜻입니다. '괄목할 만한 성과를 거두다'라는 표현을 자주 씁니다.

예) 올해 **괄목할 만한 성과를 거둔** 것은 모두 여러분이 노력한 결과입니다.

국위를 선양하다 나라의 힘과 위력을 널리 알리다.

'국위國威(나라 국, 위세 위)'는 나라의 위력이나 힘을 가리킵니다. '선양宣揚(베풀 선, 오를 양)'은 높이 올린다는 뜻이고요. 그래서 '국위를 선양하다'라는 말은 나라의 힘 또는 위력 따위를 세계에 널리 알린다는 뜻이지요.

예 예의 바른 행동이야말로 **국위를 선양하는** 태도다.

궤도에 오르다 어떤 일이 순조롭게 나아가기 시작하다.

'궤도軌道(차축 궤, 길 도)'는 우주에서 행성이나 인공위성 등이 중력의 영향으로 다른 천체 주위를 도는 길, 또는 기차 등이 다니는 레일을 가리키죠. 기차가 레일 위에 오르면 그때부터는 안전하게 가게 됩니다. 그래서 '궤도에 오르다', '궤도에 진입하다'라고 하면 모든 일이 순조롭게 되어 나가는 모습을 나타냅니다. 반대로 '궤도에서 벗어나다', '궤도를 이탈하다'라고 하면, 일이 어긋나 잘못된 모습을 가리키지요.

예 우리 사업이 이제 본 **궤도에 올랐으니** 앞으로는 좋은 성과를 거둘 것입니다.

예 추진하던 일이 갑자기 **궤도에서 이탈하고** 말았다. 앞으로 큰 어려움이 예상된다.

귀감이 되다 본받을 만한 모범이 되다.

'귀감龜鑑(거북 귀, 거울 감)'은 본받을 만한 모범 또는 본보기를 나타냅니다. 그러니 '귀감이 된다'고 하면 분명 성공을 거두었거나 훌륭한 업적을 남겼겠지요.

예 그의 희생 정신은 우리 젊은이들에게 **귀감이 되는** 행동이다.

기반을 다지다 일의 기초가 되는 발판을 단단히 만들다.

'기반基盤(터 기, 받침 반)'은 기초가 되는 발판을 뜻합니다. 따라서 일의 성과를 거두기 위해서는 기반을 단단히 다지는 것이 중요하죠.

예 아버지께서는 요즘 사업 **기반을 다지기** 위해 동분서주하신다.

꽃피우다　어떤 일이 생겨나게 하거나, 문화나 문명을 발전시키다.

'꽃피운다'는 말은 나무에서 꽃이 피게 만든다는 말이지만, 그 뜻이 확장되어 어떤 일이 번영하고 발전하는 것을 가리키기도 합니다.

🟢 다산 정약용 선생님께서는 조선 후기에 실학사상을 **꽃피우셨습니다**.

대어를 낚다　큰 성과를 거두거나 이기기 힘든 상대를 이기다.

'대어大魚(큰 대, 물고기 어)'는 큰 물고기죠. 큰 물고기는 잡기도 힘들지만 잡고 나면 뿌듯하죠. 그래서 이기기 힘든 상대를 이기거나 예상보다 훨씬 큰 성과를 거두었을 때 '대어를 낚다'라는 말에 비유해서 씁니다.

🟢 우리 팀이 이기다니! 정말 **대어를 낚았어**.

따 놓은 당상　어떤 일이 이루어질 것이 확실함.

'당상堂上(집 당, 위 상)'은 조선 시대에 정3품 이상 벼슬아치를 가리키는 명칭입니다. 정3품을 이미 따 놓았다니, 어떤 일이 거의 이루어졌다는 뜻입니다.

🟢 우승은 **따 놓은 당상이야**. 우리를 이길 팀은 없거든.

순풍에 돛을 달다　어떤 일이 순조롭게 잘되어 가다.

'순풍順風(순할 순, 바람 풍)'은 배가 가는 쪽으로 부는 바람을 뜻합니다. 그러니 매우 좋은 바람이죠. 반대는 역풍逆風(거스를 역, 바람 풍)입니다. 역풍이 불면 배가 나아가는 데 어려움을 겪습니다. 그러니 당연히 좋지 않은 뜻을 갖겠죠.

🟢 우리 사업은 **순풍에 돛을 단** 듯 순조롭게 전개되었다.
🟢 잘 나아가던 우리 사업이 경제 위기라는 **역풍을 맞아** 어려움을 겪게 되었다.

이름 높다　유명하거나 널리 알려져 있다.

🟢 어려운 이웃들을 살리는 의사로 **이름 높은** 분이셨는데 안타깝게도 돌아가셨다.

이름이 없다 세상 사람들이 모르는 사람들이다.
예 아무리 **이름 없는** 사람들이라고 해도 그렇게 무시해서는 안 된다.

이름이 있다 명성이 세상에 알려져 있다.
예 이 책에 등장하는 사람들은 모두 **이름 있는** 위인들이다.

이름나다 세상에 널리 알려져 유명해지다.
예 그는 거짓말쟁이로 우리 학교에서 **이름났다**.

자타가 공인하다 모든 사람이 인정하다.
'자타自他(스스로 자, 타인 타)'는 나와 남을 뜻합니다. 그러니까 '자타가 공인하다'라는 말은 너와 나뿐만 아니라 모든 사람이 인정한다는 뜻이겠지요.
예 그가 성실한 사람이라는 것은 **자타가 공인하는** 사실이다.

장족의 발전 긴 시간 동안 이룬 놀라운 발전.
'장족長足(나아갈 장, 발 족)'은 빠른 걸음이라는 뜻으로, 발전 속도가 빠르게 진행되는 것을 비유적으로 이르는 말입니다. '장족의 발전을 거듭하다', '장족의 발전을 거두다' 등으로 쓰여요.
예 우리 경제는 **장족의 발전을 거듭한** 반면, 정치·사회적 발전은 더디기만 한 게 현실이다.

출세가도를 달리다 사회적으로 높은 지위에 오르거나 유명해지다.
'출세가도出世街道(나아갈 출, 세상 세, 거리 가, 길 도)'는 출세를 향해 뚫린 길을 뜻합니다. 그러니 '출세가도를 달린다'는 것은 사회적으로 유명한 사람이 되는 일이 순조롭게 진행된다는 말이겠지요.
예 오랫동안 고생했지만 요즘 그는 **출세가도를 달리고** 있다.

탄탄대로를 달리다   어려움 없이 모든 일이 순탄하게 전개되다.

'탄탄대로坦坦大路(평평할 탄, 평평할 탄, 큰 대, 길 로)'는 평탄하고 넓게 뻗은 길을 뜻하는데, 어려움 없이 순조롭게 일이 진행되는 것을 의미합니다. '탄탄대로를 걷다'라고도 합니다.

예 사업 초기에는 어려움이 있었지만 그 후에는 계속 **탄탄대로를 달리고** 있습니다.

터를 닦다   집이나 건물을 세울 자리를 고르다. / 일 또는 삶의 기반을 마련하다.

'터'는 집을 짓거나 일을 벌일 수 있게 만든 평평한 땅을 가리킵니다. '기반'은 기초가 되는 바탕을 뜻하고요. 집을 지으려면 우선 기반이 되는 땅이 필요하겠죠. '터'는 집 지을 땅만이 아니라 삶의 기반을 뜻하기도 해요. 그래서 어떤 일에 필요한 기반을 닦는 것을 '터를 닦다'라고 합니다. '터를 잡다'도 비슷한 뜻이에요.

예 이곳에 **터를 닦고** 있는 건물은 우리가 다닐 학교란다.
예 지금은 사업을 추진하기 위한 **터를 닦는** 단계예요.
예 우리 가족이 이곳에 **터를 잡은** 지도 벌써 십 년이다.

한가락 하다   어떤 분야에서 이름난 활동을 하다.

'한가락'은 노래나 소리의 한 곡조를 가리키는데, 인정받을 만한 재주나 솜씨를 이르는 말이기도 해요. 그래서 어떤 분야에서 재주나 솜씨가 뛰어나 이름이 높을 때 '한가락 하다'라는 표현을 쓰게 되었답니다.

예 그는 젊어서는 씨름판에서 **한가락 하는** 걸로 유명했지.

획을 긋다   어떤 일이나 사건에서 중요한 업적이나 흔적을 남기다.

'획劃(그을 획)'은 붓으로 긋는 줄을 가리킵니다. 붓글씨를 쓸 때는 한 번 획을 그으면 고칠 수 없지요. 그래서 중요한 업적을 남기거나 성공했을 때 '획을 긋다'라는 표현을 쓰게 되었답니다. '한 획을 긋다', '큰 획을 긋다'도 같은 뜻입니다.

예 김좌진 장군은 청산리 대첩에서 일본군을 크게 물리쳐 독립운동사에 **큰 획을 그으셨다**.

효험을 보다 좋은 결과를 얻다.

'효험效驗(효과 효, 증거 험)'은 약 따위가 주는 좋은 결과를 말합니다. '효험이 있다'도 비슷한 뜻인데, 반대말은 '효험이 없다'입니다.

- 예 우리 아버지께서는 그 약의 **효험을 보셨어요**.
- 예 그 약은 **효험이 있는** 게 분명해. 몸이 하루가 다르게 좋아졌다니까.
- 예 그 의사는 돌팔이야. 치료를 받아도 아무런 **효험이 없다니까**.

인기에 대한 표현들입니다.

각광을 받다 많은 사람들의 관심을 받거나 흥미를 끌다.

'각광脚光(다리 각, 빛 광)'은 무대 앞 아래쪽에서 배우를 비추는 조명을 말해요. 신문이나 방송에서 사람들의 주목을 끌거나 관심을 받아 인기를 끌 때 쓸 수 있는 말이지요.

- 예 작년에 이어 올해도 고전을 새롭게 해석한 책들이 **각광을 받았습니다**.

선풍적인 인기를 끌다 갑자기 사회적으로 큰 인기를 얻다.

'선풍적旋風的(돌 선, 바람 풍, ~의 적)'은 마치 바람처럼 갑자기 발생해서 사회에 큰 영향을 미치거나 관심을 끄는 것을 말합니다. 주로 유행하는 현상에 대해 묘사할 때 많이 사용하는 표현이지요.

- 예 요즘 드라마 인기에 힘입어 90년대 음악이 청소년들 사이에서 **선풍적인 인기를 끌고** 있다.

유명세를 치르다   세상에 이름이 알려져 어려움을 겪다.

'유명세有名稅(있을 유, 이름 명, 세금 세)'는 이름이 유명해서 내는 세금이란 뜻이에요. 유명한 사람이라고 세금을 내는 법은 없지요. 그러니까 이 표현은 유명해서 겪게 되는 어려움을 비유적으로 나타낸 것이랍니다.

예) 시골의 작은 칼국수집이 한 방송에 소개되면서 **유명세를 치르고** 있습니다.

이목을 끌다   남의 관심을 받다.

'이목耳目(귀 이, 눈 목)'은 귀와 눈입니다. 귀로는 상대방의 목소리를 듣고 눈으로는 상대방 모습을 볼 수 있지요. 그러니 '이목을 끈다'고 하면 사람들에게 주의를 끌어 집중을 받거나 관심을 받는다는 말입니다.

예) 한국의 작은 도시에서 시행하는 특별한 환경 정책이 세계인의 **이목을 끌고** 있습니다.

주목을 받다   다른 사람이 깊은 관심을 보이다.

'주목注目(물댈 주, 눈 목)'은 눈여겨본다는 말입니다. 그러니까 누군가의 주목을 받는다는 것은 관심을 끄는 것이죠. '주목을 끌다'도 같은 뜻입니다.

예) 최근 건강에 대한 직장인들의 관심이 높아지면서 관련 제품들도 덩달아 **주목을 받고** 있다.

실패에 대한 표현들입니다.

가당키나 한가   이치에 맞지 않다.

'가당可當(가할 가, 당해 낼 당)하다'는 이치에 맞다는 뜻입니다. 그래서 '가당키나 한가?'라고 하면 '절대 가당하지 않다'는 말이죠. '가당찮다(가당치 않다)'라는 표현도 자주 쓰는데, 이치에 맞지 않다는 뜻입니다.

예 오늘날 일본이 전쟁을 일으킨다는 것이 **가당키나 한** 일인가?
예 그건 **가당찮은** 요구이므로 절대 들어줄 수 없다.

공중에 뜨다   온데간데없이 사라지다.

'공중空中(빌 공, 가운데 중)'은 하늘과 땅 사이의 빈 곳을 가리켜요. 일반적으로 아무것도 없는 곳을 가리켜 '공중'이라고 합니다. 이 표현 또한 아무런 성과도 거두지 못한 모습을 나타낼 때 쓰입니다.

예 점수보다 사람 됨됨이를 중시하는 교육은 이미 **공중에 떠** 버린 지 오래다.

공치다   하려던 일을 못 하고 허탕 치다.

'공치다'는 '공空(빌 공)'과 '치다'가 합쳐진 말이에요. 그러니까 빈 것을 쳤다는 말이지요. 빈 것을 쳤으니 아무 성과도 거두지 못하고 허탕을 쳤다는 의미입니다.

예 비가 와서 오늘 하루 일은 **공치고** 말았다.

국물도 없다   돌아오는 몫이나 이득이 아무것도 없다.

'국물'은 본래 어떤 음식에서 건더기를 뺀 물을 가리키는데, 어떤 일의 대가로 생기는 조그만 이득을 이르는 말이에요. 그래서 '국물도 없다'는 말은 아주 적은 몫이나 이익도 없다는 뜻입니다. 일은 열심히 했지만 아무런 성과도 없을 때, 또는 일을 제대로 하지 못해 아무런 성과도 거두지 못했을 때 사용하는 표현입니다.

예 너에게는 **국물도 없다**. 도대체 게으름만 피웠지 아무 일도 하지 않았으니 말이야.

김칫국을 마시다 지레짐작하여 그렇게 될 것으로 믿고 행동하다.

밥이 없는데 김칫국부터 마시면 짜서 힘들겠죠. 그래서 상대방은 줄 생각도 안 하는데 지레 그렇게 될 것으로 여길 때 '김칫국을 마신다'고 합니다. '줄 사람은 생각도 안 하는데 김칫국부터 마신다'라는 속담도 있지요.

㉑ 결과는 나오지도 않았는데 현수는 자기가 가장 잘했다고 **김칫국을 마시고** 있어.

들러리를 서다 남이 돋보이도록 주변에서 돕는 역할을 하다.

'들러리'는 서양식 결혼식에서 신랑이나 신부를 결혼식장 안으로 인도하거나 가까이에서 돌보며 거드는 사람을 이르는 말입니다. 그러니까 들러리는 행사의 주인공이 아니지요. 이 뜻이 확장되어 어떤 일에서 상대방을 돋보이는 일만 하고 자신은 아무 이익도 얻지 못하는 것을 뜻하게 되었답니다.

㉑ 나는 늘 그 친구의 **들러리를 서** 왔어. 그러다 보니 이제는 슬슬 짜증이 나기 시작해.

뜬구름을 잡다 헛된 것을 원하다.

하늘에 떠 있는 구름을 잡을 수 있나요? 구름은 멀리서는 보이지만 그 속에 들어가면 형체가 없어요. 그러니 '뜬구름을 잡다'고 하면 존재하지도 않는 것을 잡으려는 헛된 행동을 가리킵니다. '구름을 잡다'도 같은 뜻입니다.

㉑ 넌 늘 **뜬구름이나 잡고** 있으니 큰일이구나. 제발 현실적인 꿈을 꾸거라.
㉑ 그렇게 **구름 잡는** 이야기만 늘어놓지 말고 실제로 가능한 일을 생각해 보렴.

미역국을 먹다 시험에 떨어지다.

'미역'이라는 식물은 매우 미끈거리지요. 그래서 시험을 보러 갈 때는 먹지 않는 풍습이 있답니다. 시험에서 미끄러지면 떨어지는 것이니까요.

㉑ 우리 형은 이번 시험에서도 **미역국을 먹었다**.

바닥을 기다   성적이나 실적이 매우 낮다.

'바닥'은 어떤 물체나 공간에서 가장 낮은 곳을 이르는 말입니다. 그래서 어떤 상태나 상황이 가장 좋지 않을 때를 비유하여 '바닥을 기다'라고 자주 표현합니다.

예 우리 반 성적은 **바닥을 기고** 있지만 친구들 모두는 늘 화합하며 즐겁게 생활한다.

번지수를 잘못 찾다   생각을 잘못해서 엉뚱한 결과를 가져오다.

'번지수'는 집집마다 붙은 번호를 이르는 말로, 집을 찾기 위해서는 반드시 알아야 하는 번호입니다. 그런데 그런 번지수를 잘못 찾았다면 당연히 찾고자 하는 집이 아니겠지요.

예 넌 **번지수를 잘못 찾았어**. 이곳은 네가 올 곳이 아니야.

볼장 다 보다   일이 돌이킬 수 없을 만큼 잘못되다.

'볼장'은 '해야 할 일'인데, 혼자서는 쓰이지 않고 늘 '볼장 다 보다'라는 형태로만 쓰입니다.

예 고작 열 살밖에 안 된 녀석이 밤새워 게임이라니, **볼장 다 본** 거지.

실효를 거두지 못하다   실제적인 효과를 얻지 못하다.

'실효實效(실제 실, 효과 효)'는 실제적인 효과나 효력입니다. 그러니 어떤 일에서 실효를 거두지 못했다면 아무런 실제적인 결과 또한 얻지 못했다는 말이지요.

예 지난 일 년간 열심히 노력했지만 **실효를 거두지 못했다**.

싹이 노랗다   일이나 사람의 미래가 잘못될 것이 분명하다.

식물의 싹은 푸릇푸릇 돋아야 튼튼하게 잘 자라겠지요. 그런데 싹부터 노랗게 죽어 간다면 그 식물이 잘 자랄 수 없습니다. '싹수가 노랗다', '싹수가 없다'도 같은 뜻입니다.

예 그가 하는 행동을 보면 벌써 **싹이 노랗다**.
예 그는 **싹수가 노랗다니까**. 기대 같은 건 안 하는 게 좋아.

쑥밭이 되다   혼란스러운 상태나 형편없는 상태가 되다.

'쑥밭'은 쑥과 잡초가 우거져 쓸모없게 된 땅을 가리킵니다. 노력했지만 결국에는 다 망해 버린 모습을 가리키는 표현이지요.

예 잘 자라던 벼가 태풍이 불어오자 **쑥밭이 되고** 말았다.

쓴맛을 보다   어떤 일에 실패해서 괴로움을 느끼다.

맛 가운데 가장 고통스러운 것이 쓴맛이죠. 그래서 '쓴맛을 보다'라고 하면 고통이나 아픔, 괴로움을 겪는 것을 말합니다.

예 우리 팀은 이번 대회에서 **쓴맛을 보고** 말았다.

원천적으로 불가능하다   근본적으로 가능한 일이 아니다.

'원천적源泉的(근원 원, 샘 천, ~의 적)'이라는 말은 샘이 솟아나는 근원으로부터라는 뜻을 가지고 있지요. '원천적으로 불가능하다'라고 하면 어떤 일이 처음부터 가능한 일이 아니었다는 의미입니다.

예 이 계획은 **원천적으로 불가능한** 것이었다. 다시 계획을 세우자.

전철을 밟다   앞서 발생한 잘못이나 실패를 되풀이하다.

'전철前轍(앞 전, 바큇자국 철)'은 앞서간 전차의 바큇자국을 가리킵니다. 이 뜻이 확장되어 '앞서 다른 사람이 일으킨 잘못이나 실패, 경험'을 가리키지요. 성공한 사례를 '전철'이라고는 하지 않습니다. 그러니까 '전철'이라고 하면 잘못된 것, 실패한 경험 등을 말한답니다.

예 임진왜란 때 겪은 조선의 **전철을** 다시 **밟아서는** 안 된다.

죽도 밥도 아니다   이것도 저것도 아닌 결과를 얻다.

밥을 지으려고 쌀을 앉혔는데 죽도 밥도 아닌 음식이 되었다는 말입니다. 일이 어중간하게 진행이 되어 이도 저도 아닌 결과를 얻게 되었다는 뜻이에요.

예 이건 **죽도 밥도 아닌데**. 며칠 동안 힘들여 만든 것이 고작 이 정도란 말이냐?

죽을 쑤다   일이 제대로 안 되거나 잘못되다.

이번엔 밥을 만들려고 했는데 물을 너무 많이 부어서 죽이 되고 말았군요. 죽은 몸이 약한 사람이나 환자가 먹는 것이니 밥과는 비교할 수 없을 만큼 묽답니다. 그러니 일이 야무지게 되지 못했다는 말이에요.

예 이번 시험은 **죽을 쑤고** 말았어. 다음에는 정말 잘해야지.

파국을 맞다   일이 추진되지 못하고 끝내 깨어지고 말다.

'파국破局(깨어질 파, 판 국)'은 판이 깨진다는 뜻이지요. 그래서 하던 일이 제대로 이루어지지 못한 채 결국 끝나고 마는 것을 가리켜 '파국을 맞다'라고 표현해요. '파국을 초래하다', '파국에 이르다' 등도 비슷한 뜻입니다.

예 신도시 건설 사업은 오랜 진통 끝에 결국 **파국을 맞고** 말았다.
예 회의는 처음부터 반대하는 사람들이 소란을 피운 끝에 결국 **파국에 이르렀다.**

허사가 되다   아무 성과도 없게 되다.

'허사虛事(빌 허, 일 사)'는 쓸데없는 일이란 뜻입니다. 그러니 '허사가 되었다'고 하면 그동안 노력한 것이 아무 성과도 거두지 못한 채 쓸모없게 되었다는 뜻이죠. '물거품이 되다'도 같은 뜻입니다.

예 홍수로 건물이 물에 잠기는 순간 우리 노력은 모두 **허사가 되고** 말았다.
예 한순간도 불조심을 잊어서는 안 된다. 불이라도 나면 모든 것이 **물거품이 되고** 마니까.

헛걸음치다   헛수고만 하고 돌아오다.

'헛걸음'은 목적을 이루지 못하고 아무 보람 없이 가거나 오는 것을 뜻합니다. 그러니 헛걸음을 치면 아무 성과도 거둘 수 없는 것은 당연합니다. '헛걸음하다'도 같은 뜻이랍니다.

예 그는 매번 **헛걸음치고** 돌아올 수밖에 없었다.

헛다리를 짚다　대상을 잘못 파악해 일을 그르치거나 성과 없이 끝나다.

'헛다리'라는 말은 주로 '짚다'와 함께 쓰여서, 상황을 잘못 파악해 엉뚱한 결정을 내리는 일을 뜻해요.

예) 아무리 생각해도 이번 일은 우리가 **헛다리를 짚은** 것 같은데.

헛물켜다　애썼지만 아무 성과도 거두지 못하다.

'헛물'은 쓸데없이 마신 물이라는 말로, 애써 노력한 일이 아무 성과 없이 헛된 일이 되어 버렸다는 의미로 확장되어 쓰여요.

예) 예찬이는 자기가 반장이 될 거라고 **헛물켠** 꼴이 되고 말았다.

환멸을 느끼다　기대나 희망이 깨져서 실망하다.

'환멸幻滅(환상 환, 사라질 멸)'은 환상이 사라진다는 뜻입니다. 환상은 아름답고 희망에 찬 것인데 그것이 사라졌다는 것은 기대나 희망이 사라져 실망하게 되었다는 말입니다.

예) 나는 그 모임에 **환멸을 느껴** 더 이상 나가지 않기로 다짐했다.

03
선택과 능력,
노력에 대한 표현

선택할 때 사용하는 표현들입니다.

가부간에 옳다고 여기건 그르다고 여기건 간에.

'가부간可否間(가할 가, 아닐 부, 사이 간)'이란 긍정과 부정 사이라는 뜻입니다. 어떤 일에 대해 긍정하거나 부정하거나 간에 그다음 행동을 선택해야 한다는 의미를 담고 있어요. 이 말은 주로 앞에서 말한 내용과 뒤에 오는 말을 이어 주는 역할을 하지요. 이와 비슷한 표현으로 '여하튼', '어쨌든'이 있습니다.

예 **가부간에** 답을 빨리 주세요.

같은 값이면 어차피 같은 것이라면.

물건들 값이 모두 같다면 여러분은 어떤 걸 사시겠어요? 당연히 그 가운데 가장 좋은 걸 사겠지요. 그래서 '이왕이면', '어차피 같다면'이라는 뜻으로 쓰입니다. '같은 값이면 다홍치마'라는 속담도 있지요. 고사성어로 동가홍상同價紅裳(같을 동, 값 가, 붉을 홍, 치마 상)이라고 합니다.

예 **같은 값이면** 기차보다 비행기가 낫지 않아요?

그러면 그렇지 결국에는 예상한 대로 되어 만족스러움.

이 표현은 '그러하면'과 '그러하지'가 합쳐진 말입니다. 그러니까 그렇게 하면 그렇게 된다는 뜻이지요. 예상한 대로 된다는 말입니다.

예 **그러면 그렇지**, 내 말이 틀릴 리가 있나.

기로에 서다 어떤 것을 선택해야 할지 결정해야 할 상황에 처하다.

'기로岐路(갈림길 기, 길 로)'는 갈림길이라는 뜻의 한자어입니다. 갈림길에 서면 어느 쪽으로 가야 할지 결단을 내려야죠.

예 지금 너는 이것이냐 저것이냐를 결정해야 하는 **기로에 서 있다**. 잘 판단해라.

길목에 서 있다   일이나 시기가 바뀌는 중요한 순간.

길이 양쪽으로 갈라지는 지점이나 새로운 길로 접어드는 곳을 '길목'이라고 하죠. 길목에 서서 어느 곳으로 가느냐에 따라 운명이 바뀔 수 있습니다.

예 너는 지금 새로운 세계로 나아가느냐, 이곳에 머무르느냐 하는 중요한 **길목에 서 있다**.

둘러치나 메어치나   이렇게 하나 저렇게 하나 결과는 같다.

둘러치는 것도 메어치는 것도 물건을 잡고 땅에 내리치는 방법입니다. 어떻게 내리치나 결과는 다 부서지는 것으로 같겠죠. 그래서 '둘러치나 메어치나 매한가지'라는 표현이 생겼답니다.

예 **둘러치나 메어치나** 결과는 마찬가지야. 그러니 우물쭈물하지 말고 빨리 하자고.

아니나 다를까   짐작한 대로 예측한 것처럼.

'아니나 다를까'는 '혹시 아닐 수도 있겠지'라고 생각했지만 결론적으로 처음 예상한 것과 다르지 않았을 때 쓰는 말이에요. '아니나 다를까' 뒤에 오는 내용에 대한 원인이 이 표현의 앞에 놓여서, 원인과 결과를 연결하는 말로 흔히 쓰여요.

예 아침부터 날이 꾸물꾸물하더니 **아니나 다를까** 저녁에 비가 쏟아졌다.

양단간에 어찌 되든. 어떻게 되든.

'양단兩端(두 양, 끝 단)'은 양쪽 끝이란 뜻입니다. 그러니 '양단간兩端間'은 이쪽 끝과 저쪽 끝 사이를 가리키죠.

예 이기건 지건 **양단간에** 결판을 내자.

양자택일하다 둘 가운데 하나를 선택하다.

'양자택일兩者擇一(두 양, 사람 자, 고를 택, 한 일)'은 두 개 가운데 하나를 고른다는 뜻이죠.

예 공부를 하거나 게임을 하거나 네 스스로 **양자택일해라**. 이젠 네게 다 맡길 테니까.

여부가 있나 전혀 틀리지 않다.

'여부與否(그러할 여, 아닐 부)'는 그러함과 그렇지 아니함을 가리킵니다. '사실 여부를 확인해 보자'고 하면 사실인지 아닌지 확인해 보자는 말입니다. 한편 '여부가 있다'는 틀릴 수도 있고 맞을 수도 있다는 뜻인데 실제로는 '여부가 있나?'처럼 의문형으로 씁니다. 틀리지 않다고 확신할 때 사용하는 표현이에요.

예 어르신께서 하시는 일인데 **여부가 있겠습니까**?

요모조모 따져 보다 여러 가지 내용을 비교해 살펴보다.

'요모조모'는 어떤 사물이나 사건의 이런저런 면들을 가리킵니다. 그러니까 선택을 할 때는 이런저런 다양한 내용들을 요모조모 살펴보아야겠죠. '요모조모 살펴보다'도 같은 뜻이랍니다.

예 **요모조모 따져 보아도** 역시 이 제품이 낫겠어.

주객이 전도되다   중요한 것과 중요치 않은 것이 뒤바뀌다.

'주객主客(주인 주, 손님 객)'은 주인과 손님을 가리키는 말이고, '전도'는 위치나 차례가 거꾸로 뒤바뀐다는 말이지요. 그래서 '주객이 전도되다'라고 하면 마치 주인과 손님의 처지가 뒤바뀌듯 중요한 것이 무시당하고 중요하지 않은 것이 오히려 중요한 것처럼 여겨진다는 뜻입니다.

예) 인성을 기르기보다 시험 점수에만 매달리니 이야말로 **주객이 전도되었다** 하겠습니다.

중점을 두다   가장 중요하게 다루다.

'중점重點(무거울 중, 점 점)'은 가장 중요하게 생각해야 할 지점을 말합니다. 그래서 어떤 선택을 해야 할 상황에서 무엇을 가장 중요하게 생각할지, 어떤 점에 중점을 두어야 하는지 고려해야 하죠.

예) 우리가 추진하는 정책은 평화에 **중점을 두고** 있습니다.

진배없다   다를 바가 없다.

'진배없다'는 다를 바가 없다는 뜻으로, 진眞(참 진)짜와 거의 마찬가지라는 의미를 담고 있습니다. 어떤 두 가지 이상의 일이나 사물을 비교할 때 흔히 쓰는 말입니다.

예) 어느 일이건 힘든 건 **진배없다**.

기회와 관련한 표현들입니다.

절호의 기회 두 번 다시 오지 않을 좋은 기회.

'절호絶好(지극히 절, 좋을 호)'는 더없이 좋다는 뜻입니다. 그러니까 '절호의 기회'는 더없이 좋은 기회인 셈이지요.

⑩ 이번에야말로 **절호의 기회다**. 절대 놓쳐서는 안 된다.

천재일우의 기회 좀처럼 만나기 어려운 좋은 기회.

'천재일우千載一遇(일천 천, 실을 재, 한 일, 만날 우)'는 천 년에 한 번 만난다는 뜻입니다. 그러니 '천재일우의 기회'는 천 년에 겨우 한 번 만날 정도로 아주 귀한 기회라는 뜻이에요.

⑩ 이야말로 **천재일우의 기회다**. 절대 놓쳐서는 안 돼!

호기를 맞다 매우 좋은 기회를 맞이하다.

'호기好機(좋을 호, 기회 기)'는 아주 좋은 기회라는 뜻으로, '호기를 잡다'라고 하면 좋은 기회를 얻는다는 의미입니다. 반대로 '호기를 놓치다'라고 하면 좋은 기회를 놓쳤다는 말이지요.

⑩ 추석을 앞두고 마트와 전통 시장이 최대의 **호기를 맞았어**.
⑩ **호기를 놓치고** 나니 당연히 어려움을 겪을 수밖에.

능력에 대한 표현들입니다.

가히 ~할 만하다   넉넉히 할 만하다. 능력이 할 만하다.

'가可(가할 가)히'는 능력이 있어 서투른 데가 없이 쉽게, 또는 넉넉히라는 뜻입니다. '가히 짐작이 간다'라는 표현도 자주 씁니다.

- 예) 그렇게 열심히 연습을 하는 걸 보니 어느 누구도 **가히 이길 만하다**.
- 예) 결국 해냈구나. 네가 얼마나 기쁠지 **가히 짐작이 간다**.

공과를 따지다   잘한 것과 못한 것을 밝히다.

'공과功過(공 공, 과실 과)'는 공과 과실이란 뜻이에요. 그러니까 세운 공과 저지른 과실을 아울러 이르는 말이지요. 어떤 사람을 평가할 때 자주 쓰는 말이 '공과를 따지다'예요. 잘한 부분과 잘못한 부분을 분명히 밝힌다는 뜻이죠. '공과를 살피다'라고도 합니다.

- 예) 잘못이 없다고 하니 네 행동의 **공과를 따져** 보자꾸나.

공정을 기하다　공평하고 올바르게 기준을 정해 일을 처리하다.

'공정公正(공적일 공, 바를 정)'은 공평하고 바르다는 뜻이죠. 평가를 할 때는 공평하고 바르게 해야 합니다. 특히 나랏일을 처리할 때는 더더욱 그렇습니다. 그래서 이 표현은 정부와 관련한 일에 자주 쓴답니다.

예) 우리 경찰은 이번 일을 수사하는 데 **공정을 기할** 것입니다.

교편을 잡다　선생님이 되어 학생들을 가르치다.

'교편教鞭(가르칠 교, 채찍 편)'은 예전에 선생님들께서 학생들을 가르칠 때 사용하던 지휘봉입니다. 어떤 상황이나 장소에서 학생들을 가르치는 일을 비유적으로 표현하여 '교편을 잡다'라고 해요. 선생님께서 자리에서 물러나는 것은 '교편을 놓다'라고 합니다.

예) 우리 삼촌께서는 올해부터 **교편을 잡고** 계십니다.

길눈이 밝다　길을 잘 찾거나 낯선 길을 쉽게 이해하는 능력이 있다.

'길눈'은 한 번 가 본 길을 쉽게 찾을 수 있는 능력을 뜻하지요. 그래서 길눈이 밝은 사람은 길을 쉽게 찾을 수 있어요. 반대말은 '길눈이 어둡다'입니다.

예) 넌 왜 그리 **길눈이 어둡니**? 다음에는 **길눈이 밝은** 네 형을 데려와야겠다.

난다 긴다 하다　재주나 능력이 남보다 뛰어나다.

사람은 하늘을 날 수 없습니다. 땅을 기는 것도 쉽지 않지요. 이렇게 하기 불가능한 일과 하기 어려운 일을 모두 잘하는 능력을 빗대어 '난다 긴다 하다'라고 합니다. 남들보다 매우 뛰어난 재주를 지녔다는 뜻이지요.

예) 이번 대회에 전국의 **난다 긴다 하는** 사람은 다 모였군.

두각을 나타내다 재능, 학식, 기술이 남보다 특히 뛰어나다.

'두각頭角(머리 두, 뿔 각)'은 짐승의 머리에 난 뿔을 뜻하는 말입니다. 머리에 큰 뿔이 난 짐승은 무리 가운데 우두머리거나 눈에 띄는 존재지요. 여러 면에서 다른 사람보다 능력이 뛰어난 것을 '두각을 나타내다'라고 해요.

예 내 친구 용석이는 축구를 할 때는 우리 반에서 단연 **두각을 나타낸다**.

떡 주무르듯 하다 상대방을 마음대로 다루다.

떡은 말랑말랑해서 주무르기도 쉽고 맛있어서 먹기도 좋지요. 그래서 하기 쉬운 일을 가리켜 '누워서 떡 먹기'라고 해요. 이렇게 떡은 다루기 쉬운 것을 빗대어 나타낼 때 종종 쓴답니다. 그래서 '떡 주무르듯 하다'라고 하면 어떤 일을 저 하고 싶은 대로 다룬다는 뜻입니다.

예 저 선수는 상대편 선수를 **떡 주무르듯 하고** 있다.

미루어 보다 이미 아는 사실을 기준으로 다른 것을 헤아려 보다.

이 표현은 실제로 '미루어 볼 때', '미루어 보면', '미루어 보아' 등의 형태로 쓰입니다. 이미 알고 있는 사실을 통해 판단해 본다는 뜻이지요.

예 그의 성품으로 **미루어 볼** 때 그는 절대 도둑질을 할 친구가 아니다.

시시비비를 가리다 잘한 것과 잘못한 것을 분명히 판단하다.

'시시비비是是非非(옳을 시, 옳을 시, 아닐 비, 아닐 비)'는 옳고 그름을 이르는 말이죠. 같은 글자를 두 번씩 반복한 것은 강조하기 위한 것이랍니다.

예 이번 일은 그냥 넘어가서는 안 됩니다. **시시비비를** 분명히 **가려야** 합니다.

옥석을 가리다 좋은 것과 나쁜 것을 구별하다.

'옥석玉石(옥 옥, 돌 석)'은 옥과 돌을 뜻하는 말로, 좋은 것과 나쁜 것을 비유적으로 이르는 말입니다. '옥석을 가리다'라고 하면, 옥과 돌이 마구 섞여 있는 데서 옥은 옥대로 돌은 돌대로 골라낸다는 뜻으로, 좋은 것과 나쁜 것을 구별하는 것을 의미하지요.

예 모든 제품이 자기가 최고라고 광고를 하니 **옥석을 가리기가** 쉽지 않다.

옥에 티 모든 것이 좋은 상태에 단 한 가지 있는 흠.

'옥玉(옥 옥)'은 예로부터 매우 귀한 보석이었죠. 그런데 그 옥에 작은 흠이 하나 있군요. 그렇다고 해도 귀한 것임에는 분명합니다.

예 현숙이는 성격도 좋고 공부도 잘하는데 단 하나 운동을 못하는 게 **옥에 티라고나** 할까.

완벽에 가깝다 상태나 행동에 흠이 거의 없다.

'완벽完璧(완전할 완, 구슬 벽)'은 흠이 전혀 없는 구슬을 가리킵니다. 그래서 '완벽하다'는 전혀 흠이 없다는 뜻이고, '완벽에 가깝다'라고 하면 흠이 거의 없다는 의미입니다.

예 저 선수는 **완벽에 가까운** 연기를 펼쳤습니다.

우열을 가리다 누가 나은지 판단하다.

'우열優劣(우수할 우, 열등할 열)'은 우수한 것과 열등한 것, 나은 것과 모자란 것을 가리킵니다. 그러니까 '우열을 가리다'라고 하면 누가 낫고 누가 못한지를 평가하는 것이죠.

예 이번 기회에 누가 나은지 **우열을** 확실히 **가리기로** 하자.

자유롭게 구사하다   마음대로 다루어 사용하다.

'구사驅使(몰 구, 시킬 사)'는 사람이나 동물을 마구 부리거나 마음대로 다루어 사용한다는 뜻입니다. '구驅'는 본래 '말을 채찍질하며 마음대로 다루다'는 뜻의 한자입니다.

예 저는 중국어를 **자유롭게 구사할** 수 있습니다. 엄마가 중국인이시거든요.

잘잘못을 따지다   옳고 그름을 가리다.

'잘잘못'은 잘한 것과 잘못한 것을 이르는 말입니다. 그러니까 '잘잘못을 따지다'라고 하면 누가 옳고 누가 그른지를 가린다는 말이지요.

예 두 사람 모두 잘했다고 하니 경찰서에 가서 **잘잘못을 따져** 봅시다.

제법이다   생각한 것보다 괜찮다.

'제법'은 꽤 괜찮다는 뜻으로, 수준이나 능력이 생각한 것에 가깝거나 기대 이상이라는 의미를 담고 있어요. 능력이 생각한 것보다 낫다는 표현이랍니다.

예 일처리 하는 걸 보니 은영이 너 정말 **제법이구나**.

조목조목 따지다   어떤 일에 대해 하나하나 짚고 넘어가다.

'조목條目(가지 조, 눈 목)'은 정해 놓은 법률이나 규정 따위의 조항을 말합니다. 이 단어를 두 번 반복했으니 당연히 강조한 것이겠죠.

예 그들은 우리가 한 일에 대해 **조목조목 따지기** 시작했다.

조예가 깊다   학문, 예술 등에 대해 상당한 지식을 가지고 있다.

'조예造詣(만들 조, 이를 예)'는 학문, 예술, 기술 따위 분야의 높은 지식을 뜻하는 말입니다. 이 단어는 홀로 쓰이는 경우는 없고 '조예가 깊다', '조예가 있다'처럼 쓰인답니다.

예 우리 선생님께서는 미술에 대해 **조예가 깊으시다**.

짚고 넘어가다   어떤 사실에 대해 따져서 확인하다.

'짚다'라는 단어에는 많은 뜻이 있는데, 그 가운데 '지적한다'라는 뜻도 있습니다. 그러니까 '짚고 넘어가다'라고 하면 의문스러운 내용을 지적해서 확실히 확인한다는 말입니다.

예 이 문제는 내가 반드시 **짚고 넘어갈** 거야.

청운의 꿈   큰 인물이 되고자 하는 희망.

'청운靑雲(푸를 청, 구름 운)'은 빛깔이 푸른 구름이라는 뜻으로, 높은 지위나 벼슬, 유명한 모습을 비유적으로 이르는 말입니다. 그래서 '청운의 꿈'이라고 하면 성공하기 위해 품은 꿈이나 희망을 뜻하지요. '청운의 뜻'도 비슷한 의미입니다.

예 선생께서는 **청운의 꿈을** 안고 학문을 시작하셨습니다.
예 그는 **청운의 뜻을** 품고 공부에 열중하였다.

칼자루를 쥐다   어떤 일의 결정권을 갖거나 주도권을 쥐다.

칼은 칼자루와 칼날로 이루어져 있습니다. 그런데 칼을 사용하려면 칼자루를 쥐어야지, 칼날을 쥐면 사용하기는커녕 손만 다칠 수 있습니다. 그래서 '칼자루를 쥐다'라고 하면 어떤 일의 주도권을 갖는다는 말입니다.

예 이번 협상의 **칼자루는** 우리가 **쥐고** 있습니다.

퇴짜를 놓다 물건이나 의견 따위를 거부하다.

'퇴짜'는 바라는 수준이 되지 않아 거부한다는 뜻입니다. 한편 '퇴짜를 맞다'는 물건을 주거나 의견을 내놓았으나 거부당했다는 의미이지요.

예 이 의견은 도저히 받아들일 수가 없어서 **퇴짜를 놓아야겠어**.
예 나는 좋은 의견이라고 여겨서 제출했는데 보기 좋게 **퇴짜 맞았어**.

흑백을 가리다 옳고 그름을 판단하다.

흑은 검은색이고 백은 흰색이죠. 그래서 사람들은 대비되는 것을 가리킬 때 흑과 백으로 나누는 경우가 많습니다.

예 누가 옳은지 **흑백을 가려** 봅시다.

흠잡다 부족한 부분을 지적하다.

'흠'은 깨지거나 상한 부분을 가리킵니다. 그래서 '흠이 없다'고 하면 상태나 행동 등이 완벽하다는 뜻입니다.

예 그의 연기는 **흠잡을** 데가 없이 완벽했다.

노력하는 모습을 나타내는 표현들입니다.

가일층 노력하다 한층 더 노력하다.

'가일층加一層(더할 가, 한 일, 층 층)'은 이미 있는 건물에 한 층을 더했다는 뜻이죠. 그래서 '가일층 노력하다'라고 하면 이미 힘쓰고 있는 상태에서 더욱 힘을 낸다는 뜻입니다.

예 **가일층 노력해** 줄 것을 부탁합니다.

각오를 단단히 하다   마음의 준비를 단단히 하다.

'각오覺悟(깨달을 각, 깨달을 오)'는 앞으로 다가올 어려움에 대비해 마음의 준비를 단단히 한다는 뜻입니다. 노력하기 위해서는 우선 각오를 단단히 해야 합니다. '각오가 되다'라는 표현도 자주 씁니다.

📌 적이 공격해 올 것이다. 그러니 모두들 **각오를 단단히 하자**.
📌 자, 이제 **각오가 되었겠지**? 그렇다면 내 공격을 받아랏!

거울삼아   남의 일이나 지나간 일을 교훈으로 삼다.

거울을 바라보면 자기의 솔직한 모습이 보이죠. 그래서 거울은 반성할 때 자주 등장하는 말이랍니다.

📌 이제까지 저지른 잘못을 **거울삼아** 앞으로는 그런 실수를 하지 않도록 해라.

안간힘을 쓰다   있는 힘을 다하다.

'안간힘'은 있는 힘을 다해 노력하는 것을 이르는 말입니다. 그러니까 자신이 가진 모든 힘을 동원할 때 나오는 힘이 바로 안간힘이죠.

📌 조선 수군은 마지막 남은 몇 척의 배를 지키기 위해 **안간힘을 썼고**, 결국 성공했다.

저력을 발휘하다   밑바탕을 이루는 든든한 힘을 내다.

'저력底力(밑 저, 힘 력)'은 눈에 보이지 않지만 바탕을 이루는 힘을 가리킵니다. 그러니 어려울 때 드러나는 놀라운 힘이 바로 저력이죠. '저력을 과시하다', '저력을 보이다'도 같은 뜻입니다.

📌 세계적인 금융 위기를 맞아 우리 겨레는 **저력을 발휘해** 어려움을 극복할 수 있었다.

전력을 기울이다   온 힘을 다하다.

'전력全力(온전 전, 힘 력)'은 모든 힘을 말합니다. '전력을 기울이다'라고 하면 있는 힘을 다한다는 말이죠. '전심을 다하다', '전력을 다하다', '전심전력을 다하다', '온 힘을 다하다' 등이 모두 같은 뜻입니다.

📌 우리 팀은 이번 경기에 **전력을 기울이기로** 다짐했다.

젖 먹던 힘을 내다   온 힘을 다하다.

갓 태어난 아기는 살기 위해 온 힘을 다해 엄마 젖을 빨아 먹는답니다. 그래서 '젖 먹던 힘'은 자기가 가진 모든 힘을 이르는 말이지요.

예 여기서 밀리면 끝이다. 모두들 **젖 먹던 힘까지 내서** 최선을 다하기 바란다.

진을 빼다   가진 힘을 모두 써 버리다.

'진'은 풀이나 나무, 몸 등에서 나오는 끈끈한 액체를 가리키는데, 사람의 진은 몸 안에 있는 가장 중요한 기운을 의미하지요. 그러니 '진을 빼다'라고 하면 사람이 가진 온 힘을 다 써 버린다는 뜻입니다. '진이 빠지다'는 온몸에서 소중한 기운이 다 빠져나간다는 뜻이고요.

예 앞선 경기에서 **진을** 다 **빼** 버렸기에 다음 경기에서는 힘 한 번 써 보지 못하고 패했다.
예 최선을 다했는데도 아무런 결실을 맺지 못하자 온몸에서 **진이 빠지는** 느낌이었다.

타산지석으로 삼다   남의 잘못이나 실패를 거울삼아 행동하다.

'타산지석他山之石(다른 타, 산 산, 갈 지, 돌 석)'은 남의 산에 있는 돌이라도 내 옥을 다듬는 데 소용이 된다는 뜻으로, '다른 사람의 허물과 실패까지도 자신의 능력을 키우는 데 도움이 된다'는 뜻의 고사성어입니다.

예 우리는 독일의 경우를 **타산지석으로 삼아** 남북통일에 대비해야 한다.

피땀을 흘리다   갖은 노력을 다하다.

'피땀'은 온갖 힘과 정성을 다한 노력과 수고를 가리킵니다. 그러니 '피땀을 흘린다'는 것은 최선을 다한다는 말이겠지요.

예 오늘의 영광은 지난날 네가 **피땀을 흘린** 대가라고 생각한다.

학문을 닦다 학문에 열심이다.

어떤 분야를 체계적으로 배워서 익히는 공부인 학문은 닦으면 닦을수록 깊어집니다. '학문이 깊다'는 말은 공부를 열심히 해서 특별한 분야의 학문이 뛰어나다는 말이지요.

예 이율곡 선생께서는 네 살 무렵부터 **학문을 닦는** 데 소홀함이 없으셨다.

문제의 해결과 관련한 표현들입니다.

가닥을 잡다 흩어져 있는 생각을 정리하다.

'가닥'은 실이나 줄기 등을 가리키지요. 가닥이 흩어져 있으면 정리하기가 힘듭니다. 그래서 '가닥을 잡다'라고 하면 흩어진 것들을 잘 정리해서 보기 좋게 만드는 것을 뜻합니다. '가닥이 잡히다'도 자주 쓰는 표현입니다.

예 자, 그럼 지금까지 의논한 것을 토대로 우리가 해야 할 일의 **가닥을 잡아** 보자고.
예 이제야 일이 어떻게 돌아가는지 **가닥이 잡히니**?

급한 불을 끄다 눈앞에 닥친 다급한 문제부터 해결하다.

급한 불은 당연히 꺼야겠죠. 이 뜻이 확장되어, 눈앞에 닥친 급한 문제부터 해결한다는 뜻을 갖게 되었답니다. 이 표현은 문제를 근본적으로 해결하는 것이 아니고, 우선 급한 일부터 대충 수습해 둔다는 뜻이에요. 그러니 해결해야 할 문제가 여전히 남아 있는 셈이죠.

예 우선 **급한 불을 끄고** 나서 중요한 문제를 다룹시다.

난국을 수습하다 어지러운 상황을 정리하다.

'난국難局(어려울 난, 상황 국)'은 복잡하고 어지러운 상황을 뜻합니다. '수습收拾(거둘 수, 주울 습)'은 어수선한 사태나 마음을 가라앉혀 바로잡는다는 뜻입니다. 원래는 떨어진 물건들을 주워 잘 정리한다는 말인데, 뜻이 확장되어 쓰이는 거예요. '난국을 극복하다', '난국을 타개하다'도 비슷한 뜻을 갖습니다.

- 예 국민 모두가 노력한 결과 우리나라는 **난국을 수습하고** 안정을 되찾을 수 있었다.
- 예 서산 대사께서는 **난국을 극복하고자** 승병들을 모아 왜적에 대항하기 시작했다.
- 예 정부에서는 혼란스러운 **난국을 타개하기** 위해 시민 위원회를 조직하였다.

단서가 되다 일을 해결할 수 있는 실마리가 되다.

'단서端緖(바를 단, 실마리 서)'는 문제를 해결할 수 있는 실마리를 말합니다. 그러니 문제를 해결하기 위해서 가장 먼저 해야 할 일이 단서를 찾는 일이지요. 이 단어는 범인을 찾는 행동에 자주 사용하는데, '단서가 되다', '단서를 찾다', '단서를 잡다' 같은 표현이 쓰입니다.

- 예 교통사고를 목격한 사람의 증언이 결정적 **단서가 되었다**.
- 예 사건 해결을 위해서는 먼저 **단서를 찾아야** 한다.

대책을 강구하다 어떤 일을 처리할 방법을 준비하다.

'대책對策(대할 대, 정책 책)'은 어떤 일을 처리할 정책입니다. '강구講究(익힐 강, 연구할 구)'는 연구하여 찾다란 뜻이고요. 그러니까 '대책을 강구한다'고 하면 '어떤 일을 처리할 정책을 연구해서 찾는다'라는 말이죠.

- 예 수해를 당한 피해자들을 도울 **대책을 강구해야** 합니다.

만반의 준비 모든 경우에 대비한 준비.

'만반萬般(일만 만, 범위 반)'은 모든 범위를 이르는 말로, 미리 갖출 수 있는 것은 모두 준비한다는 뜻입니다. 이 말은 '만반의 준비', '만반의 대비', '만반의 태세'처럼 쓰입니다.

- 예 태풍이나 지진 같은 자연재해에 대비해서 **만반의 준비를** 해 놓아야 한다.
- 예 우리 부대는 적의 공격에 대비해 **만반의** 전투**태세를** 갖추고 있습니다.

매듭을 짓다   어떤 일을 끝내거나 마무리하다.

'매듭'은 끈이나 실 등을 매어서 마디를 이루는 것이죠. 한번 매듭을 지으면 다시 풀기는 어렵습니다. 그래서 매듭은 일의 마무리를 뜻하기도 하죠. 문제 해결을 위해서는 반드시 마무리해야 할 일이지요.

예) 이 일부터 **매듭을 짓고** 나서 다음 일을 생각해 보도록 하자.

메스를 가하다   잘못된 상태를 개선하기 위해 강력한 조치를 취하다.

'메스'는 수술용 칼입니다. 메스를 사용하는 것은 병든 부위를 도려내기 위해서죠. 이 표현은 잘못된 부분이나 어려운 상황 등을 고치기 위해 행동에 나서는 것을 가리킵니다.

예) 대통령은 부정을 일삼던 군인 집단에 **메스를 가하기** 시작했다.

물꼬를 트다   일의 실마리를 풀다.

'물꼬'는 논에 물이 드나들 수 있도록 만들어 놓은 물길을 말합니다. 따라서 물꼬를 트고 막는 것은 논에 벼가 잘 자라게 하는 데 반드시 필요한 일입니다. 그래서 '물꼬를 트다'고 하면 일의 실마리를 푸는 것을 가리키게 되었답니다.

예) 이것으로 이 일의 **물꼬는 튼** 셈이다.

소매를 걷어붙이다 어떤 일을 본격적으로 하려고 나서다.

'소매'는 윗도리의 팔을 덮는 부분을 말해요. 소매 부분은 일을 할 때 걸리적거리기 쉽기 때문에 팔소매를 걷어붙이면 팔을 움직이기 훨씬 수월하겠지요. 그래서 어려운 일에 뛰어들어 적극적으로 일할 태도와 자세를 갖추는 일을 두고 '소매를 걷어붙이다'라고 표현한답니다.

예 모인 사람들은 명령이 떨어지자마자 **소매를 걷어붙이고** 일을 시작하였다.

원점에서 다시 생각하다 문제가 시작된 처음 지점으로 돌아가 다시 생각해 보다.

'원점原點(근원 원, 점 점)'은 어떤 것이 시작되는 점, 또는 근본이 되는 원래의 점을 말합니다. 어떤 문제가 잘 풀리지 않을 때, 문제의 처음으로 돌아가 잘못된 원인을 하나하나 따져 보는 것을 '원점에서 다시 생각하다'라고 표현합니다.

예 이 문제는 **원점에서 다시 생각해 보자**. 아무래도 방향을 잘못 정한 것 같아.

일단락을 짓다 어떤 일이 일정한 수준에서 마무리되다.

'일단락一段落(한 일, 구분 단, 수습할 락)'은 어떠한 일을 일정한 정도나 단계에서 마무리하는 것을 이르는 말입니다. 그래서 '일단락을 짓다'라고 하면 어떤 일이 완전히 끝난 것은 아니지만 어느 한 단계를 마무리 지었다는 말입니다.

예 다리 공사는 오늘로써 중요한 부분은 **일단락 지었다**.

키를 쥐다 문제나 사건을 해결할 수 있는 실마리를 갖다.

'키'는 열쇠를 뜻하는 영어죠. 그런데 이 뜻이 확장되어 문제나 사건을 해결할 수 있는 실마리를 가리키게 되었답니다. 열쇠가 있으면 닫힌 문을 열 수 있으니까 문제나 사건도 풀 수 있다는 뜻이겠지요.

예 이 사건의 **키는** 네가 **쥐고** 있다. 그러니 제발 협조 좀 해 줘.

태풍의 눈   사건이나 사물에 커다란 영향을 주는 근본적인 문제.

태풍은 본래 엄청난 바람과 폭우를 동반하지만 태풍의 중심부인 태풍의 눈은 원심력의 작용으로 하늘이 맑고 바람이 없는 고요한 상태를 유지합니다. 하지만 태풍 날개 부분에서 일어나는 폭풍우의 힘은 모두 태풍의 눈에서 나오니 '태풍의 눈'이야말로 태풍의 핵심인 셈이죠. 그래서 어떤 현상이 겉으로 보면 아주 고요해 보이지만 곧 어떤 일에 큰 영향을 미치는 계기가 될 수도 있다는 것을 비유적으로 표현할 때 '태풍의 눈'이라고 합니다.

예) 저 사람은 이번 선거 전체 판도를 뒤흔들 **태풍의 눈**으로 떠오르고 있다.

01 자연을 이용한 표현
02 동물과 관련한 표현

하늘, 땅, 물, 바람

- 하나
- 둘
- 셋
- 넷
- 다섯
- 여섯

01
자연을 이용한 표현

길

사람이나 차 등이 다니도록 만든 곳. 익숙한 솜씨.

길은 이곳에서 저곳을 연결할 뿐 아니라 더 빠르게 갈 수 있도록 해 주기도 합니다. 이런 뜻 외에 '익숙한 솜씨', '동물을 부리기 좋게 만든 버릇' 등을 의미하기도 합니다.

길을 들이다 　잘 부릴 수 있도록 훈련시키다.
예) 차는 새것일 때 **길을** 잘 **들여야** 오래 탈 수 있단다.

길이 나다 　쓰기 좋게 되다.
예) 이 기계는 **길이** 잘 **났어요**. 그래서 누가 다루어도 잘 돌아가지요.

길이 들다 　익숙하게 되다.
예) 이제야 기계에 **길이 들었다**. 앞으로는 잘 돌아갈 거야.

길을 닦다 　새로운 영역 등을 개척하다.
예) 이 사업은 처음 시작하는 분야다. 그러니 **길을 닦는다는** 자세로 열심히 일하자꾸나.

길을 뚫다 　새로운 길을 내거나 새로운 방법을 찾다.
예) 그 방법이 안 되면 새로 **길을 뚫어** 봐야지. 그대로 포기하면 어떻게 해?

길을 잘못 들다 　가야 할 길로 가지 못하고 엉뚱한 곳으로 가다.
예) 아무래도 **길을 잘못 든** 것 같아. 왔던 길로 되돌아가자.

길을 재촉하다 　서두르다.
예) 벌써 날이 어두워졌다. 갈 **길을 재촉해야겠다**.

길이 어긋나다 오고 가는 길이 각기 달라서 만나지 못하다.
예 엄마와 나는 **길이 어긋나** 결국 만나지 못하였다.

길이 열리다 새롭게 운이 열리다. 새로운 해결책을 찾아내다.
예 드디어 우리 앞날에 **길이 열리는** 것 같아요. 이런 좋은 일이 생기다니!

자연에 강, 호수, 바다 등 다양한 형태로 분포하는 액체.

물은 생명체가 살기 위해 반드시 필요한 물질입니다. 물이 없으면 어떤 생명도 살 수 없죠.

물 만난 고기 활동하기 좋은 상황에 놓인 것.
예 네가 드디어 **물 만난 고기가** 되었구나.

물 샐 틈 없다 철저하고 빈틈이 없다.
예 국경 지대 경비는 특히 **물 샐 틈 없이** 이루어져야 한다.

물 쓰듯 하다 돈이나 물건 따위를 헤프게 쓰다.
예 젊은 시절에 시간을 **물 쓰듯 하면** 늙어서 후회하게 된다.

물 찬 제비 몸매나 옷맵시가 매우 날렵한 사람.
예 그의 모습은 언제나 **물 찬 제비** 같아서 보는 사람을 기분 좋게 한다.

물을 먹다 탈락하거나 실패하다.
예 그는 이번 승진에서 또 **물을 먹었다**.

물을 먹이다 골탕을 먹이다.
예 이건 분명 나를 **물 먹이려고** 꾸민 짓이다.

물을 흐리다 좋지 못한 영향을 끼치거나 분위기를 망치다.
예 너 정말 이렇게 우리 모임 **물을 흐릴래**?

물이 오르다 성숙해지거나 아름다워지다. / 나무가 생기를 찾다.
예 저 선수 요즘 타격에 **물이 올랐습니다**.
예 봄이 되자 온 산의 나무에 **물이 올라** 초록빛이 눈이 부실 정도다.

물이 좋다 생선 등이 싱싱하다.
예 오늘 고등어가 **물이 좋아요**.

물로 보다 하찮게 보거나 쉽게 여기다.
예 너 정말 나를 **물로 보는구나**. 그러다가 큰코다친다.

물에 빠진 생쥐 매우 초라하고 불쌍한 모습.
예 그는 **물에 빠진 생쥐** 꼴을 하고 우리 앞에 나타났다.

물을 끼얹은 듯 어수선한 분위기가 갑자기 조용해지는 모습.
예 웅성거리던 회의장은 회장이 등장하자 **물을 끼얹은 듯** 조용해졌다.

물불 안 가리다 어떤 어려움이나 위험도 무릅쓰고 강행하다.
예 그는 한 번 한다고 결심하면 **물불 안 가리는** 성미다.

움직이는 공기의 흐름.

바람은 눈에 보이지 않지만 세상 어디든 갈 수 있고, 늘 자유롭게 움직이는 자연 현상입니다. 그래서 '변화를 가져오는 기세나 기운'을 나타낼 때 많이 사용해요.

바람을 넣다 남을 부추겨서 어떤 행동을 하도록 하다.
예) 자꾸 **바람 넣지** 마라. 오늘은 현진이가 집에서 할 일이 많단다.

바람을 맞다 약속한 사람이 나오지 않아 헛걸음하다.
예) 나는 친구를 한 시간이나 기다렸지만 결국 **바람을 맞고** 말았다.

바람을 쐬다 우울한 기분을 바꾸기 위해 잠깐 나갔다 오다.
예) 잠깐 **바람을 쐬고** 오니 우울했던 기분이 좋아졌다.

바람을 잡다 허황된 짓을 꾀하거나 부추기다.
예) 현철이는 게임을 하러 가자고 아침부터 친구들에게 **바람을 잡고** 있다.

바람을 피우다 배우자가 아닌 이성에게 마음이 끌리어 사귀다.
예) 이 도령이 십 년 동안 아무 소식이 없었지만 춘향이는 **바람** 한 번 **피우지** 않고 기다렸다.

바람이 들다 무 따위가 얼었다 녹았다 해서 푸석푸석해지다.
예) 이 무는 **바람이 들어서** 맛이 없어.

바람을 일으키다 새로운 유행이나 인기를 끌다.
예) 우리나라 연극계에서는 지금 셰익스피어 연극이 **바람을 일으키고** 있다.

물질이 빛과 열을 내며 타는 현상.

불은 빠르게 태워 버리고 뜨거운 성질 때문에 '어떤 일이 확대'되거나 '열렬한 감정'을 비유적으로 나타낼 때 자주 쓴답니다.

불을 보듯 뻔하다   의심할 여지가 없이.
예 우리 팀이 이길 것은 불을 보듯 뻔하다.

불이 붙다   어떤 활동이 맹렬히 시작되다.
예 대통령 선거전에 드디어 불이 붙었다.

불꽃이 튀다   치열한 대결이 벌어지다.
예 두 사람의 토론은 시작부터 불꽃이 튀었다.

불똥이 튀다   엉뚱한 곳으로 사건이나 문제가 옮겨 가다.
예 수사가 전개될수록 엉뚱한 곳으로 불똥이 튀기 시작했다.

불티나게 팔리다   물건이 매우 빨리 팔려 나가다.
예 우리 회사의 신제품은 판매를 시작하자마자 불티나게 팔려 나가기 시작했다.

빛

사물을 보도록 밝게 해 주는 물리적 현상.

빛은 어둠 속에서 물체를 볼 수 있게 해 주지요. 그래서 '희망'이나 '꿈', '영광' 등을 나타낼 때 자주 사용해요.

빛이 나다   노력한 것이 겉으로 드러나다.   반 빛이 안 나다
예) 이런 일은 아무리 열심히 해도 **빛이 나기는커녕** 자칫하면 비난을 받기 쉽지.

빛을 발하다   장점을 드러내다.
예) 친구들 사이에 갈등이 발생하니 창수의 협상 능력이 **빛을 발하는구나**.

빛을 보다   세상의 인정을 받다.
예) 오랫동안 고생만 하더니 드디어 **빛을 보는구나**. 축하한다.

빛을 잃다   가치를 상실하다.
예) 지금까지 힘들게 노력했지만 결과가 좋지 못해서 **빛을 잃고** 말았어.

진동에 의해 생기는 파동이 귀에 들리는 것.

우리는 귀에 들리는 소리로 듣고 말로 의사 전달을 합니다. 그래서 소리는 '사람의 목소리'나 '여론', '소문' 등을 나타내는 상황에서 자주 쓰여요.

소리 높다 사람들 사이에 여론이 확산되다.
예) 그곳에 모인 사람들 속에서는 민주주의를 실천해야 한다는 **소리가 높다**.

소리 높여 의견이나 주장을 강조하여.
예) 광장에 모인 수많은 사람들은 **소리 높여** "민주주의 만세!"를 외쳤다.

아쉬운 소리 남에게 사정하는 말.
예) 그는 굶어 죽을지언정 남에게 **아쉬운 소리를** 하지 않았다.

앓는 소리 엄살하는 말. 비) 우는 소리
예) 제발 **앓는 소리** 좀 하지 마라. 너보다 어린아이들도 꿋꿋이 버티는데.
예) 그는 날 보자마자 **우는 소리부터** 늘어놓았다.

죽는 소리를 하다 힘들다고 하소연하다.
예) 그는 만나는 사람마다 붙잡고 장사가 안 된다고 **죽는 소리를 했다**.

찍소리도 못 하다 아무런 대꾸도 하지 못하다.
예) 큰소리를 치던 현철이는 선생님께서 들어오시자 **찍소리도 못 한** 채 자리로 돌아갔다.

모든 사람과 사물이 있는 지구.

세상은 모든 생명체부터 무생물까지 온갖 물질이 존재하는 곳을 가리킵니다. 그러니 우리 모두의 바탕인 셈이지요.

세상 돌아가다 세상이 변해 가다.
예) 나는 오랫동안 병석에 누워 있었기 때문에 **세상 돌아가는** 형편을 알지 못했다.

세상 물정을 모르다 세상이 돌아가는 형편을 모르다.
예) 북한에서 온 탈북자들은 **세상 물정을 몰라** 남한 사회에 적응하는 데 애를 먹곤 한다.

세상을 등지다 사회와의 인연을 끊고 혼자 살다.
예) 수양 대군이 조카 단종을 죽였다는 소식을 들은 김시습은 **세상을 등진** 채 숨어 살았다.

세상을 떠나다 죽다. 비) 세상을 하직하다, 세상을 뜨다
예) 한평생 독립운동에 몸 바친 김구 선생님은 안두희의 총탄을 맞고 **세상을 떠나셨다**.

세상이 바뀌다 사회가 많이 변하다.
예) 몇 년간 해외에 나갔다 와 보니 **세상이 바뀌어도** 한참 바뀐 상태였다.

세상모르다 잠이 깊게 들어 아무것도 느끼지 못하다.
예) 집 안이 온통 북적이는데도 그는 **세상모르게** 잠을 자고 있었다.

세상없어도 무슨 일이 있어도 반드시.
예) **세상없어도** 나는 이번 일을 이루고야 말 테야.

바다 위나 땅 위로 해와 달, 무수한 별들이 널려 있는 무한대의 공간.

하늘은 인간에게 있어 가장 높은 공간이고 또 무한한 공간이기도 합니다. 그래서 하늘은 단순히 과학적인 공간일 뿐 아니라 종교적인 의미도 갖습니다.

하늘 높은 줄 모르다   값이나 가치가 아주 높이 오르다. / 자기 분수도 모르고 행동하다.
- 예 요즘 물가가 **하늘 높은 줄 모르고** 오르니 살기가 힘들다.
- 예 저렇게 **하늘 높은 줄 모르고** 날뛰다니. 예빈이는 세상에 자기밖에 없는 줄 아나 봐.

하늘과 같다   우러러볼 만큼 귀하고 소중하다.
- 예 그분은 제게 **하늘과 같은** 존재이십니다.

하늘과 땅 차이   두 사물 사이에 큰 차이나 거리가 있음.
- 예 이 제품과 그 제품을 비교하면 **하늘과 땅 차이**입니다.

하늘만 쳐다보다   아무런 대책을 세우지 못하다.
- 예 비가 몇 달째 오지 않으니 농민들로서는 **하늘만 쳐다볼** 수밖에 없구나.

하늘에 맡기다   일의 결과를 운명에 맡기다.
- 예 최선을 다했으니 이제 결과는 **하늘에 맡기자꾸나**.

하늘에서 떨어지다   별로 노력을 하지 않았는데 성과를 얻다.
- 예 **하늘에서** 뚝 **떨어지는** 행운이란 없어. 하늘도 스스로 돕는 자를 돕는다는 속담도 있잖아.

하늘을 찌르다 기세가 대단히 강하다.
예 우리 병사들의 사기가 **하늘을 찌를** 듯합니다.

하늘의 별 따기 매우 어렵거나 거의 불가능한 것을 이르는 말.
예 연습 한번 하지 않은 우리 팀이 상대를 이기는 것은 **하늘의 별 따기야**.

하늘이 내려 주다 운이 아주 좋거나 능력을 타고나다.
예 이야말로 **하늘이 내려 준** 기회니 절대 놓치지 말자.

하늘이 노랗다 정신을 잃을 만큼 충격을 받다.
예 고향 마을에 지진이 났다는 소식을 듣자마자 **하늘이 노래졌다**.

하늘이 두 쪽 나도 아주 큰 어려움에 부딪혀 힘겹더라도.
비 하늘이 무너져도

예 **하늘이 두 쪽 나는** 한이 있어도 나는 그곳에 가고야 말 것이다.
예 **하늘이 무너져도** 솟아날 구멍이 있을 거야.

하늘이 캄캄하다 충격을 받아 어찌할 줄 모르다.
예 그가 오지 못한다는 소식을 듣자 갑자기 **하늘이 캄캄해졌다**.

하늘처럼 믿다 크게 기대를 걸어 전적으로 의지하다.
예 **하늘처럼 믿던** 회사가 망하다니! 앞으로 어떻게 하면 좋을까?

그 밖에 자연과 관련한 표현들입니다.

날벼락이 떨어지다 심한 꾸중을 듣다. / 뜻밖의 불행이 닥쳐 오다.

'날벼락'은 맑은 날씨에 치는 벼락을 뜻해요. 벼락은 흐린 날씨에 치는 게 정상이니까 날벼락은 예기치 못한 불행 또는 예상하지 못한 꾸중을 나타낼 때 쓰인답니다. 또 '마른하늘에 날벼락'이라는 표현도 자주 씁니다.

- 예) 집에 들어가자 옷도 벗기 전에 아버지로부터 **날벼락이 떨어졌다**.
- 예) 단 한 번도 진 적이 없는 팀에게 지다니 이게 무슨 **마른하늘에 날벼락이냐**?

동이 트다 새벽이 되어 동쪽 하늘이 밝아 오다.

이 표현은 한자어인 '동東(동녘 동)'과 '트다'가 합쳐진 말입니다. 해는 동쪽에서 떠오르니까 당연히 동이 트지, 서쪽이 트는 일은 없겠지요.

- 예) **동이 틀** 무렵 우리는 서둘러 길을 떠났다.

별 볼일 없다 중요한 특징이나 매력이 없다.

이때의 '별'은 하늘에 떠 있는 별이 아니라 한자인 '별別(다를 별)'입니다. 그래서 풀이하면, 별달리 볼일이 없을 만큼 중요하지 않다는 뜻이지요.

- 예) 아무리 봐도 **별 볼일 없는** 일인데 왜 이리 호들갑이야.

비 오듯 하다 무엇인가가 많이 쏟아지다. / 액체가 줄줄 흐르다.

비는 공간을 촘촘히 채우면서 내리지요. 그래서 마치 비가 오는 것처럼 화살이나 총알 등이 날아오거나, 눈물이나 땀 같은 액체가 줄줄 쏟아질 때를 비유해서 나타낼 때 '비 오듯 하다'라는 표현을 많이 씁니다.

- 예) 적진에서 화살이 **비 오듯** 날아왔다.
- 예) 일을 시작한 지 얼마 되지 않았는데 벌써 땀이 **비 오듯 한다**.

살을 에는 추위   살을 칼로 도려내듯이 매우 고통스러운 추위.

'에다'는 칼 따위로 도려내듯 벤다는 뜻입니다. 그러니 '살을 에는 추위'는 생각만 해도 무시무시한 추위죠.

- 예) **살을 에는 추위에** 식량마저 떨어지자 그들은 더 이상 걸을 수가 없었다.

싹트다   어떤 일이나 현상이 시작되다.

'싹'은 씨앗이나 줄기에서 처음 나오는 어린잎입니다. 이 뜻이 확장되어 어떤 일이나 현상이 막 시작되는 모습을 가리키게 되었지요. '움트다'도 같은 뜻입니다.

- 예) 일본 제국주의의 탄압에도 불구하고 독립운동이 **싹트기** 시작하였다.

씨가 먹히다   상대방을 이해시킬 수 있다.

'씨가 먹히다'는 상대방을 잘 이해시킬 정도로 말이나 행동이 조리에 맞고 설득력 있다는 말입니다. 주로 '씨가 먹히지 않다', '씨도 안 먹히다'라는 부정형으로 많이 쓰여요.

- 예) 그런 변명이 **씨가 먹힐** 리 없다. 그러니 솔직히 인정하는 편이 낫다.
- 예) **씨도 안 먹힐** 거짓말 따위는 늘어놓지 마라.

어둠이 내리다   어두워지다.

해가 떨어지면 당연히 어두워지겠지요. '어둠이 내려앉다', '어둠이 깃들다'도 같은 뜻이랍니다.

- 예) **어둠이 내리기** 시작하자 사람들 또한 하나둘 집으로 향했다.

윤이 나다   반들거리다. 빛이 나다.

'윤(潤(번지르르할 윤)'은 표면이 매끄럽고 반들거린다는 뜻의 한자예요. '윤이 나다'는 매끄럽고 반들거린다는 말이고, '윤을 내다'는 손질을 해서 윤이 나도록 하는 것입니다.

- 예) 얼마나 열심히 닦았는지 바닥에서 **윤이 난다**.

일교차가 크다 하루 중 최고 기온과 최저 기온의 차이가 크다.

'일교차日較差(날 일, 비교할 교, 차이 차)'는 하루 가운데 가장 높은 온도와 가장 낮은 온도의 차이를 가리킵니다.

예) 오늘은 **일교차가** 매우 **큽니다**. 건강에 유의하시기 바랍니다.

장대 같은 비 굵고 힘차게 내리는 비.

대나무나 긴 막대인 '장대'처럼 굵은 빗줄기가 세차게 떨어지는 모양을 '장대 같은 비'라고 표현합니다.

예) 내가 집에서 나온 지 얼마 되지 않아 갑자기 **장대 같은 비가** 쏟아지기 시작했다.

추위를 타다 다른 사람에 비해 더 추워하다.

유난히 추위를 많이 느끼는 사람이 있지요. 그럴 때 철, 날씨 등의 영향을 쉽게 받는다는 뜻을 가진 '타다'라는 동사를 써서 '추위를 타다'라고 합니다. 다른 사람에 비해 더위를 더 많이 느끼는 것을 '더위를 타다'라고 해요.

예) 우리 엄마는 유난히 **추위를 타셔서** 봄에도 내복을 입으신다니까.

푹푹 찌다 날씨가 매우 습하고 기온이 높다.

'푹푹' 모래나 눈 따위에 발이 깊이 빠지는 모양을 나타내는 말입니다. 음식을 찌거나 끓이고 삶는 모양을 묘사할 때에도 '푹푹'이라는 말을 쓰는데, 이와 관련지어 날씨가 찌는 듯이 무덥고 습할 때도 '푹푹 찌다'라고 표현해요.

예) 이제 5월인데 날씨가 **푹푹 찌니** 이번 여름은 정말 대단하겠구나.

해가 떨어지다 해가 지다.

해가 동쪽에서 떠 서쪽으로 넘어갈 때 '지다'라는 동사를 쓰고 해가 땅 가까이 내려올 때 '떨어지다'라는 말을 써요. 사실 과학적으로는 해가 움직이는 게 아니라 우리가 사는 지구가 움직이는 것이지만 옛사람들은 눈에 보이는 대로 '해가 지다' 또는 '해가 떨어지다'라고 표현했답니다.

예) **해가 떨어지기** 전에 집에 들어오거라. 어두워지면 위험하니까.

02
동물과 관련한 표현들

개뿔

매우 보잘것없는 것.

개에게 뿔이 있나요? 없으니 보잘것없는 것을 가리켜 개뿔이라고 하겠지요. 개뿔이 들어가는 말은 모두 속된 표현이랍니다. 그러니까 점잖은 사람들은 잘 쓰지 않죠.

개뿔도 모르다 지식이나 실력 따위가 아주 적다.
예) **개뿔도 모르는** 주제에 잘난 체하기는.

개뿔도 아니다 특별히 내세울 것이 없다.
예) **개뿔도 아니면서** 왜 그렇게 으스대는지 모르겠어.

개뿔도 없다 돈이나 능력이 전혀 없거나 미미하다.
예) **개뿔도 없는** 주제에 구두는 매일 닦고 다니면서 으스대는 꼴이란.

꿩

닭과 비슷하지만 꼬리가 길고 큰 새.

꿩은 예전부터 들판에서 자주 보던 새입니다. 게다가 생김새도 매우 예쁘죠.

꿩 구워 먹은 소식 전혀 소식이 없음.
예) 어떻게 된 일인지 외국에 여행을 간 후로 그는 **꿩 구워 먹은 소식이야**.

꿩 먹고 알 먹다 한꺼번에 두 가지 이익을 얻다.
예) 버려진 땅을 개간하던 중에 산삼을 캤으니 **꿩 먹고 알 먹은** 셈이지 뭐냐.

꼬리

동물의 꽁무니나 몸뚱이 뒤에 붙은 부분.

꼬리는 몸의 뒤에 붙어 있는 기관이지요. 뒤에 있는 것은 썩 좋은 뜻이 아니라는 사실, 기억하세요.

꼬리를 감추다 죄를 짓고 숨어 버리다.
예) 범인이 이 부근에서 **꼬리를 감추고** 말았습니다.

꼬리를 달다 상대방의 말에 조건을 달거나 이의를 제기하다.
예) 너는 남이 말할 때마다 꼭 **꼬리를 달더라**.

꼬리를 물다 서로 잇달아 끝없이 계속되다. 비) 꼬리를 잇다
예) 경찰은 교차로 **꼬리 물기** 단속을 집중적으로 시행하기로 했습니다.
예) 한가위를 맞아 고향을 향하는 차들이 **꼬리를 잇고** 있습니다.

꼬리를 밟히다 몰래 나쁜 짓을 하다가 들키다.
예) 그는 우리 마을에서 오랫동안 도둑질을 일삼다 결국 **꼬리를 밟히고** 말았다.

꼬리를 치다 아양을 떨어 유혹하다.
예 서현이, 저 저, **꼬리 치는** 모습 좀 봐. 정말 눈뜨고는 못 보겠네.

꼬리가 길면 밟히다 들키면 안 되는 일을 오래 하다 들키다.
예 더 이상 그런 짓은 하지 말거라. **꼬리가 길면 밟힌다고** 했다.

꼬리표가 붙다 좋지 않은 평가가 내려지다.
예 경석이에게는 거짓말쟁이라는 **꼬리표가** 늘 **붙어** 다닌다.

새나 곤충이 공중을 날아다니는 데 쓰는 기관.

날개는 날기 위해서 반드시 필요한 기관이지요. 그러나 사람에게는 날개가 없습니다. 날고 싶은 욕망을 가진 사람들로서는 참 안타까운 일이지요.

날개 돋치다 인기가 있어 빠른 속도로 팔려 나가다.
예 새로 나온 이 제품은 **날개 돋친** 듯 팔리고 있어요. 없어서 못 팔 지경이라니까요.

날개를 달다 능력이나 상황 따위가 더 좋아지다.
예 이제 형식이는 **날개를 단** 거나 다름없어. 아프던 몸까지 나았으니 말이야.

날개를 펴다 생각이나 뜻을 활짝 펼치다.
예 여러분은 이제부터 자신의 **날개를** 활짝 **펴세요**. 학교가 도와드릴 테니까.

그 밖에 동물과 관련한 표현들입니다.

개밥에 도토리   무리에 어울리지 못하고 홀로 떨어져 있거나 따돌림을 당하는 사람.

개는 도토리를 먹지 않는답니다. 밥에 도토리를 담아 줘도 도토리만 쏙 빼놓고 밥만 먹지요. 그래서 무리나 집단에 끼지 못하고 홀로 따돌림을 당할 때를 비유적으로 '개밥에 도토리'라고 표현해요.

예) 처음 전학을 가면 꼭 **개밥에 도토리가** 된 느낌이야.

게딱지만 하다   매우 초라하고 작다.

'게딱지'는 게의 등딱지를 가리키지요. 게도 작은데 작은 게의 등딱지는 더욱 작겠지요. 그래서 이런 표현이 생겼답니다.

예) 저 산에는 **게딱지만 한** 집들이 다닥다닥 붙어 있다.

금수와 같다   은혜나 도리를 모르고 무례하기 짝이 없다.

'금수禽獸(날짐승 금, 길짐승 수)'는 하늘을 나는 짐승과 땅에 사는 짐승을 가리키는 말로 '모든 짐승'이란 뜻이죠. '금수와 같다'라는 말은 주로 사람에게 쓰는데, 이성을 가진 인간이 했다고는 생각할 수 없을 정도로 나쁜 행동이나 말을 하는 사람을 비유적으로 이르는 표현이에요.

예) 저놈은 **금수와 같은** 녀석이다. 어떻게 그런 잔인한 짓을 저지를 수 있단 말인가?

꽁지가 빠지게   매우 빨리.

'꽁지'는 새의 꽁무니에 달린 깃을 가리키는 말입니다. 새의 꽁지깃이 빠지면 아주 볼품없고 초라해 보여요. 그래서 꽁지가 빠져 모양새가 볼품없이 초라해지는 것도 모른 채 허둥지둥 빨리 도망치는 모습을 가리키는 말로 '꽁지가 빠지게'라는 표현을 자주 씁니다.

예) 나를 보자마자 현식이는 **꽁지가 빠지게** 도망치기 시작했다.

다람쥐 쳇바퀴 돌다 늘 같은 일이나 삶을 되풀이하다.

'쳇바퀴'는 체의 몸이 되는 부분으로, 얇은 널빤지를 둥글게 휘어 만든 테를 가리켜요. 다람쥐를 키울 때 넣어 주면 이걸 타고 계속 돌면서 놀았는데 요즘에는 햄스터도 잘 탑니다.

📘 나는 매일 **다람쥐 쳇바퀴 도는** 생활을 하고 있어. 학교 끝나면 학원 갔다 와서 자는 게 전부거든.

둥지를 틀다 새가 보금자리를 만들다.

'둥지'는 새가 나뭇가지 등 여러 가지 재료로 만든 집이죠. 사람이 사는 집은 '짓는다'고 하는 반면 둥지는 '튼다'고 합니다.

📘 흥부네 집 처마 밑에 제비들이 **둥지를 틀었다**.

물 찬 제비 같다 행동이 날렵하고 멋있다.

제비는 날렵하고 멋진 새지요. 그래서 제비 꼬리를 닮은 '연미복燕尾服(제비 연, 꼬리 미, 옷 복)'은 중요한 행사장에서 입는 멋진 옷을 가리킵니다.

📘 그가 새로 산 양복을 입고 나타나자 정말 **물 찬 제비 같았다**.

벌 떼처럼 무리를 지어 한꺼번에.

벌은 엄청난 무리를 지어 다니지요. 그래서 벌처럼 한꺼번에 움직이는 모습을 가리켜 '벌 떼처럼'이라고 합니다. '벌 떼같이'도 같은 뜻이랍니다.

📘 공짜로 음식을 나누어 준다는 소문이 돌자 수많은 사람이 **벌 떼처럼** 달려들었다.

벼룩의 간을 빼먹다   보잘것없거나 힘없는 사람에게서 이익을 앗아 가다.

벼룩은 매우 작은 곤충입니다. 그러니 그 작은 곤충의 간은 또 얼마나 작을까요? 가진 것 없이 아주 어려운 처지에 있거나 힘없는 사람에게서 그나마 가진 보잘것없는 것마저 앗아 가는 것을 비유적으로 이르는 말로 '벼룩의 간을 빼먹다'라고 표현해요.

예) 하루 벌어서 하루 사는 친구를 속이는 건 **벼룩의 간을 빼먹는** 짓이야. 당장 그만두거라.

병아리 눈물만큼   매우 적은 양.

슬픔이나 기쁨을 느끼는 감정이 발달한 사람처럼 눈물을 많이 흘리지는 않지만, 대부분의 동물도 눈을 보호하기 위해 아주 적은 양의 눈물을 흘려요. 그런데 아주 조그만 병아리가 흘리는 눈물의 양은 또 얼마나 적을까요? 그래서 '아주 적은 양'을 병아리 눈물에 비유해서 곧잘 표현해요.

예) 용돈이라고는 **병아리 눈물만큼** 주면서 웬 생색은 그렇게 내니?

새끼를 치다   계속 불어나다.

새끼는 태어난 지 얼마 안 되는 어린 짐승이죠. 그래서 '새끼를 치다'라고 하면 계속해서 새끼가 늘어나는 것인데, 이 뜻이 확장되어 짐승의 새끼가 늘어나는 것뿐 아니라 재산 따위가 계속 늘어나는 것도 뜻합니다.

예) 윤수는 빌린 돈의 이자가 계속 **새끼를 치자** 더 이상 갚을 수 없게 되었다.

쥐뿔도 모르다   아무것도 모르다.

쥐에게 뿔이 있나요? 아무리 봐도 보이지 않지요. 그러니 쥐뿔만큼도 모른다면 아무것도 모른다는 말과 다르지 않아요. 또 '쥐뿔도 없다'고 하면 가진 게 아무것도 없다는 의미랍니다.

예) **쥐뿔도 모르는** 게 아는 체하기는.

예) 가진 거라고는 **쥐뿔도 없으면서** 늘 으스대는 꼴이란!

파리 날리다   장사가 안 되다. 손님이 없다.

가게에 파리가 날아다닌다는 것은 손님이 없다는 말이지요. 손님이 많으면 파리를 가만두겠어요? 그래서 장사가 잘 안 되어 손님이 없거나 아주 한가한 상황을 비유해서 '파리 날리다'라고 표현한답니다.

예 이 가게는 늘 **파리만 날리고** 있네.

파리 목숨이다   언제든 버림받을 처지다.

파리는 우리 주변에서 흔히 보이는 곤충이에요. 파리채나 신문지를 휘둘러 잡기도 쉽지요. 그래서 쉽게 죽임을 당하는 보잘것없는 목숨, 또는 언제 어떻게 될지 모르는 불안한 처지에 놓인 상황을 비유적으로 이르는 말로 '파리 목숨이다'라는 표현을 씁니다.

예 장관이야말로 **파리 목숨이에요**. 무슨 사고만 나면 책임지고 물러나야 하니 말이에요.

호시탐탐 기회를 노리다   남의 것을 빼앗기 위해 기회를 엿보다.

'호시탐탐虎視眈眈(호랑이 호, 볼 시, 열중할 탐, 열중할 탐)'은 '호랑이가 먹이를 잡기 위해 열심히 바라본다'는 뜻의 사자성어입니다. 그러니 기회가 생기면 즉시 달려들겠지요. '호시탐탐 기회를 엿보다'도 같은 뜻이랍니다.

예 로마군은 적을 공격하기 위해 **호시탐탐 기회를 노리고** 있었다.

희생양이 되다   다른 사람이나 일을 위해 누군가 희생을 당하다.

'희생양'은 옛날에 하늘에 제사지내기 위해 바치던 양을 가리킵니다. 이 뜻이 확장되어 다른 사람이나 일을 위해 희생당한 사람을 가리킬 때도 쓰게 되었습니다.

예 너는 이번 사건의 **희생양이 됐어**. 아무 죄도 없는데 죄를 뒤집어썼잖아.

찾아보기

ㄱ

가닥을 잡다　329
가닥이 잡히다　329
가당찮다　308
가당치 않다　308
가당키나 한가　308
가뜩이나 ～한데　161
가려운 데를 긁어 주다　248
가면을 벗다　155
가면을 쓰다　155
가문에 똥칠하다　19
가부간에　315
가세가 기울다　161
가슴에 맺히다　39
가슴에 못을 박다　39
가슴에 묻다　39
가슴에 새기다　39
가슴에 와 닿다　39
가슴을 도려내다　40
가슴을 쓸어내리다　40
가슴을 울리다　40
가슴을 치다　39
가슴을 태우다　39, 189
가슴이 내려앉다　40
가슴이 뜨겁다　40
가슴이 미어지다　40
가슴이 벅차다　138

가슴이 벅차오르다　138
가슴이 찔리다　41
가슴이 찢어지다　41
가시가 돋친 말　85
가일층 노력하다　326
가차 없다　251
가타부타 말이 없다　87
가히 짐작이 간다　320
가히 ～할 만하다　320
각광을 받다　306
각별한 사이　203
각별히 신경 쓰다　203
각오가 되다　327
각오를 단단히 하다　327
각축을 벌이다　288
간담이 서늘하다　50
간도 쓸개도 없다　49
간에 기별도 안 가다　49
간에 붙었다 쓸개에 붙었다
　하다　49
간이 떨어지다　48
간이 붓다　48
간이 서늘하다　50
간이 작다　49
간이 콩알만 해지다　50
간이라도 꺼내 주다　49
간장을 녹이다　50

간장을 태우다　50
갈채를 보내다　225
갈피를 못 잡다　161
갈피를 잡지 못하다　161
감감무소식이다　256
감시망을 뚫다　291
감싸고돌다　97
감언이설에 넘어가다　87
감언이설에 속다　87
감투를 쓰다　269
값나가다　274
값비싸다　274
값싸다　274
값이 나가다　274
값이 비싸다　274
값이 싸다　274
강도 높은 훈련　291
강압에 못 이기다　161
강짜를 부리다　235
같은 값이면　315
같은 값이면 다홍치마　315
같잖다　109
개가를 부르다　291
개가를 올리다　291
개밥에 도토리　354
개뿔도 모르다　351
개뿔도 아니다　351

개뿔도 없다　351
개의치 말다　196
개의치 않다　196
개중에는　123
객기를 부리다　109
객쩍다　235
거두절미하다　87
거드름을 빼다　239
거드름을 피우다　239
거들떠보지 않다　207
거리가 멀다　207
거리낌이 없다　155, 156
거리에 나앉다　162
거울삼아　327
거침없이　156
건방떨다　239
건방을 부리다　239
건방을 피우다　239
건방지다　239
걷잡을 수 없다　109
걸신들리다　179
걸음이 가볍다　138
걸음이 무겁다　138
겁도 없이　136
겁에 질리다　136
겁을 먹다　136
겁을 주다　136
겁을 집어먹다　136
깁이 나다　136
게거품을 물다　143
게걸스럽다　179
게눈 감추듯　179
게딱지만 하다　354

게으름 부리다　235
게으름을 피우다　235
게을러빠지다　235
게을러터지다　235
격의 없다　156
격차가 벌어지다　288
격차가 심하다　288
견문이 넓다　225
견문이 좁다　225
결단을 내리다　220
결단을 짓다　220
결딴나다　162
결딴내다　162
결실을 거두다　301
결실을 맺다　301
경각에 달리다　176
경상을 입다　162
경악을 금치 못하다　151
경영난에 봉착하다　274
경영난에 빠지다　274
경영난에 처하다　274
경영난에 허덕이다　274
경을 치다　261
경의를 표하다　196
경쟁하다　288
경종을 울리다　176
경합을 벌이다　288
경험을 쌓다　97
경황이 없다　162
고개 하나 까딱하지 않다　36
고개를 갸웃하다　36
고개를 끄덕이다　36
고개를 들다　36

고개를 숙이다　36
고개를 젓다　36
고개를 쳐들다　36
고개를 흔들다　36
고배를 들다　292
고배를 마시다　292
고삐를 늦추다　97
고삐를 죄다　97
고생문이 열리다　162
고생문이 훤하다　162
고생을 사서 하다　98
고성이 오가다　109
고압적인 태도　207
고육책을 쓰다　163
고주망태가 되다　98
고지식하다　238
고충을 털어놓다　248
곡예를 부리다　98
곤경에 빠지다　163
곤두박질치다　176
곤드레만드레　98
곤욕을 치르다　164
곤혹스럽다　164
곧이곧대로　156
곧이듣다　156
골골거리다　69
골골하다　69
골머리를 앓다　147
골수에 맺히다　153
골수에 사무치다　153
골이 깊다　207
골치가 아프다　147
골탕을 먹다　208

골탕을 먹이다 208
곰지락거리다 98
곰지락대다 98
곪아 터지다 110
곱씹다 88
공감대를 이루다 203
공감대를 형성하다 203
공과를 따지다 320
공과를 살피다 320
공방전을 벌이다 292
공분을 사다 153
공세를 취하다 293
공염불이 되다 83
공전의 히트 301
공정을 기하다 321
공중에 뜨다 308
공포에 떨다 145
공치다 308
과도한 요구 119
과분한 대접 119
과언이 아니다 119
과욕은 금물 119
과욕을 부리다 119
과잉보호하다 203
과중한 부담 119
과찬의 말씀 119
관망하다 213
관문을 통과하다 301
관복을 벗다 270
관용을 베풀다 249
관운이 열리다 270
관운이 트이다 270
관직에서 물러나다 270

괄목상대刮目相對 301
괄목할 만하다 301
괄목할 만한 성과를 거두다 301
괘념치 말다 196
괘념치 않다 196
교두보로 삼다 293
교전을 벌이다 293
교편을 놓다 321
교편을 잡다 321
구김살이 없다 236
구름을 잡다 309
구미가 당기다 180
구미를 돋우다 180
구미가 돌다 180
구색을 갖추다 275
구색을 맞추다 275
구수하다 180
구역질이 나다 69
구워삶다 216
구위가 떨어지다 293
구위가 좋다 293
구질이 까다롭다 293
구차하다 164
구태에서 벗어나다 64
구호만 요란하다 252
구호에 그치다 252
국물도 없다 308
국위를 선양하다 302
군침이 돌다 180
군침을 삼키다 180
군말 말다 88
군말하다 88
군살을 덧붙이다 99

군살을 빼다 99
군소리하다 88
군소리하지 마라 88
궁상떨다 164
궁상맞다 164
궁지에 몰리다 165
권세를 부리다 270
권태롭다 69
궤도를 이탈하다 302
궤도에 오르다 302
궤도에 진입하다 302
궤도에서 벗어나다 302
귀가 가렵다 26
귀가 닳다 26
귀가 따갑다 26
귀가 뚫리다 26
귀가 뜨이다 88
귀가 밝다 27
귀가 번쩍 뜨이다 27
귀가 솔깃하다 27
귀가 아프도록 듣다 26
귀가 얇다 27
귀가 어둡다 27
귀담아듣다 28
귀감이 되다 302
귀띔하다 88
귀를 기울이다 26
귀를 의심하다 27
귀먹다 28
귀빠지다 28
귀신 들리다 137
귀신 씻나락 까먹는 소리 137
귀신도 모르다 137

귀신이 곡할 노릇이다 137	그지없다 123	기대에 못 미치다 245
귀신이 되다 137	극과 극을 달리다 120	기대에 어긋나다 245
귀신이 씌다 137	극도로 120	기로에 서다 315
귀에 거슬리다 27	극비리에 120	기록을 깨다 294
귀에 들어가다 27	극성떨다 120	기를 쓰다 63
귀에 들어오다 27	극성부리다 120	기를 죽이다 63
귀에 딱지가 앉다 28	극성스럽다 120	기를 펴다 63
귀에 말뚝을 박다 28	극성을 피우다 120	기미가 보이다 213
귀에 못이 박이다 28	극진히 모시다 120	기반을 다지다 302
귀에 익다 26	긁어 부스럼을 만들다 110	기복이 심하다 123
귀청 떨어지다 28	금명간 253	기색이 역력하다 138
귓가로 듣다 28	금수와 같다 354	기선을 잡다 294
귓등으로 듣다 29	금싸라기 같은 225	기선을 제압하다 294
귓전으로 듣다 28	금이 가다 208	기승을 떨다 99
귓전을 때리다 29	금이야 옥이야 225	기승을 부리다 99
귓전을 울리다 29	급소를 찌르다 85	기염을 토하다 294
균형을 이루다 288	급제하다 273	기치를 내걸다 88
균형이 깨지다 288	급한 불을 끄다 329	기탄없이 말하다 89
균형이 무너지다 288	긍지를 갖다 196	긴장감이 감돌다 176
균열이 생기다 208	기가 꺾이다 64	긴장감이 돌다 176
그늘이 졌다 69	기가 막히다 64	긴하다 89
그늘졌다 69	기가 살다 63	긴히 할 말이 있다 89
그늘지다 69	기가 죽다 63	길눈이 밝다 321
그러면 그렇지 315	기가 질리다 64	길눈이 어둡다 321
그러저러한 사정이 있다 110	기가 차다 64	길목에 서 있다 99, 316
그럴듯하다 216	기갈이 들다 181	길목을 지키다 99
그럴싸하게 여기다 216	기강을 바로 세우다 294	길을 닦다 337
그럴싸하다 216	기강을 확립하다 294	길을 들이다 337
그릇이 작다 236	기구한 운명 165	길을 뚫다 337
그릇이 크다 236, 238	기근이 들다 181	길을 잘못 들다 337
그림자도 보이지 않다 256	기꺼이 138	길을 재촉하다 337
그림자도 없다 256	기대를 걸다 245	길이 나다 337
그만그만하다 123	기대를 저버리다 245	길이 들다 337

길이 어긋나다　338
길이 열리다　338
김빠지다　165
김새다　165
김이 새다　165
김칫국을 마시다　309
까놓고 말하다　89
까맣게 모르다　124
까맣게 잊다　124
깎아지른 듯하다　177
깜깜무소식　256
깡통을 차다　165
깨가 쏟아지다　139
깨알 같다　124
깨알만 하다　124
꼬리가 길면 밟히다　353
꼬리를 감추다　352
꼬리를 달다　352
꼬리를 물다　352
꼬리를 밟히다　352
꼬리를 잇다　352
꼬리를 치다　353
꼬리표가 붙다　353
꼬장꼬장하다　236
꼬치꼬치 캐묻다　89
꼬투리를 잡다　89
꼴　64
꼼지락대다　98
꼼짝 못 하다　145
꽁무니를 빼다　65
꽁무니를 쫓아다니다　65
꽁지가 빠지게　354
꽃피우다　303

꿈나라로 가다　99
꿈이냐 생시냐　151
꿈자리가 사납다　165
꿈자리가 좋다　165
꿩 구워 먹은 소식　351
꿩 먹고 알 먹다　351
끼고 돌다　203
끽소리 못 하다　145
끽소리 없다　145
낌새를 엿보다　213

ㄴ

나락에 떨어지다　166
나이가 들다　246
나이가 아깝다　246
나이가 차다　246
나이를 먹다　246
나잇값을 하다　246
나잇살이나 먹다　246
낙으로 삼다　139
낙인찍다　261
낙점하다　270
난관을 극복하다　166
난관에 봉착하다　166
난관을 타개하다　166
난국을 극복하다　330
난국을 수습하다　330
난국을 타개하다　330
난다 긴다 하다　321
난무하다　110
난색을 표하다　147
난생처음　283
난장판으로 만들다　111

난장판을 벌이다　111
난장판이 되다　111
난조에 빠지다　148
날개 돋치다　353
날개를 달다　353
날개를 펴다　353
날밤을 새우다　100
날벼락이 떨어지다　347
날을 받다　247
날을 세우다　135
날이 무디다　135
날이 새다　247
날이 서다　135
날이면 날마다　247
날품을 팔다　166
날품팔이　166
납덩이같다　70
낯가리다　20
낯간지럽다　21
낯부끄럽다　21
낯설다　21
낯을 들다　20
낯을 붉히다　20
낯이 깎이다　20
낯이 두껍다　20
낯이 뜨겁다　20
낯익다　21
내숭 떨다　216
내실을 기하다　156
내친걸음이다　100
내친김에　100
냄새가 나다　213
너스레를 놓다　83

너스레를 늘어놓다　83
너스레를 떨다　83
너스레를 부리다　83
넋을 놓다　195
넋을 달래다　195
넋을 잃다　195
넋이 나가다　146, 195
넋이 빠지다　194
넌더리가 나다　141
넌덜머리가 나다　141
노여움을 사다　135
노여움을 타다　136
노여움을 풀다　136
노익장을 과시하다　101
노익장을 자랑하다　101
녹을 먹다　271
녹초가 되다　70
농간에 넘어가다　217
농간을 부리다　217
농락하다　217
누가 되다　148
누란의 위기에 처하다　177
누를 끼치다　148
누명을 벗다　261
누명을 쓰다　261
누워서 떡 먹기　322
누추하다　166
눈 깜짝할 사이　21
눈 딱 감다　21
눈 밖에 나다　21
눈 씻고 보려야 볼 수 없다　22
눈곱만하다　24
눈길을 끌다　24

눈꼴사납다　24
눈도 깜짝 안 하다　22
눈독을 들이다　24
눈멀다　25
눈살을 찌푸리다　25
눈앞이 캄캄하다　25
눈에 거슬리다　22
눈에 넣어도 아프지 않다　23
눈에 들다　23
눈에 띄다　22
눈에 밟히다　23
눈에 불을 켜다　23
눈에 선하다　23
눈에 쌍심지를 켜다　23
눈에 어리다　22
눈에 이슬이 맺히다　24
눈에 차다　23
눈에 핏발을 세우다　144
눈에 흙이 들어가다　24
눈여겨보다　25
눈을 감다　24
눈을 붙이다　22
눈이 높다　22
눈이 뒤집히다　22
눈이 맞다　24
눈이 빠지게 기다리다　24
눈이 삐다　22
눈이 시퍼렇게 살아 있다　24
눈치가 빠르다　25
눈치를 보다　25
눈치를 살피다　25
눈치채다　25
눈코 뜰 사이(새) 없다　25

능장을 부리다　236
능장을 피우다　236
능청 떨다　217
능청 부리다　217
능청맞다　217
능청스럽다　217

ㄷ

다람쥐 쳇바퀴 돌다　355
다름이 아니라　249
다리 뻗고 자다　55
다리품을 팔다　101
다소간　124
다시 보다　197
다시 보이다　197
다시없다　124
단서가 되다　330
단서를 잡다　330
단서를 찾다　330
단숨에　254
달게 받다　133
달게 여기다　133
달게 자다　133
달다 쓰다 말이 없다　133
담소를 나누다　82
담소를 즐기다　82
담쌓고 지내다　208
답습하다　101
대미를 장식하다　283
대세가 기울다　295
대세를 따르다　295
대세를 장악하다　295
대수냐　125

대수롭다 125
대수롭지 않다 125
대어를 낚다 303
대인 관계가 원만하다 203
대책을 강구하다 330
더위를 먹다 181
더위를 타다 349
더할 나위 없다 90, 125
덜미가 잡히다 262
도도하다 239
도마 위에 오르다 262
도탄에 빠지다 167
도화선이 되다 111
독기를 품다 197
독보적인 경지 289
독보적인 존재 289
독차지하다 239
동가홍상同價紅裳 315
동떨어진 소리 83
동이 트다 347
동정을 살피다 214
동족상잔의 비극 148
동태를 살피다 214
동태를 파악하다 214
동티가 나다 112
동향을 살피다 214
동향을 파악하다 214
된서리를 맞다 167
두각을 나타내다 322
두말하다 90
두말할 나위 없다 90
두서없다 83
둘러치나 메어치나 316

둥지를 틀다 355
뒷걸음질 치다 101
뒷북치다 102
득달같이 달려오다 102
득달같이 달리다 102
들러리를 서다 309
등골을 빨아먹다 54
등골이 빠지다 54
등골이 서늘하다 54
등골이 오싹하다 54
등골이 휘다 54
등에 업다 53
등을 돌리다 53
등을 보이다 53
등을 지다 53
따 놓은 당상 303
딱 부러지다 220
딱 잡아떼다 90
딴전을 부리다 102
딴전을 피우다 102
땅에 떨어지다 167
떡 주무르듯 하다 322
뜬구름을 잡다 309
뜬눈으로 밤을 새우다 167
뜬눈으로 밤을 지새우다 167
뜻깊다 193
뜻을 받들다 193
뜻이 맞다 192
뜻있다 193

마른하늘에 날벼락 347
마음 쓰다 185

마음에 걸리다 185
마음에 두다 185
마음에 들다 186
마음에 맺히다 186
마음에 없다 186
마음에 짚이다 186
마음에 차다 186
마음은 굴뚝같다 186
마음을 끌다 186
마음을 놓다 186
마음을 먹다 186
마음을 붙이다 185
마음을 비우다 187
마음을 빼앗기다 187
마음을 사다 187
마음을 주다 185
마음을 졸이다 187
마음을 태우다 189
마음의 문을 열다 187
마음이 가다 187
마음이 내키다 185
마음이 돌아서다 187
마음이 맞다 187
마음이 무겁다 188
마음이 쓰이다 185
마음이 있다 186
마음이 콩밭에 가 있다 188
마음이 통하다 187
마음잡다 188
마찰을 빚다 209
마찰을 피하다 209
막다른 골목에 이르다 167
막바지에 다다르다 283

막바지에 이르다 283	말을 놓다 78	머리가 깨끗하다 16
막바지에 접어들다 283	말을 돌리다 77	머리가 돌아가다 17
막상막하莫上莫下 297	말을 듣다 77	머리가 띵하다 16
막차를 타다 283	말을 들어주다 79	머리가 모자라다 17
막판에 몰리다 168	말을 맞추다 77	머리가 무겁다 17
만무하다 125	말을 붙이다 79	머리가 복잡하다 17
만반의 대비 330	말을 비치다 79	머리가 비다 17
만반의 준비 330	말을 잊다 79	머리가 크다 15
만반의 태세 330	말을 자르다 79	머리를 굴리다 15
만사형통하다 139	말을 주고받다 79	머리를 내두르다 17
만에 하나 125	말이 되다 78	머리를 내밀다 15, 19
말 같지 않다 77	말이 떨어지다 79	머리를 들다 15
말꼬리를 잡다 80	말이 많다 78	머리를 맞대다 16
말끝을 잡다 80	말이 새다 79	머리를 모으다 16
말끝을 흐리다 80	말이 아니다 79	머리를 숙이다 16
말도 못 하다 77	말이 없다 80	머리를 스치다 17
말만 번지르르하다 84	말이 좋아 80	머리를 식히다 16
말만 앞세우다 78	말이 통하다 80	머리를 싸매다 16
말문을 닫다 80	말이야 바른 말이지 80	머리를 쓰다 16
말문을 막다 80	말할 것도 없다 81	머리를 얹다 16
말문을 열다 80	맛보다 181	머리를 올리다 16
말문이 막히다 81	맛을 붙이다 182	머리를 조아리다 17
말문이 트이다 81	맛이 가다 181	머리를 쥐어짜다 17
말발을 세우다 90	맛이 들다 182	머리를 흔들다 18
말발이 서다 90	매듭을 짓다 331	머리에 그리다 18
말발이 세다 90	맥을 놓다 70	머리에 들어오다 18
말수가 적다 81	맥을 못 추다 70	머리에 떠오르다 18
말에 뼈가 있다 78	맥이 빠지다 70	머리에 서리가 앉다 18
말에 가시가 있다 85	맥이 풀리다 70	머리에 털 나고 18
말을 건네다 78	머리 위에 올라앉다 15	메스를 가하다 331
말을 꺼내다 78	머리가 가볍다 16	면목이 없다 148
말을 나누다 78	머리가 굳다 15	면박을 당하다 209
말을 높이다 78	머리가 굵다 15	면박을 주다 209

명색이 ~인데 168
모골이 송연하다 145
모나다 237
모양내다 65
모양을 내다 65
목숨을 거두다 159
목숨을 건지다 159
목숨을 끊다 159
목숨을 바치다 159
목에 핏대를 세우다 37
목에 힘을 주다 37
목에 힘이 들어가다 37
목을 놓다 37
목을 빼다 37
목을 조이다 37
목을 축이다 37
목을 풀다 38
목이 날아가다 38
목이 메다 38
목이 붙어 있다 38
목이 빠지다 37
목이 잠기다 38
목이 칼칼하다 38
목이 타다 37
몸 둘 바를 모르다 13
몸담다 14
몸에 배다 13
몸에 익히다 13
몸으로 때우다 13
몸을 버리다 13
몸을 사리다 13
몸을 풀다 13
몸이 가볍다 14

몸이 달다 14
몸이 천근같다 71
몸이 천근만근이다 71
몸이 허락하다 14
못 이기는 척 214
못을 박다 220
무심히 바라보다 103
문을 닫다 275
물 만난 고기 338
물 샐 틈 없다 338
물 쓰듯 하다 338
물 찬 제비 338, 355
물거품이 되다 312
물꼬를 트다 331
물로 보다 339
물망에 오르다 271
물불 안 가리다 339
물심양면으로 249
물에 빠진 생쥐 339
물을 끼얹은 듯 339
물을 먹다 339
물을 먹이다 339
물을 흐리다 339
물의를 일으키다 112
물이 오르다 339
물이 좋다 339
미간을 찌푸리다 141
미간을 찡그리다 141
미관상 나쁘다 65
미관상 좋지 않다 65
미루어 보다 322
미역국을 먹다 309
미운털이 박히다 209

미증유의 284
밑도 끝도 없이 112
밑져야 본전 275
밑천이 드러나다 217

ㅂ

바닥을 기다 310
바람을 넣다 340
바람을 맞다 340
바람을 쐬다 340
바람을 일으키다 340
바람을 잡다 340
바람을 피우다 340
바람이 들다 340
박차를 가하다 102
반기를 들다 153
발 디딜 틈이 없다 55
발 벗고 나서다 55
발 뻗고 자다 55
발걸음을 끊다 57
발걸음이 가볍다 138
발걸음이 무겁다 138
발길에 차이다 57
발길을 끊다 57
발등에 불이 떨어지다 57
발로 뛰다 56
발목을 잡다 57
발목을 잡히다 57
발버둥을 치다 57
발을 끊다 55, 57
발을 동동 구르다 56
발을 들여놓다 55
발을 맞추다 56

발을 붙이다 55	법석거리다 103	비난이 자자하다 91
발을 빼다 56	법석대다 103	비싸게 굴다 240
발이 넓다 56	법석을 떨다 103	비위를 맞추다 229
발이 떨어지지 않다 56	법에 저촉되다 262	비일비재하다 126
발이 묶이다 57	베일에 싸이다 65	비행기를 태우다 229
발이 손이 되도록 빌다 57	벼룩의 간을 빼먹다 356	빈축을 사다 113
밥 먹듯이 하다 182	변덕이 죽 끓듯 하다 237	빙빙 돌리다 84
밥술이나 먹다 182	변죽을 울리다 84	빙산의 일각 126
밥알이 곤두서다 141	별 볼일 없다 347	빛을 발하다 342
밥줄이 끊기다 271	병아리 눈물만큼 356	빛을 보다 342
방불케 하다 125	보따리를 싸다 271	빛을 잃다 342
배가 남산만 하다 52	본뜨다 226	빛이 나다 342
배가 다르다 52	본받다 226	빛이 안 나다 342
배가 아프다 52	본을 보이다 226	빼도 박도 못하다 168
배가 출출하다 182	본전도 못 찾다 275	뼈가 빠지다 59
배꼽을 잡다 52	볼 낯이 없다 20	뼈가 있다 59
배꼽을 쥐다 52	볼장 다 보다 310	뼈대가 있다 60
배를 불리다 52	볼품없다 66	뼈도 못 추리다 59
배를 채우다 52	볼품이 없다 66	뼈를 깎다 59
배보다 배꼽이 크다 52	부르는 게 값이다 275	뼈를 묻다 60
배수진을 치다 295	분수에 넘치다 126	뼈만 남다 60
배짱을 부리다 233	분수에 맞다 126	뼈에 사무치다 60
배짱을 튕기다 233	분위기 있다 237	
배짱이 두둑하다 233	분위기가 좋다 237	
배짱이 좋다 233	분통이 터지다 141	▲
뱃속을 채우다 52	불꽃이 튀다 341	사색이 되다 146
뱃속이 들여다보이다 52	불똥이 튀다 341	사시나무 떨듯 하다 146
번지수를 잘못 찾다 310	불을 보듯 뻔하다 341	사족을 못 쓰다 168
벌 떼처럼 355	불의의 사고 177	사지가 멀쩡하다 66
벌 떼같이 355	불이 붙다 341	사지를 펴다 66
벌벌 기다 146	불티나게 팔리다 341	사태의 추이를 관망하다 213
벌벌 떨다 112	불편한 심기 142	사활을 걸다 220
벌집을 쑤시다 113	비 오듯 하다 347	산전수전 다 겪다 169
		산통을 깨다 113

살얼음판 위를 걷다 177	세상없어도 344	속이 없다 191
살을 붙이다 84	세상을 등지다 344	속이 있다 191
살을 에는 추위 348	세상을 떠나다 344	속이 좁다 192
살판나다 139	세상을 뜨다 344	속이 좋다 192
상을 물리다 182	세상을 하직하다 344	속이 차다 192
상을 차리다 182	세상이 바뀌다 344	속이 출출하다 182
새끼를 치다 356	소란을 떨다 114	속이 켕기다 192
새빨간 거짓말 113	소란을 피우다 114	속이 터지다 190
색안경을 쓰고 보다 209	소리 높다 343	속이 편하다 190
생사람을 잡다 262	소리 높여 343	속이 풀리다 190
서슬이 시퍼렇다 146	소매를 걷어붙이다 332	속이 후련하다 192
서슬이 퍼렇다 146	소문이 자자하다 91	손가락으로 꼽다 47
서슬이 푸르다 146	소식이 깡통이다 256	손가락을 빨다 47
서슴지 말다 221	속 빈 강정 189	손꼽아 기다리다 47
서슴지 않다 221	속도 모르다 190	손바닥 들여다보듯 알다 48
선수를 치다 289	속셈이 드러나다 218	손바닥을 뒤집듯 하다 48
선심을 베풀다 229	속에 품다 190	손발을 맞추다 48
선심을 쓰다 229	속을 긁다 189	손발이 따로 놀다 48
선을 긋다 121	속을 끓이다 189	손쓰다 47
선을 넘다 121	속을 달래다 190	손에 넣다 46
선이 가늘다 121	속을 떠보다 189	손에 땀을 쥐다 46
선이 굵다 121	속을 썩이다 189	손에 익다 45
선이 닿다 121	속을 태우다 189	손에 잡히다 46
선풍적인 인기를 끌다 306	속을 터놓다 190	손에 장을 지지다 46
설상가상雪上加霜 170	속이 깊다 191	손에 쥐다 46
설설 기다 215	속이 꺼림칙하다 191	손을 끊다 45
성에 안 차다 226	속이 끓다 191	손을 내밀다 45
성에 차다 226	속이 넓다 191	손을 놓다 46
성질을 내다 142	속이 뒤집히다 189	손을 떼다 45
성질을 부리다 142	속이 뒤틀리다 189	손을 멈추다 45
세상 돌아가다 344	속이 드러나다 190	손을 벌리다 45
세상 물정을 모르다 344	속이 보이다 190	손을 빌리다 46
세상모르다 344	속이 부대끼다 71	손을 씻다 45

손을 잡다 46	실오라기 하나 걸치지 않다 66	앞날이 창창하다 284
손을 젓다 46	실의에 빠지다 169	애가 달다 50
손을 타다 47	실효를 거두지 못하다 310	애가 타다 50
손을 털다 45	심기가 거북하다 142	애가 터지다 50
손이 가다 47	심기가 불편하다 142	애간장을 끓이다 51
손이 작다 46	심려를 끼치다 148	애간장을 녹이다 51
손이 크다 46	심지가 굳다 221	애를 먹다 50
쇠고랑을 차다 263, 264	싹수가 노랗다 310	애쓰다 50
수박 겉핥기 103	싹수가 없다 310	애태우다 39
수수방관袖手傍觀 215	싹이 노랗다 310	약점을 잡다 169
순풍에 돛을 달다 303	싹트다 348	약점을 잡히다 169, 173
숨넘어가다 42	쌍수를 들어 환영하다 226	양단간에 317
숨도 쉬지 않다 41	쑥밭이 되다 311	양심의 가책을 느끼다 252
숨도 크게 못 쉬다 42	쓴맛을 보다 311	양이 차다 183
숨을 거두다 41	쓴웃음을 짓다 149	양자택일하다 317
숨을 고르다 42	씨가 마르다 257	어둠이 깃들다 348
숨이 막히다 41	씨가 먹히다 348	어둠이 내려앉다 348
숨이 멎다 41	씨를 말리다 257	어둠이 내리다 348
숨이 죽다 41		어쨌든 315
숨이 차다 42	**ㅇ**	어깃장을 놓다 210
숨이 턱까지 차오르다 42	아니나 다를까 316	어깃장을 부리다 210
숨이 턱에 닿다 42	아랑곳하지 않다 240	어깨가 가볍다 43
숨통을 끊다 42	아부하다 229	어깨가 무겁다 43
숨통을 조이다 42	아쉬운 소리 343	어깨가 축 처지다 44
숨통이 트이다 42	악화일로를 걷다 178	어깨너머로 배우다 44
승세를 굳히다 295	안간힘을 쓰다 327	어깨를 겨누다 44
시름시름 앓다 72	안도의 한숨을 내쉬다 139	어깨를 겨루다 44
시시비비를 가리다 322	인면을 몰수하다 215	어깨를 견주다 44
식음을 전폐하다 183	안면을 바꾸다 215	어깨를 나란히 하다 44
신경을 끊다 197	안중에도 없다 240	어깨를 낮추다 44
신기록을 세우다 294	알게 모르게 197	어깨를 두드리다 44
신의 가호가 함께하시길 249	알다가도 모르겠다 197	어깨를 들먹이다 44
실낱같은 희망 177	앓는 소리 343	어깨를 짓누르다 43

어느 세월에 254	에누리 없이 156	요모조모 따져 보다 317
어느 천년에 254	여념이 없다 254	요모조모 살펴보다 317
어려운 발걸음을 하다 58	여부가 있나 317	우는 소리 343
어림 반 푼어치도 없다 221	여하튼 315	우열을 가리다 323
어제오늘의 일이 아니다 254	열변을 토하다 92	우위를 점하다 289
어쩌고저쩌고 92	영패를 모면하다 295	우위를 차지하다 289
어쩔 도리가 없다 169	예기치 못하다 152	우위에 서다 289
어쩔 수가 없다 169	예사롭지 않다 114	우호적인 분위기 204
어쩔 줄 모르다 169	예상 밖으로 152	우후죽순처럼 126
어찌 된 셈인지 198	예상 외로 152	운명하다 285
어찌 된 영문인지 198	예상과 달리 152	운신의 폭 127
어차피 같다면 315	예상을 깨다 152	운신의 폭이 넓다 127
어처구니가 없다 170	예상을 벗어나다 152	운신의 폭이 좁다 127
억지 춘향으로 170	예의에 벗어나다 210	운을 떼다 92
얼굴에 똥칠하다 19	예의에 어긋나다 210	울화가 치밀다 142
얼굴에 쓰여 있다 19	오갈 데 없다 170	울화통을 터뜨리다 142
얼굴에 철판을 깔다 19, 241	오금이 저리다 171	울화통이 치밀다 142
얼굴을 내밀다 19	오류를 범하다 114	울화통이 치솟다 142
얼굴을 돌리다 20	오류를 저지르다 114	움트다 348
얼굴을 들 수 없다 20	오리발을 내밀다 218	원수를 갚다 153
얼굴이 두껍다 19	오지랖이 넓다 237	원점에서 다시 생각하다 332
얼굴이 팔리다 19	옥석을 가리다 323	원천적으로 불가능하다 311
얼굴이 피다 19	옥에 티 323	원한을 사다 154
얼굴이 해쓱하다 72	온 힘을 다하다 327	월계관을 쓰다 296
얼빠지다 146, 194	온데간데없다 257	유감없이 발휘하다 222
얽히고설키다 114	옷을 벗다 270	유구한 역사 255
엄살을 떨다 218	완벽에 가깝다 323	유례가 없다 284, 285
엄살을 부리다 218	완벽하다 323	유례를 찾기 힘든 284
엄살을 피우다 218	외길을 걷다 272	유명세를 치르다 306
엄포를 놓다 91	외람되다 114	유명을 달리하다 285
엉덩이가 무겁다 66	요기를 하다 183	유심히 살피다 103
엎드려 절 받기 103	요령을 부리다 218	유일무이하다 284
엎친 데 덮친 격 170	요령을 피우다 218	유종의 미를 거두다 285

유혈이 낭자하다　178
윤을 내다　348
윤이 나다　348
융숭한 대접　249
으름장을 놓다　91
~은 고사하고　289
음으로 양으로　250
의표를 찌르다　85
이가 갈리다　32, 144
이구동성으로　92
이러저러하다　110
이러쿵저러쿵　92
이력이 나다　272
이론의 여지가 없다　222
이를 갈다　32
이를 악물다　32
이를 데 없다　93
이름 높다　303
이름나다　304
이름이 없다　304
이름이 있다　304
이목을 끌다　307
이야기꽃을 피우다　82
이왕이면　315
인상에 남다　198
인상을 쓰다　142
인상을 찌푸리다　142
인상이 깊다　198
인심을 쓰다　250
인연을 끊다　211
인연을 맺다　211
인정을 베풀다　250
일고의 가치도 없다　93

일교차가 크다　349
일단락을 짓다　332
일복이 터지다　272
일생을 바치다　272
일손을 구하다　273
일손을 놓다　273
일손을 멈추다　45
일손이 잡히지 않다　273
일언반구 말이 없다　93
일침을 가하다　85
임자를 만나다　171
입만 살다　30
입맛에 맞다　32
입맛을 다시다　183
입맛이 떨어지다　183
입맛이 쓰다　149
입술을 깨물다　143
입에 거품을 물다　143
입에 담지 못하다　30
입에 발린 말　229
입에 오르내리다　31
입에 풀칠하다　31
입을 막다　30
입을 맞추다　30
입을 모으다　30
입을 봉하다　31
입을 씻다　30
입을 열다　30
입이 근질근질하다　31
입이 딱 벌어지다　152
입이 떨어지지 않다　31
입이 무겁다　31
입이 심심하다　32

입이 짧다　32
입이 함박만 하다　32
입추의 여지가 없다　127

ㅈ

자기 무덤을 파다　104
자리가 나다　267
자리를 굳히다　267
자리를 뜨다　267
자리를 맡다　267
자리를 잡다　267
자리를 털고 일어나다　267
자리를 피하다　268
자리를 함께하다　268
자리에 들다　268
자유롭게 구사하다　324
자타가 공인하다　304
자취도 없이 사라지다　258
자취를 남기다　258
자취를 감추다　258
작별을 고하다　258
잔금을 치르다　276
잔뼈가 굵다　60, 273
잔재주를 부리다　219
잔재주를 피우다　219
잘 보이다　230
잘못 보이다　230
잘잘못을 따지다　324
잠버릇이 고약하다　115
잠에 곯아떨어지다　104
장광설을 늘어놓다　84
장내가 떠나갈 듯하다　226
장단을 맞추다　230

장대 같은 비 349	전열을 가다듬다 296	젖 먹던 힘을 내다 328
장래가 창창하다 284	전열을 재정비하다 296	제값을 받다 277
장원 급제하다 273	전열이 흩어지다 296	제동을 걸다 252
장을 보다 276	전적을 거두다 297	제동이 걸리다 252
장이 서다 276	접전을 벌이다 297	제법이다 324
장족의 발전 304	전철을 밟다 311	조목조목 따지다 324
장족의 발전을 거두다 304	전폭적으로 성원을 보내다 227	조예가 깊다 325
장족의 발전을 거듭하다 304	전폭적인 지지 227	조예가 있다 325
재간이 없다 172	전화통에 불이 나다 277	족쇄를 채우다 263
재갈을 물리다 149, 263	절세의 미인 290	좀이 쑤시다 172
재론의 여지가 없다 222	절호의 기회 319	종국에 가서는 285
재미나다 134	점을 찍다 274	종국에는 285
재미를 보다 134	점찍다 274	종말을 고하다 286
재미를 붙이다 134	정곡을 찌르다 86	종반에 접어들다 286
재미없다 134	정나미가 떨어지다 211	종언을 고하다 286
저력을 과시하다 327	정신없다 195	종이 한 장 차이 290
저력을 발휘하다 327	정신을 놓다 194	종잡을 수 없다 172
저력을 보이다 327	정신을 잃다 146, 194	종적을 감추다 258
적개심을 품다 154	정신을 차리다 193	종적이 끊기다 258
적대시하다 154	정신을 팔다 106, 194	종종걸음을 치다 104
적의를 드러내다 154	정신이 나가다 194	종지부를 찍다 286
전도가 양양하다 227	정신이 나다 193	죗값을 달게 받다 264
전도가 유망하다 227	정신이 들다 193	죗값을 치르다 264
전력을 기울이다 327	정신이 말짱하다 194	주객이 전도되다 318
전력을 다하다 327	정신이 빠지다 194	주머니 사정 160
전례 없다 284	정신이 사납다 195	주머니가 가볍다 160
전례가 없다 285	정신이 팔리다 195	주머니가 두둑하다 160
전무후무하다 284	정이 들다 204	주머니가 비다 160
전세가 기울다 296	정적을 깨다 152	주머니를 털다 160
전세를 뒤엎다 296	정적을 깨뜨리다 152	주목을 끌다 307
전세를 역전시키다 296	정처 없다 172	주목을 받다 307
전심을 다하다 327	정처 없이 172	주변머리가 없다 238
전심전력을 다하다 327	정평이 나다 228	주사위는 던져졌다 222

죽기 살기로　149
죽는 소리를 하다　343
죽도 밥도 아니다　311
죽으나 사나　149
죽은 듯이　149
죽을 똥을 싸다　150
죽을 맛이다　150
줄을 서다　104
죽을 쑤다　312
줄을 잇다　128
죽을죄를 짓다　150
죽자 사자　149
죽지 못해 살다　150
줄행랑을 놓다　178
줄행랑을 치다　178
줏대가 없다　222
줏대가 있다　222
중점을 두다　318
중책을 띠다　252
중책을 맡다　252
쥐 죽은 듯이　149
쥐뿔도 모르다　356
쥐뿔도 없다　356
지레짐작하다　115
지조를 지키다　223
진땀을 빼다　72
진땀을 흘리다　72
직성이 풀리다　198
진배없다　318
진용을 재정비하다　298
진용을 짜다　298
진을 빼다　328
진의를 파악하다　198

진이 빠지다　328
진저리를 치다　143
진절머리가 나다　143
진퇴양난進退兩難　168
진퇴유곡進退維谷　168
진풍경을 연출하다　105
진풍경이 벌어지다　105
짐이 되다　115
짚고 넘어가다　325
쪽박을 차다　172
찍소리 못 하다　93
찍소리도 못 하다　343

ㅊ

차일피일 미루다　252
차질을 겪다　173
차질을 빚다　173
차질이 생기다　173
찬물을 끼얹다　115
찬바람이 돌다　143
찬바람이 일다　143
창자가 끊어지다　51
창자가 뒤틀리다　51
책무를 다하다　253
책임을 통감하다　253
책잡다　173
책잡히다　173
척박하다　173
척박한 현실　173
천금 같다　228
천만에　94
천만의 말씀　94
천만부당하다　94

천부당만부당하다　94
천수를 누리다　287
천수를 다하다　287
천신만고 끝에　173
천재일우의 기회　319
천정부지로 오르다　277
천정부지로 치솟다　277
천하없어도　223
철딱서니 없다　238
철석같이 믿다　128
철이 나다　238
철이 들다　238
철퇴를 가하다　264
철퇴를 맞다　264
청운의 꿈　325
청운의 뜻　325
청을 들어주다　251
청하다　251
체통을 지키다　67
초라한 행색　175
초주검이 되다　72
초토화되다　298
초토화시키다　298
촉각을 곤두세우다　198
촌각을 다투다　255
촌음을 아끼다　255
총대를 메다　253
총력전을 펼치다　298
추위를 타다　349
축 늘어지다　72
출사표를 던지다　298
출세가도를 달리다　304
치가 떨리다　144

치를 떨다 144
치명상을 입다 178
친목을 도모하다 204
친선을 도모하다 204
침 발라 놓다 33
침을 꿀꺽 삼키다 33
침을 튀기다 33
침이 마르도록 칭찬하다 33
칭찬이 자자하다 91

ㅋ

칼을 갈다 155
칼자루를 쥐다 325
코 묻은 돈 34
코가 꿰이다 34
코가 납작해지다 34
코가 높다 34
코가 땅에 닿다 34
코가 빠지다 34
코도 안 보이다 258
코를 빠뜨리다 34
코를 찌르다 35
코를 훌쩍거리다 35
코빼기도 안 보이다 258
콧대가 높다 34
콧대를 꺾다 35
콧대를 누르다 35
콧등이 시큰하다 35
콧방귀를 뀌다 241
콩나물시루 같다 128
콩밥을 먹다 264
쾌재를 부르다 140
큰 획을 긋다 305

큰마음을 먹다 199
큰맘 먹고 199
큰코다치다 35
키를 쥐다 332

ㅌ

타산지석他山之石 328
타산지석으로 삼다 328
타의 추종을 불허하다 290
타이밍을 놓치다 256
탄탄대로를 걷다 305
탄탄대로를 달리다 305
태풍의 눈 333
터럭만큼도 없다 199
터를 닦다 305
터를 잡다 305
토를 달다 94
톡톡 튀다 128
통이 크다 238
통탄을 금할 수 없다 151
퇴짜를 놓다 326
퇴짜를 맞다 326
투정을 부리다 144
투정하다 144
틀에 갇히다 122
틀에 맞추다 122
틀에 박히다 122
틈을 놓치지 않다 105
틈을 타다 105
티끌만큼도 128
티끌만 하다 128

ㅍ

파국에 이르다 312
파국을 맞다 312
파국을 초래하다 312
파김치가 되다 73
파리 날리다 357
파리 목숨이다 357
파문을 일으키다 116
파문이 일다 116
파장을 일으키다 116
판로가 막히다 277
판로가 무궁무진하다 277
판로를 개척하다 277
판에 박다 122
판에 박히다 122
팔을 걷어붙이다 44
팔이 안으로 굽다 44
팔자 사납다 234
팔자가 늘어지다 234
팔자가 세다 234
팔자를 고치다 234
팔자소관이다 234
팔자에 없다 234
팔짝 뛰다 105
팔짱을 끼다 215
팔팔 뛰다 105
펄쩍 뛰다 105
펄펄 뛰다 105
펜을 놓다 259
펜을 들다 259
편을 가르다 290
편을 나누다 290
편을 들다 290

편을 먹다 290
평지풍파를 일으키다 116
폐를 끼치다 117
폐가 많다 117
포문을 열다 299
폭리를 취하다 278
폭삭 내려앉았다 278
폭삭 망하다 278
폭언을 일삼다 86
표리부동하다 117
푸념을 늘어놓다 94
푹푹 찌다 349
풀기가 없다 73
풀이 죽다 73
풀이 없다 73
품귀 현상을 빚다 278
풍전등화의 위기에 처하다 178
풍파를 겪다 174
피 튀기다 61
피가 거꾸로 솟다 61
피가 끓다 61
피가 되고 살이 되다 61
피가 뜨겁다 61
피가 마르다 61
피골이 상접하다 73
피눈물을 흘리다 151
피눈물이 나다 151
피는 물보다 진하다 62
피도 눈물도 없다 62
피땀을 흘리다 328
피로 물들다 62
피를 나누다 62
피를 말리다 61

피를 토하다 61
피를 흘리다 62
피에 굶주리다 63
피와 땀 63
피치 못하다 174
핀잔을 듣다 106
핀잔을 주다 106
핍박을 받다 175
핏대를 세우다 144
핏대를 올리다 144

ㅎ

하고많은 129
하고하다 129
하늘 높은 줄 모르다 345
하늘과 같다 345
하늘과 땅 차이 345
하늘만 쳐다보다 345
하늘에 맡기다 345
하늘에서 떨어지다 345
하늘을 찌르다 346
하늘의 별 따기 346
하늘이 내려 주다 346
하늘이 노랗다 346
하늘이 두 쪽 나도 346
하늘이 무너져도 346
하늘이 캄캄하다 346
하늘처럼 믿다 346
하루가 다르게 247
하루가 멀다 하고 248
하루가 새롭다 248
하루에도 열두 번 248
하얗게 질리다 147

하품이 나오다 106
학문을 닦다 329
학문이 깊다 329
한 발짝도 물러서지 않다 58
한 우물을 파다 272
한 획을 긋다 305
한가락 하다 305
한눈팔다 106
한몫 끼다 269
한몫 보다 269
한몫 잡다 269
한몫 챙기다 269
한몫하다 269
한밑천 건지다 278
한밑천 생기다 278
한밑천 잡다 278
한밑천 장만하다 278
한밑천 챙기다 278
한발 뒤로 물러서다 58
한발 앞서다 58
한배를 타다 205
한술 더 뜨다 129
한솥밥을 먹다 205
한숨 돌리다 42
한시름 놓다 199
한시름 덜다 199
한턱 쓰다 140
한턱내다 140
한풀 꺾이다 129
해가 떨어지다 349
해가 지다 349
핼쑥하다 72
행방이 묘연하다 259

행색이 남루하다 175
행색이 초라하다 175
허리가 휘청거리다 175
허물을 벗다 264
허사가 되다 312
허우대가 멀쩡하다 67
헐값에 내놓다 279
헐값에 샀다 279
헛걸음치다 312
헛걸음하다 312
헛다리를 짚다 313
헛물을 켜다 313
혀가 굳다 33
혀를 깨물다 33
혀를 내두르다 33
혀를 차다 33
혈안이 되다 117
형장의 이슬로 사라지다 265
호기를 놓치다 319
호기를 맞다 319
호기를 잡다 319
호들갑을 떨다 106
호들갑을 부리다 106

호들갑을 피우다 106
호시탐탐 기회를 노리다 357
호시탐탐 기회를 엿보다 357
호의를 거절하다 251
호의를 베풀다 251
호흡을 같이하다 43
호흡이 맞다 43
호흡을 맞추다 43
혼신의 힘을 다하다 223
혼연일체가 되다 205
혼이 나가다 146
홍당무가 되다 157
홍역을 치르다 175
화살을 돌리다 87
화염에 휩싸이다 179
화제를 돌리다 95
화제를 바꾸다 95
화제에 오르다 95
화젯거리가 되다 95
환담을 나누다 82
환멸을 느끼다 313
환심을 사다 231
홧김에 117

회포를 풀다 199
획을 긋다 305
효성이 지극하다 228
효험을 보다 306
효험이 없다 306
효험이 있다 306
후환이 두렵다 147
흉금을 터놓다 206
흉허물이 없다 206
흑백을 가리다 326
흑심을 품다 219
흑자가 나다 279
흔적을 남기다 259
흠이 없다 326
흠잡다 326
흥이 나다 140
흥이 오르다 140
희비가 엇갈리다 291
희생양이 되다 357
힘쓰다 107
힘에 부치다 107
힘주다 107